# 艰难的历程

## ——城市化浪潮下的乡村文化振兴

戴嘉树　吴琼　郑敬夫　著

吉林大学出版社

·长春·

图书在版编目（CIP）数据

　　艰难的历程：城市化浪潮下的乡村文化振兴 / 戴嘉
树，吴琼，郑敬夫著. -- 长春：吉林大学出版社，
2020.11
　　ISBN 978-7-5692-7215-4

　　Ⅰ. ①艰… Ⅱ. ①戴… ②吴… ③郑… Ⅲ. ①农村文
化－文化事业－建设－研究－中国 Ⅳ. ①G127

　　中国版本图书馆 CIP 数据核字(2020)第 192219 号

书　　名　艰难的历程——城市化浪潮下的乡村文化振兴
　　　　　JIANNAN DE LICHENG——CHENGSHIHUA LANGCHAO XIA DE
　　　　　XIANGCUN WENHUA ZHENXING

作　　者　戴嘉树　吴琼　郑敬夫　著
策划编辑　李承章
责任编辑　殷丽爽
责任校对　柳　燕
装帧设计　云思博雅
出版发行　吉林大学出版社

社　　址　长春市人民大街 4059 号
邮政编码　130021
发行电话　0431-89580028/29/21
网　　址　http://www.jlup.com.cn
电子邮箱　jdcbs@jlu.edu.cn
印　　刷　广东虎彩云印刷有限公司
开　　本　787 毫米×1092 毫米　1/16
印　　张　15.75
字　　数　260 千字
版　　次　2021 年 7 月　第 1 版
印　　次　2021 年 7 月　第 1 次
书　　号　ISBN 978-7-5692-7215-4
定　　价　88.00 元

# 序一　文化是乡村的魂脉

《艰难的历程——城市化浪潮下的乡村文化振兴》一书即将付梓出版，蒙集美大学乡村文化中心主任戴嘉树不弃，嘱命作序，感动之余，不免惶然。

我本为记者，做研究纯属门外汉。但是，念及嘉树是我福建师范大学中文系同窗挚友，又念及乡谊，便却之不恭；当然，更使我难以抗命的是嘉树的精神感召。

嘉树大学毕业便进入高校任教，三尺讲台，一站就是三十余年，可谓桃李满天下。进入新时代，嘉树在教学繁忙之中，不忘学者本色，挤出时间，带领团队致力于乡村文化研究，日积月累，完成此书，其辛劳甘苦可想而知。

乡村文化研究文献浩如烟海，想要推陈出新、独辟蹊径，着实不易。然嘉树等仍乐此不疲，必有缘由。读完此书，方恍然大悟，诚如作者所言，"城镇化进程破坏了农村固有的生产、生活方式，使乡村文化丧失了生存根基与土壤，传统村落萧条、败落，乡村文化传承无以为继，引致乡村记忆危机"，撰写此书是为了向社会提供可靠的史料和研究心得，帮助人们后顾前瞻、洞悉变革、知古鉴今，而"要完成这样的探索，并非一朝一夕可以成功，需要按照文化传承的规律一步步推进；亦非某一单一力量即可完成，需要理论智慧、施政理念、经济物资和文化持有者合力完成"。

既然这样的探索并非轻而易举，甚至有可能吃力不讨好，嘉树等为何明知不可为而为之？这不免让人想起《夸父追日》的故事。尽管夸父追逐太阳以悲剧而告终，但夸父无疑是真正的英雄。他本就知道追上太阳的难度很大，但是他毫不胆怯、勇往直前。

以习近平同志为核心的党中央高度重视乡村振兴，为嘉树及其团队对探索乡村文化振兴提供了根本遵循。

历史是不能割断的，作为一本探索乡村文化振兴的专著，不仅需要对中国乡村文化的历史、现状做深入周密的调查研究，而且必须对世界各国尤其对发达资本主义国家乡村文化的历史发展有所借鉴，才能了解它是怎样走过来又是如何走下去的。正是出于对乡村文化的挚爱，对中国未来的展望，才使嘉树及其团队坚毅执着地在乡村文化这片沃土耕耘不辍。

乡村文化的研究是由众多子系统构成的复杂的有机整体，此书开篇就对世界城市化与乡土文化的历史做了全面系统的概述，紧接着便从中国城市化浪潮下乡村文化现状切入，分特征篇、探索篇、成就篇、困境篇等，进行深度解剖；同时，贡献了中国乡村文化振兴的典型案例，这些案例既有历史的，又有现代的，既有传承的，又有创新的；末了着重对中国乡村文化振兴建言献策，在全书中起到点石成金的作用。

作为一个最早进入农耕文明的国家，中国的乡村文化创造并保存了世界上最有价值的农耕技术、农业遗产，还形成了一整套包含价值、情感、知识和趣味等元素的丰富的文化系统，除了领先世界的精细化、生态化的农耕方式，以及生产高品质的食物外，更在从事农业生产的过程中，总结出一套"天人合一"的哲学思想、"道法自然"的生活方式，以及对生命本源的参悟智慧。也正是由于这种追求和谐稳定、安详从容的农耕文明土壤，才孕育出具备"天人合一""民胞物与""海纳百川"等特质的中国文化。在与天、地、人的交流中，中国先民凝聚了敬天法祖、崇德向善、仁义忠孝、节俭循环的生活智慧，形成了丰富多彩的生产生活方式，对世界文明进程做出了不可估量的贡献。所以，乡村文化是我们民族文化的根和脉。改革开放四十多年来，我国经济社会发展水平已经有了质的飞跃，这是一件令人欢欣鼓舞的大好事；但是，毋庸讳言，农村的发展仍然是中国现代化发展的短板，与城市相比，经济社会发展不平衡不充分问题仍然较为突出。这不仅表现在农村经济发展水平落后于城市，还表现在农村的治理水平不足、农村落后的思想观念，以及传统精神文化、道德伦理的式微。传统文化资源的流失与农民精神文化需求的极度短缺，以及全社会对乡村文化价值认识的偏差，导致乡村文化的空心化、虚无感和与现代文化对接能力的欠缺。

因而，嘉树及其团队对研究乡村文化有了一种紧迫感和使命感。

近年来乡村文化研究方兴未艾，但或许是我孤陋寡闻，所见均以单一理论研究为多，能像此书拓展了研究空间，将人口学、人类学、社会学、地理学、民俗学、统计学等诸多学科综合起来，似不多见。读完全书，掩卷退思，嘉树及其团队学术研究的严谨性、纯洁性与经世致用的应用性高度统一，搜集整理出大量珍贵文献，钩沉辑佚，着实让人开阔视野、增长见识。

更值得一提的是，嘉树及其团队的努力，充分体现了学者的文化自觉：一个有社会责任感和历史使命感的学者，必然对社会命运、祖国前途抱有深切的关怀，通过自己的学术活动去认识历史、参与现实、创造未来。此书通过对振兴乡村文化全方位、多维度的探索，提出了乡村文化振兴的几个着力点：一要聚焦文化民生，着力在创建"有品质"的新乡村上下功夫。全面建成小康社会，一个都不能少；文化小康路上，不能让一个人掉队。为此，乡村文化振兴必须在改善民生上持续发力。二要聚焦乡风文明，着力在创建"有风骨"的新乡村上下功夫。乡村文化振兴是提振农村精气神，增强农村凝聚力，孕育社会良好风尚的思想基础和行动保障。为此，推动乡村文化振兴必须发挥以文化人的作用。三要聚焦传承保护，着力在创建"有灵魂"的新乡村上下功夫。文化是一个民族的血脉和灵魂，是一个地方最能够打动人心、嵌入记忆的符号。在实施乡村振兴战略过程中，要把地域文化作为提升内涵的灵魂进行精准定位、深入挖掘，让乡村更具魅力。四要聚焦产业发展，着力在创建"有活力"的新乡村上下功夫。我国乡村文化底蕴丰厚，特别是县域的民族文化、农耕文化、红色文化、山水文化及田园风光都为发展全域旅游和乡村休闲旅游创造了有利条件，要牢固树立全局谋划、全方位推进、全时空统筹、全要素配套、全产业联动、全社会参与的大文化旅游发展观，激发乡村旅游发展活力。

以上所写所记，东拉西扯，言不及义，唯是真情实感尔尔。但愿在今后的岁月里，嘉树及其团队能够在乡村文化守正创新的研究中有更大成就。是为序。

李泉佃

（厦门市委宣传部原副部长、厦门日报社原社长）

2020 年 1 月

# 序二　在城市与乡村之间

一段时间以来，接触到不少关于"三农"、关于城乡、关于文化的书，书作者不少是我的友人，他们大多是很优秀的兼具执着、情怀和远见的书者。

《艰难的历程——城市化浪潮下的乡村文化振兴》是集美大学乡村文化保护与振兴研究中心成立以来的第一部专著。一次分享乡村心得时，戴嘉树主任突然对我说："你这么有乡土情结，这作为当代'徐霞客'，不能徒有虚名，请你来写个序，看看你眼中的这册书是怎样的。"

我和他们相识相知就缘于我琢磨出来的"三色融合"理念：乡村振兴，可以聚焦"三色"，即绿色、红色、灰色。绿色指乡村的山水资源，红色指乡村的革命历史文化资源，灰色指乡村的历史名人文化资源。对于戴主任的这个要求，我笑笑。我想，这也是一个很沉重的任务，因此，感受到空前压力，同时也下决心把自己多年来对乡村振兴的认识和心得奉献给他和所有读者。

## 后疫情时代的乡村文化思考

领命之后，从哪里入手呢？

今天，全球疫情蔓延、外企迁离中国以及对外贸易受阻的形势逼人……

这些问题的叠加，必然会对我国经济社会造成极大的冲击，而首当其冲的就是贸易链条上的企业以及从业人员，接下来，进城务工人员和加工制造业从业者失业率提升是大概率事件，农民工返乡也是一个不得不面对的问题。农民工返乡后，当地就业平衡被打破、自谋职业者增多，会加大当地教育、卫生、交通等公共服务压力，并引发其他一些社会问题。但是，我们更要看到农民工返乡的积极面：资金流跟着回乡、劳动力与人才回归、推动三产融合，有利于加快乡村振兴进程。

疫情让人们再次深刻思考城乡关系，思考哪里才是生命安全与舒适的港湾。不难看出这次疫情倒逼乡村振兴转型！甚至在疫情期间，加强乡村自身治理结构的优化和治理能力的提高来匹配疫情后乡村振兴产业模式、医疗卫生服务、文化旅游的升级，乡村振兴新动能就被激活，乡村振兴的局面会大大好于疫情前。如何通过此次疫情做好换挡、换轨，转移到更快速的轨道上，需要政府、学者智库，包括广大乡村文化参与者共同面对。从社会资源高效配置的角度看，产品（商品）可以直接从工厂到消费端，或者是多一个仓储即可，商店在某种方式上就变得多余，就好像有一天媒婆发现"爱情不需要媒婆"！商店倒了，不开便是；猪肉涨价，寻找牛羊肉"替身"；城市生存成本高，回乡不行？……

借此，我要大声呼吁，我们一定要有忧患意识，要为农民工返乡做好思想和行动准备，转危为机，把压力变成乡村振兴、乡村文化发展的动力。

为此，把关注点拉回来，重新解读中央的乡村振兴战略，有一个关键点，就是用"乡村"概念替代"农村"概念。这就是把乡村看成独立的社会、文化单元，从更高更长远的视角，解构当前乡村的品质发展、融合发展、全面发展，昭示了乡村新的文明时代的到来；认真梳理乡村的历程及文化的基本价值，反思乡村文化的基本规律。从乡村历史、文化发展的基本规律探索乡村的未来。很多人都在做着这件平凡而伟大的事业，集美大学乡村文化中心亦复如此。

## 乡村文化：找寻安心之所

回到《艰难的历程——城市化浪潮下的乡村文化振兴》，大凡写乡村文化、乡土文学的，基本上有一个共识，大都需要消化所在地几代人的水土，才会有这种素材积累。因为大凡乡土文化都依赖口口相传，这些乡土文化，美好温暖，接地气，是一个地方的精神食粮，而且是可以辐射与外溢的，可以流传他乡异地。中华文明是人类历史上最古老的文明之一，并且是唯一流传至今仍生机勃勃的文明。中华文化始终保持着独立的、一以贯之的发展系统，而且长期以来影响着周边的文化，其中，乡土文化是其延绵不竭的动力源泉。

一个正直的学者，如何运用他的智慧和文学功力，道破"三农"这个现实中的"老大难"，是很见功底的。这种书一定不好写，写得太多了些，容易落入俗套，成了公式。假如有人将乡村文化内容写得更奇、更特、更秘，就会被认为是"新"；乡村文化的表达方式、内容变化多些，就会被认为是在"变"，其实却根本没有从本质上抓住要害。本书的作者团队，用他们敏锐的观察力和丰富的想象力，从乡村文化的历史脉搏、现实背景和应有内涵出发，将其置于大环境中重新审视，通过全国已经或正在开展的乡村文化再造、改良案例入手，提出作者对于乡村文化振兴的路径选择、内容梳理和模式重构的建议和思考，有力表达了乡村文化的传承与发展的态度，表现了他们的主题，使读者在品味他们书中提供乡村文化发展的工具和路径等关键内容之余，还能对有关"三农"的人与事看得更深些、更远些。

因而，让不喜欢乡村文化的人也来关注乡村文化，这就是我们最大的愿望。当下的中国，一大半人都在故乡之外生活，故乡只是节日的故乡，只是年迈父母或怀念中的故乡，甚至只是一年一度、几年一度的故乡，只剩下最富有的念想。包括现在的我，故乡更多地只能是一个"相见不如怀念"的远方。

"现在，我们的力量当然还不够，但我们至少应该往这条路上去走，'在城市与乡村之间'这条路上走。"现在我们才起步，虽已迟了些，却还不太迟！这是我和嘉树兄最近的距离。

所以，故乡是故乡，远方也是故乡。因为学习与工作挂职等原因，我便有了人们口中说的好几个"第二故乡"，写什么比怎么写看来要重要多了。有不少像我这样的人，工作大半辈子，寻遍"故乡"山山水水，无他，寻寻觅觅中，一直在找这样的一种心境：此心安处，便是吾乡。恰如八闽先人朱子、董奉等一般，走到哪里，哪里便有乡村文脉盛起。

传统文化资源的流失与农民精神文化需求的短缺，以及全社会对乡村文化价值认识的偏差，导致乡村文化的空心化、虚无感以及与现代文化对接能力的欠缺。物以稀为贵。熟识我的朋友都知道，我的向往地"海拔800米左右、有独立水源、生态环境独特、有历史人文故事"，这便是我的心安之地。安放我这颗心虽则不需要多大的地方，然而，却需要乡村文化气息、乡土文化土壤，这土壤的内在所在大概还是这里的人和物吧，哪怕是一条万千脚步丈量过的羊肠古道，一座摇摇欲坠的古廊桥……

我实在不喜欢那些没有"向往"而纯粹理论的乡村作品，看起来放之四海而皆准，写了一千万字，也难看出是中国哪个地方的农村。事实上，今天中国城市千城一面，都是高楼大厦，都是灯红酒绿、商务楼宇以及宽广道路的车水马龙……

可是乡村的每一寸土地都浇灌过只有属于这片土地的人的汗水，因此，它的乡土文化气息太浓了，只要你带着乡土味的鼻子来，那味道马上就有。或者，这是我更加喜欢不轻易下结论、摆理论的原因之一，《艰难的历程——城市化浪潮下的乡村文化振兴》自在其中。

## 乡村文化："百年未有之变局"的再思考

习近平同志多次强调，在今天这个"百年未有之变局"的伟大历史转折中，中国的乡土文化作为它的底色，为现代文化的创新提供了智慧和思想。让我们和戴嘉树一道，去发现乡村文化价值，去发现在对传统文化的传承发展和与现代文化的融合创新，发挥乡土文化在现代乡村经济、社会，促进城乡融合发展以及再造乡村"慢"生活等方面的作用：

关于乡村文化，内化方面其实就是人与人之间的人情往来、仪式活动形成的活动习惯，而这些习惯外化成所谓乡村文化。目前我们乡村文化创意从业者、参与者，往往不了解或没有深入了解乡村、了解乡村人情和这种人情交织而来的相互关系，就开始创造所谓的乡建文创。

我理解并可行的乡村文化复兴路径：从乡村振兴的国家战略入手，以优质优价农产品科学种植养殖、融合销售为路径，结合乡村节庆创意设计（正能量的民俗节庆，避免脱离乡村文化的盲目节庆秀），拉动乡村文化旅游，从而营造乡村旅居的舒适度与幸福感，推动乡村文化的全面复兴。对此，总书记曾用一个很"文艺"的词表述了乡村文化建设的意义和价值——"乡愁"。这个"乡愁"的实质是无论怎样的发展，都不能抹杀乡村精神，不能抹杀传统文化和自然生态，既要留住青山绿水，又要传承传统文化。乡村文化复兴的任务，就是让"乡愁"切实落地，让传统文化延续下去，把绿水青山保护下来。

走得多，住得也多。福建很多民宿我都住过。乡村民宿就目前而言还有一个清晰的定位和发展方向，是乡村文化的最好载体之一。2019年国庆有目的性的乡村文化体验之旅，带着文化与民宿关系这个课题，对乡村民宿又有新的认识：雨后春笋般的乡村民宿正在八闽乡土大地生根发芽；乡村振兴与乡村文旅（包括民宿）发展已提上各地方政府议事日程；更多乡贤回归故里成为一种自觉的向往；财政资金整合投入将引导社会资本或者金融资本向乡村流动；消费者更多走向乡村将逐渐成为新时尚；乡村基础设施更为完善；乡村文化更接地气；乡土教育也在觉醒，学校会更多组织学生下乡；公众假期乡村游渐成趋势，成为新经济增长点。正如福建永泰县村保办主任张培奋关于民宿所言："感觉彼此之间对乡村文化的思考、挖掘、运用有了更近的共同点。"关键要避免乡村文化的生搬硬造。

更进一步，关于乡村文化旅游资源使用效率问题。文化是无价的，文化本身就是生产力。具体细分，城市文化与乡村文化也不太一样。城市文化是大众化的，乡村文化更具小众特点。乡村振兴及文化旅游度假，其文化资源开发的潜力是巨大的，但是基层政府部门对文化旅游资源的评估认知与挖掘是比较乏力的，所以，他们往往找不到抓手，无法发力。

比如，搞些热闹的没有效率的小节庆、小推广活动，结果大多"灿烂之后，一地鸡毛"。挖掘地方特色、创新升华，不是更好？如果把泉州安溪的茶、德化的瓷、永春的香、晋江石狮的汉服，整合在一起，岂不美哉？

比如，汀州文化中之女性文化"出得厅堂、入得厨房"，通过创造性挖掘古汀州文化，以此带动农产品销售，带动县乡产业发展，带动乡村文旅发展。

但现实是什么呢？从乡村干部到老百姓，对乡村振兴中产业为重的认识与实践，存在问题。很多人都是干美丽乡村的皮毛之事。君不见，全国各地飘浮着一些规划设计师，从图纸到图纸！很多乡村都请台湾同胞做技术指导，一个村请一个人，一年数十万元，做出来的东西也有好产品，但关键是乡村没有人气，春节除外！无从消受，无人消受。所以，到底什么才是好的乡村文化产业？乡村振兴的关键之一就是乡村文化产业发展。近期笔者去了几个村庄，几乎见不到年轻人！不久前在福安考察深有体会：穆阳虎头村的桃花，疫情期间还是车水马龙，人头簇拥！不远处的溪塔葡萄沟（野生刺葡萄），也颇有人气。可是没有产业支撑的廉村（廉政文化教育基地）却"门庭冷落车马稀"。所以，乡村文化产业要结合当地特色产业的三产深度融合，打造出区别于周边村镇的核心竞争优势，是当前乡村振兴的核心钥匙，三产融合、三生（生活、生产、生态）融合、三身（干部、工人、农民）融合。

关于乡村文化产业的核心资源——土地问题。现在提倡美丽乡村到乡村振兴的无缝对接，关键核心内容就是盘活土地。土地是劳动之母！土地不在农民手上，也就是说中国农民没有"母亲"！没有"母亲"，哪里来的教养？没有教养，乡村如何振兴？振兴了又有什么意义？

乡村土地问题是当前一个热点难点问题（包括林地），也是一个"牵一发而动全身"的问题。土地不盘活，全是死棋！土地问题是关键，要盘活乡村经济，保护与发展乡村文化产业，就要有造血功能。乡村是中国安全的保险阀、化解危机的蓄水池。中央提出乡村振兴，是乡村文明整体的复兴，不是单纯的产业发展，乡村振兴需要的不仅是资本下乡，而且还要乡贤回乡！乡村振兴最核心的除了产业振兴，还要人才振兴！资本下乡在目前的土地政策、村民素质条件下，举步维艰。这个时候，有故乡情结的乡贤十分重要！一个人有时候可以顶全村人。优秀的、有素质的乡贤回乡才是至关重要的。乡贤如果放弃城市的生意与生活，回来搞合作社，乡村振兴还是有希望的。

关于乡村文化与乡村振兴的主体问题。如果投票选择乡村振兴的主体，笔者也许不会选择农民群体。农民需要骨干支撑（比如古时的员外，现在的干部、知识分子、专家、复转军人）。另外，乡村振兴因为资源与资金、人口稀少、消费乏力等问题，如果不能适度引入房地产企业助力，前进的道路将很艰辛。

以上是我对《艰难的历程——城市化浪潮下的乡村文化振兴》的一些读后感与思考。

更为可贵的是，《艰难的历程——城市化浪潮下的乡村文化振兴》并没有在乡土文化历史转折时止步，本书对未来乡村文化延伸性的论述让读者对未来的乡村文化更加向往！而我更加期待嘉树和他的乡村文化中心呈现更多更上层楼的佳作。

承蒙作者厚托，是为读后感代序。

邓国荣

2020 年 4 月

# 目　录

# 第一节 城市与乡土历史概述

## 一、欧美城市化历史概述

关于"城市化"这个概念，自"城市"一词出现便有了大概的解释。但在社会高度发达、城市高度繁荣的当今社会，不同的社会形态对于"城市化"一词的解释便有了不同理解。在资本主义社会看来，"城市化"是一个农业人口转为非农业人口、农业地域转为非农业地域、农业活动转为非农业活动的过程。而马克思主义关于"城市化"的理解则是城市的本质是社会制度下的人造环境。资本主义条件下，城市人造环境的生产和创建过程是在资本控制和作用下的结果，是资本本身发展需要创建一种适应其生产目的的人文物质景观的后果。

乡村文化，顾名思义是乡村居民在乡村形成、发展和传播的，有别于其他文化的一种特定文化。广义上是指与乡村区域的生产方式和生活方式相联系，适应当地居民需要的思想观念、文娱活动、乡村资源环境等方面的统称；狭义的乡村文化主要是指包括乡村文化生活及其他意识形态在内的乡村精神财富。具体来讲，乡村文化涉及乡村居民生活的方方面面，从衣、食、住、行等物质方面到思想观念、宗教信仰等精神方面都深受当地文化的影响。正是乡村的古村落、古建筑、古民居、独特的自然环境等承载了当地的物质文化；乡村居民的风俗习惯、世代相传的传统手工技艺等传承了当地的非物质文化。

那么，"城市化"与"乡村文化"二者之间有什么联系呢？本书所讨论的正是这个问题。

城市化对于一个国家而言无疑是具有极大好处的，它不仅可以促进劳动力向第二产业、第三产业、第四产业转移，带动城市的工业发展，还可以引导城市经济结构的优化，推动科技进步和人口素质的发展。但事有两面，我们需要用辩证的眼光来看待。纵观世界城市化的历史，我们可以看到种种由于城市化进程过快所导致的问题。从生态环境方面来看，过快发展的城市化无疑对生态环境造成了很大压力，空气污染、土壤污染、水质恶化、水资源短缺等问题层出不穷；从社会问题上看，农村人口大量涌向城市也给城市的交通、住房、就业、社会秩序等带来冲击，交通拥挤、住房紧张、社会秩序混乱也是当前最为突出的"大城市病"。

举例来说，如16、17世纪的英国，由于毛纺织业很繁荣，羊毛需求量激增，养羊成了很赚钱的行当，于是英国的地主们纷纷把自己的土地和公共的土地用篱笆圈起来放牧羊群，并强行圈占农民的土地，许多农民丧失了养家糊口的土地，倾家荡产，流离失所。这就是英国资本主义血腥发家史上著名的"羊吃人"的圈地运动。其实，中世纪末期以来，欧洲就普遍开始了圈地运动，但就发生的时间、规模和影响而言，英国的圈地运动最引人注目，也最典型。

圈地运动对英国社会的影响是多方面的，从好的方面来看，它使得英国社会在短短的二三百年中发生了翻天覆地的变化，从一个落后的农业国一跃成为世界头号工业强国，英国的生产关系和产业结构也随之更新换代。从生产关系来说，英国的圈地运动体现为摧毁封建土地所有制、剥夺农民土地和使劳动者与其生产资料相分离的历史过程，大规模的畜牧象征着资本的集中和科技水平的不断进步。再从产业结构调整来讲，圈地运动更是起到了不可忽视的作用。据有关文献记载，耕地圈占单位面积产量增长很快。据估计，在1750—1800年之间提高了1/3。由于农业改良，1760—1815年英国农业产量增长50%。[1]农业发展使得英国摆脱了周期性饥荒对经济发展的困扰，为人口持续增长提供了充足的粮食供给，英国的产业结构也因此得到调整，为工业和城市的发展奠定了必要的物质基础。[2]

但从另一个方面来看，英国的圈地运动实际上是将农民强制驱逐出乡村的血腥而无情的资本积累运动，它所造成的最严重后果之一就是农民的土地被掠夺。1517—1519年，英国政府圈地调查委员会的报告提供了若干

① BENNETT.British Wheat Yield for Seven Centuries[J]. Economic History Review, 1935(3):27.
② 吕晔，白莹.简论英国圈地运动对我国当前土地流转的启示 [J].农村经济，2004(1):96.

实例，说明了贵族地主如何用暴力强迫农民退佃，改耕地为牧场，这种暴力且强制的方式造成了农民们的房屋被烧毁，流离失所，他们失去了原本赖以生存的土地，不能成功转为城市雇工的农民就成了没有工作的流民，成为社会不稳定因素和动乱的主要力量，这就为农民后来的起义反抗埋下了种子。1607年圈地运动最剧烈的中部六郡爆发声势浩大的农民起义，沃里克郡希尔莫顿有3000人聚集，另一地集中了近5000人。他们愤怒地砍倒树篱，填平沟渠，拆掉圈围公地和耕地的栅栏，把自古以来就是敞田而今被圈围的土地恢复原样。[1] 政府的镇压措施则激起了一次又一次的起义反抗。

马克思曾评价："从亨利七世以来，资本主义生产在世界任何地方都不曾这样无情地处置过传统的农业关系，都没有创造出如此适合自己的条件，并使这些条件如此服从自己支配。在这一方面，英国是世界上最革命的国家。从历史上遗留下来的一切关系，不仅村落的位置，而且村落本身，不仅农业人口的住所，而且农业人口本身，不仅原来的经济中心，而且这种经济本身，凡是同农业的资本主义生产条件相矛盾或不相适应的，都被毫不怜惜地一扫而光。"[2] 可以得出的结论是，圈地运动以发展农业资本主义、扩大资本的原始积累为目的，以损害广大农民的利益为前提，用强硬的手段将农民从乡村驱逐到城市，从这一点来看，圈地运动时期英国对于城市与乡村之间关系的把握实在过于强硬而近乎冷酷了。我们可以明确的一点是，圈地运动不过是城市化过快发展所造成城市与乡村二元对立的一个缩影，过快或者过慢的发展速度都不是有利于国家长治久安的有效方法。从这个方面来看，我们就不得不提到另一个资本主义国家——美国。

俗话说"要致富，先修路"，美国的城市化大规模发展发生在20世纪20年代，联邦政府利用所掌握的资源进行大规模的铁路建设。巨大的经济利益推动了内陆城市大量涌现。首先是由村落慢慢成长为城镇，再由城镇发展为城市，城市人口迅猛增长。1860年美国人口5万以上的城市仅有16个，

---

① 卢海清，赵航. 关于英国圈地运动中失地农民权利保障的研究 [J]. 社会科学论坛，2006(2):56.
② 中共中央马克思恩格斯列宁斯大林著作编译局. 马克思恩格斯全集（第二十六卷）（第二册）[M]. 北京：人民出版社，1973:263.

1910年增加到了78个。① 内战前，美国没有百万人口的城市，1920年有5个百万以上人口的城市。1930年，纽约市人口超过700万，芝加哥人口为350万，费城、底特律、洛杉矶人口都超过了120万，此外还有一批大城市正在崛起。② 然而在过快的城市化发展的重压下，城乡二元对立的局面就显得愈加明显。由于大量人口涌向城市，乡村人口的数量急剧减少，然而在不断迁徙的过程中，农民大多并没有积累到足够的资本，始终处在贫困之中，也就是说，农民涌向城市之后并不能使城市丰沛的资源回流；相反，乡村发展依旧缓慢，乡村文化生活黯淡无光，缺少吸引力。无数的农场被抛弃，无数的农舍被放弃，无数的村庄荒无人烟，乡村呈现出一片颓唐的景象。经济和文化的衰落不可避免地带来教育的落后，乡村居民的下一代得不到应有的素质教育，没有了走向较高地位、摆脱贫困的方式，这就使得农民的贫困世代相袭。这一情况一直到二战后才有所缓解。

为了打破城乡之间二元对立的严重局面，联邦政府被迫进行干预，对经济资源进行重新配置，推动城市与郊区、城市与乡村的资源配置均衡化。大城市制造业、传统服务业向外围分散，带动城市人口分散和郊区逆城市化进程，推动了郊区及乡村小城镇的实体经济发展，使郊区和乡村文化生活逐渐向城市看齐，并带动乡村中心的兴起，使乡村人口经历了长期减少后回升。20世纪70年代起，美国人口涌入郊区后继续奔向乡村腹地的城镇及乡村中心。仅在1979—1980年，美国流入非都市区人口就达1300万。人口向乡村流动使美国非都市区人口经历了长期的减少后转向增长。整个70年代，美国非都市区人口增长15%，而都市人口仅增长10%，乡村人口增长明显快于都市。③ 乡村显然已经重新成为美国城市居民迁移的目的地，正是这样的转变改变了自工业化以来乡村的颓势，推动了乡村社会经济的振兴。这也就是后来所说的"逆城市化"。

逆城市化主要是由于城市中的"大城市病"过于严重，城市人口开始逐步向四周的卫星城镇迁移，服务业和相关产业也随之向郊区迁移。逆城

① LIGHT I.City in World Perspective[M].New York:Macmillam,1983:99.

② ARNOLD R,HIRSH AR.Urban Policy in Twentieth-Century America[M].New Brunswick:Rutgers University Press,1993:5.

③ JAMES Q,WILSON J Q.City Politics and Publicy Policy[M]. New York:John Wiley Sons,1988:13.

市化往往发生在城市发展的后期，过快的城市化速度下，人们对于逐渐恶劣的城市环境和高昂的生活成本持排斥态度，城市中大量中产阶级开始涌向新的郊外开发区居住，城市空间结构形态随之发生变化，城市的空间发展呈卫星放射状。

可以说，美国的城市化发展历史是大部分资本主义国家城市化发展的缩影，美国乡村的发展与振兴也为我们提供了宝贵的经验，值得我们去探讨和借鉴。如何权衡城市与乡村二者之间的发展速度与发展方向，是我们需要慎重对待的问题。而纵观我们国家的城市化发展历程，这一点也可见一斑。

## 二、古代乡土文化概述

每一个地方的文化底蕴与历史内涵对于其发展和繁荣而言都至关重要，这一点对于中国城市化下的乡村文化的发展来说也是同样适用的。我国的乡村文化历史积淀已久，可以说，中华民族上下五千年的历史中，乡村文化有不可忽视的重要地位。从历史层面来追溯，我国乡村文化的形成和乡村在历史中的经历密不可分。这种经历在某种程度上决定了乡村文化的气质与类型，而对于中国封建社会自给自足的小农经济而言，土地是根本，建立于土地之上的乡村则是维系国家运行的动力，因而中央政府对于乡村的控制一直都是统治阶级最为关注的问题，在这样的基础上，中国乡村的经历注定不会是四平八稳的。

在近代以前，我国对于乡村的管理没有固定的模式，其制度形式的变迁是极为复杂的：由乡里制的乡、亭、里三级管理形式到王安石的保甲制，由兼官派与民选的乡官制到两宋开始盛行的职役制。在这样的基础上，每个朝代又不尽相同，甚至同一朝代也不尽相同，从中可以分化出千千万万的乡村治理制度。而这千千万万的制度都趋向于同一个目的，因此政府对于乡村的管理模式一直有变化，这种变化就是为了越来越淡化乡村的自治色彩，对乡村实施越来越重的管控，将土地和人口置于更有效的控制下，以至于朱元璋说："若有不务耕种，专事末作者，视为游民，则逮捕之。"意思是说，如果农民不待在自己的土地上专事耕种，就会被视为游民而被逮捕。明太祖这样说自有他的依据，在农业社会，国家要想获得税收和人力，农民就只能被限制在固定的土地上劳动，如果农民四处流动，成为流动人口，则不利于国家的安定和发展。商鞅也说过类似的话："民无得擅徙。"直接命令农民不可以随意流动。战国时由商鞅集大成并制定的户籍制度便规定了"四境之内，丈夫女子皆有名于上，生者著，死者削"，并严格区分"竟内仓府之数，壮男壮女之数，老弱之数，官士之数，以言说取食者之数，利民之数，马、牛、刍藁之数"①。倘若逃民被抓回，则要罚苦役，处黥刑，还要行连坐。胡寄窗先生因此说："在全国经常进行人口调查登记的，商鞅是历史上的第一人。"② 事实上，在商鞅之前，各国都已经有自己趋于成熟的户籍管理方法，楚地"书土田"，晋国"作爰田"，再往前的春秋时期还有更基础的书社制，不仅如此，人口的流动程度也成为地方官员的一个重要考课。这些制度在本质上都是为了使民不移，统治阶级清楚地认识到民数是国家的根本所在，民众则国强，民寡则国弱。无论如何，农民被牢牢束缚在了土地上。

这种束缚是双向的。费孝通先生在《乡土中国》中说过，中国社会的基层是乡土性的。这种乡土性是必然的，因为农业的性质，从事于它的人注定与游牧民族以及工人不同，是没有办法轻易地移动的。土地为乡村带来了生存，相应地，乡村也将古代人民的流动性交给了土地，从而植根于土地。这种情感更多地来自土地的重要性，它决定了农民对土地的特殊情感，土地对于农民而言是得以生存的根本，长期的农业生产造就了农民对土地的依赖与敬畏，这种情感形成了中国农民的"土性"，养成了农民安土重迁的心理，也因此导致除却政策对于人口流动的严格限制，乡村本身也不会是一个习于流动的单位。历史上大的人口流动，如安史之乱就造成了河南、河北、陕西一带的居民南下进入江淮或向西入川，由此导致荆州至常德一带因移民而增加十倍以上的户口数；朱元璋时期的洪洞大槐树移民则是因为华北平原人口的空缺而自山西向河南、河北、山东移民，总数量多达255万人；清初的湖广填四川也与洪洞大槐树移民异曲同工。这些人口流动都以战乱或政策为前提，而在正常的情况下，以农为生的人口出现流动绝不

① 商君书 [M]. 北京：中华书局，2009：161、51.
② 胡寄窗. 中国经济思想史 [M]. 上海：上海人民出版社，1962：40.

会是常态，因为那意味着抛弃祖辈经营的土地和宗庙所在。他们更倾向于停留在原先的土地上，除非土地的使用出现了危机，或者局势使他们不能再停留在土地上。而且除却乡民的守土性之外，古时交通的不便也从根本上限制了拖家带口的农业迁徙，村落之间彼此的分散与封闭阻隔着人口的流动。如费孝通先生所说："不流动是从人和空间的关系上说的，从人和人在空间的排列关系上说就是孤立和隔膜。孤立和隔膜并不是以个人为单位的，而是以住在一处的集团为单位的。中国乡土社区的单位是村落，从三家村起可以到几千户的大村。孤立、隔膜是就村和村之间的关系而说的。孤立和隔膜并不是绝对的，但是人口的流动率小，社区间的往来也必然疏少。"[①] 因而在封建时代，乡村与土地被极深地捆绑在了一起。

既然被迫和土地捆绑在一起，也就在潜移默化中具备了土地的性格，费孝通先生说那是"土气"，在土里熬得久了，人和它们所创造的事物都会沾染这种"土气"。我国传统的乡村文化就在这种闭塞的环境中发酵，生出许许多多的模样，《乡土中国》里所说的"乡土性"就是它的体现，这份乡土性所延伸出来的各种传统又各自在乡土里落地生根，汇聚成犹如璀璨星斗的各种乡村文化，却又有着相似的内核，正如陶器和瓷器的外在有天壤之别，但其本质都是土。对于传统的重视、对于同一集聚的亲近以及对于外来人的淡漠、差序格局、宗族主义……无论如何演绎，这些文化特性终会从各个乡村里淙淙流出又百川汇流到乡村文化的大流中，而各地大相径庭的民间风俗，哪怕是相比邻的两个乡村中截然不同的模样都在阐述着乡村文化闭门造车的闭塞性。对于身处历史中的乡村文化而言，它们如同牵线木偶一般，无论其是何模样、如何演绎，操纵它们的终是历史，历史决定了它们。

---

① 费孝通. 乡土中国 生育制度 乡土重建 [M]. 北京：商务印书馆，2015：8.

# 第二节 近代以来城乡关系的变化

我国的城市化发展历史与西方国家相比，有着许多不同。从城市化的起点时间来看，英国是城市化开始较早的国家，在第一次工业革命后城市化规模就不断提高，而反观我国，多数人都赞同的说法是，我国的城市化始于1949年，比大部分发达国家要晚100年，比英国晚150年，比世界总水平晚50年，比发展中国家晚20年，比苏联晚70年，比印度晚50年，与亚洲地区同步。[①] 可以说，当别的国家在城市化道路上飞驰的时候，我们才开始蹒跚学步。但这并不代表我们国家的城市化建设速度和规模也落人之后，其实早在五四运动之时，中国的有识之士就有了这方面的意识。五四运动的核心是"人的觉醒与解放"。在当时，底层人民是饱受压迫的，这种压迫不仅在肉体上，同样也存于思想。而五四运动所关注的就是妇女、儿童、农民这样的社会底层人物。李大钊当时在《晨报》发表了《青年与农村》，指出："我们中国是一个农国，大多数劳工阶级就是那些农民，他们若是不解放，就是我们国民全体不解放；他们的苦痛，就是我们国民全体的苦痛；他们的愚暗，就是我们国民全体的愚暗；他们生活的疯病，就是我们政治全体的疯病。"他进而提出，"要想把现代的新文明，从根底输入到社会里面，非把知识阶级与劳工阶级打成一气不可"。于是，他发出了"我们青年应该到农村去"的号召，引发了"新村运动"的思潮。"新村运动"的目标是在农村建立一座"新村"，在这里人们财产共有，村民们可以过着一边读书一边从事劳动的生活，俨然一副乌托邦社会的模样。但是乌托邦社会显然只能是一个美好的愿景，农民们沐浴在大自然阳光中"日出而作，日落而息，耕田而食，凿井而饮"的生活，在当时注定只是空想。其实，五四运动所提出的知识分子"到农村去，到民间去"，基本上还停

---

① 何念如. 中国当代城市化理论研究（1979—2005）[D]. 上海：复旦大学，2006：110.

留在理论的倡导与小规模的试验上，并没有形成实际运动。

而之后的抗日战争，在毛泽东"农村包围城市，武装夺取政权"的政策领导下，实际上也就形成了以农民为主体的民族解放战争。迫于战争形势，大批知识分子从城市走向农村，无形中加深了对中国农村问题的深刻认识，大大推动了农村建设事业的发展。毛泽东等中国共产党人认为中国社会必须从根本上进行变革才能进行新的建设。农村的根本问题就在于土地问题，于是一大批革命知识分子到农村去、到民间去，建立革命根据地，进行革命。正是在这样的思想指导下，新中国成立后，我国就开展了轰轰烈烈的土地改革运动。

新中国土地改革的总路线是"依靠贫农、雇农，团结中农，中立富农，有步骤有分别地消灭封建剥削制度，发展农业生产"①，表明这场运动所要确定的原则就是反对封建地主阶级的剥削。它与圈地运动有着本质的区别，它并不是采用血腥蛮横的手段去掠夺土地，相反，土地改革中采取的政策可以说是相对温和的。

对于封建地主阶级，没收土地所采取的措施并不是没收地主的全部家产，使其"倾家荡产"，而是只"没收地主的土地、耕畜、农具、多余的粮食及其在农村中多余的房屋"这五大财产，地主仍能够依靠自己的劳动维持生活。土地改革所要达到的目的是对地主阶级进行改造，消灭封建地主这一阶级而已。土地改革并不像圈地运动那样激烈，它是在充分考量实际情况、了解农民群众真正诉求的前提下完成的，它发生在一个平稳有序的社会环境，并没有导致社会秩序紊乱，没有给国家和人民财产造成巨大损失，它是一场顺应民心、符合大多数百姓利益的政治、经济、社会变革。它将农村的土地从封建地主手中解放出来，并真正做到了取之于民、用之于民，使得农民在真正意义上拥有了属于自己的土地，为乡村社会的稳定奠定了基础，也为之后的乡村政治、经济和文化的转型做足了准备。

土地改革不仅仅是对20世纪50年代前期的中国乡村社会产生了直接的积极影响，对其后的中国社会乡村建设的转型与发展也产生了深远的影

---

① 刘少奇.关于土地改革问题的报告[M]// 刘少奇.刘少奇选集（下卷）.北京：人民出版社，1985：43.

响。在土地改革后，因为农民对于农业技术的热情逐步提高，迫切想要学习科学技术知识，所以这一时期的教育还兼有科学技术的教育。此时的乡村文化受到了国家调控的有目的的教育，农民的思想受到了深刻的影响，由内而外地影响着乡村文化本身，使它逐步蜕去身上传统闭塞的外衣。

而在 1978 年的安徽省，由于连年旱灾侵袭，河水断流，水库干涸，旱情造成全省 400 万人缺乏生活用水，6000 万亩农田受灾。[①] 在这样严酷的生存环境下，最为贫困的凤阳县小岗村的 18 户村民在一户村民的家里签下了一纸契约，另一种更为创新的土地制度——家庭联产承包责任制应运而生。在当时，家庭联产承包责任制所采取的"包产到户，自负盈亏"的生产方式可以说是十分冒险的。1978 年 12 月通过的《农村人民公社工作条例（试行草案）》明确规定："不许分田单干，不许包产到户。"而 1979 年 9 月在《中共中央关于加快农业发展若干问题的决定》中，对包产到户也要求严格限制在"某些边远山区和一些特殊需要的副业生产"以及"交通不便的单家独户"的范围内。可以说，家庭联产承包责任制的形成与发展都是十分曲折的。一直到 1982 年的"一号文件"才正式承认"包产到户"的家庭联产承包责任制是社会主义经济的组成部分，也就是从那时候起，中国农村经济体制改革打开了新局面，农村社会进入了前所未有的发展时期。到 1983 年底，全国农村以家庭为主要形式的联产承包责任制，其中包产到户的比重已占农户总数的 95% 以上，家庭联产承包责任制作为我国农村的一项基本制度被确定下来了。[②]

其实，党的十一届三中全会以来，中央对农村的关切一直未曾减少。这一点从连续发出一系列指导改革的文件也可以看出。这些文件是群众实践经验的自我总结，也是党中央对农村建设经验的系统总结，不仅推动了农村改革的进展和农村经济的发展，同时也反映了这几年来农村社会发展的历程，它们的基本精神和政策是一致的，都是为了建设具有中国特色的农村社会主义经济制度。[③]

① 聂万辉.万里在农村改革中的智慧和胆略[J].党史纵览，2008（9）.
② 陈吉元，陈家骥，杨勋.中国农村社会经济变迁 1949—1989[M].太原：山西经济出版社，1993：491-500.
③ 鲍存军.家庭联产承包责任制的实施情况个案研究[D].兰州：西北师范大学，2013：12-29.

而在今天，乡村文化的发展也迎来了新的历史课题——如何适应外来文化，尤其是日渐兴起的城市文化的冲击，也就是说，在新时期城市化浪潮的冲击下，乡村文化将面临什么样的局面呢？

## 第三节　城市化浪潮下的困境与危机

由于我国尚处在发展中国家之列，城市化可以在较大程度上提高我国的经济效率，我国早期粗糙的城市化发展进程在一定程度上带来了经济的高速发展。迅速发展起来的经济，让人们误以为城市化只有利，毫无弊。城市化确实能够带来许多好处，但是由于低质的发展，人们付出的代价是远远超过收获的。城市化率高是经济学家们所强烈赞同的，城市带来的产业链与高效益无疑是肯定的，但这也正是社会学界所关注的焦点。城市作为一种经济组织确实具有极高的优越性，高度聚集可引领经济运行的效率与效益成倍增长，但背后成堆的问题也暴露出来。高度集聚的人群带来了经济效益，也带来了社会风险和社会问题。交易和竞争在密集的人群中进行，人与人之间的经济联系更加密切，经济链条更加脆弱，一旦出现问题，那么被影响的将不是一个人、一个家庭，而是无数人、无数家庭。过于追求经济发展的结局，就使资源过于朝着经济方向倾斜，导致原本应该同步发展的文化处于一个尴尬的停滞甚至倒退的局面。

将一个民族、一个国家维系起来的是文化。同理，小到一个区域，大到整个中华大地，每个区域都有着自己独特的文化，文化将生活在这片土地上的人们联系在一起，是一条无形的纽带。任何文化在代代相传的过程中，都受到其他文化的影响。文化的学习者、接受者、继承者必须对自己的文化抱有自信，有自己的民族意识，他们才会勇敢迎接外来文化的挑战，才能在审视自己民族文化的过程中，将自己的文化与城市现代文化进行比照，对传统文化中不符合时代发展的因素进行舍弃，从而更好地弘扬自己的文化。这样，乡村遗留下来的很多宝贵的非物质文化遗产的传承，才不会面临后继无人的尴尬处境。我国在推进城市化的进程中，许多乡村原有的传统社会生活方式都在不断地被打破、再重建。新的生活方式、新的社会结构以及生存环境都会出现，农民离开农村进入城市，就是在尝试接受新的生活方式的表现，在新的环境中，农民会拥有新的经济来源。但是这样的新，并不能抹去一个内心坚定、热爱自己文化的人。一个热爱自己土生土长地区的区域文化的人，是不可能失去根基的，即便离开了生活的乡村家园，他的灵魂也有故乡。在外打拼的人知道，不管在生活中遇到什么样的挑战，都有一个温暖的故乡在等待他。

在城市化狂飙突进的过程中，许多乡村都无力招架这样迅猛的浪潮，乡村文化面临艰难的处境。乡村只留下了一些记忆的脉络，那便是乡村文化。它是人们的根，是在城市高楼大厦中穿梭忙碌的人们最后的精神家园。而这片精神家园，需要的是全社会的共同守护，让饱含记忆的乡村文化得以在城市化浪潮下生存并茁壮成长，是当前社会需要着重关注的问题。而缺乏文化根基的新城市，因为根基不牢也有倾覆的可能。当城市仅仅靠外部的条件来支撑整个城市的体系框架时，它已经处于危险之中。

城市化与乡村发展并不是相悖的，但早期的城市化过程中，人们将乡村发展为城市的方法是最为原始的手段，那就是移除重建。乡村在转变为城市的过程中，失去的不仅仅是乡村原本的面貌与记忆，它们独特的文化也在这个过程中渐渐被遗忘。失去了自己的乡村文化，这是当前乡村发展过程中较为困难的处境。在发展中，人们总是习惯性地将农耕文化与落后文化相等同，将城市文化与先进文化相等同。但随意的等同不具备理性与逻辑思维，无法做到真正的"扬弃"。中华民族上下五千年的历史和文化是在农耕文化的滋养下发展起来的，我国有许多优秀的、领先于世界的传统文化，我们对待乡村文化应该保持"扬弃"的态度，也就是"取其精华，去其糟粕"。

## 一、城市化浪潮下乡村文化的困境

第一，缺少文化方面的人才。民众对乡村文化的重要性缺乏认识，没有意识到乡村文化对于乡村发展的重要程度。乡村基础组织中的工作者大多缺乏专业知识的支撑，导致乡村在发展过程中，很容易忽视对该地特色的乡村文化的继承与保护。许多具有乡村特色与色彩的建筑、工艺等都受到城市化不同程度的破坏，这与群众缺乏乡村文化重要性认识以及文化保护意识有着不可分割的联系。在这样粗放的改造发展下，由农村建设成的城市是千篇一律、没有生机的，乡村文化的衰弱成为必然。城市化表面上给农村带来了收入的增长与经济的发展，本质上却是在抹杀乡村。

第二，教育水平较为低下，无法为农村发展提供人才支持。目前，农村的教育资源和教育设施尚不够完善，农民群体接受的教育普遍较为低下。农村教育虽然已经有了极大的改善，但仍然与城镇教育有着较大的差距。出生于农村的优秀学子，在经过高考后离开家乡去往大城市发展，也很少有人返乡工作。

第三，面对强势的城市化，农民开始对先辈传下来的文化失去自信，在城市文化中迷失自我。在对城市化一片叫好的环境中，乡村文化濒临消失。中华民族是农耕民族，中华民族对于土地有着极大的依恋与热爱，乡村失去了自己的文化，故乡的土地就失去了生命，人们也就失去了精神家园。中华民族上下五千年的文化魂将不知何去何从。

## 二、城市化浪潮下乡村文化的危机

在城市化浪潮的冲击下，乡村文化所面临的危机同样也不在少数。与西方国家的城市化发展相比，我国的城市化发展呈现的特点为起步晚、水平中等、速度快。我国的城市化大部分还处于初级阶段，而在这样的发展状态下，我们就不可避免地面临着和西方社会相同的由城市化发展所带来的方方面面的问题。在我国，最为突出的问题就是在城市化进程中，城市与农村发展不平衡。可以说，农村在城市化进程中始终是处于弱势的。

第一，从教育方面来看，乡村居民普遍文化程度不高。乡村居民的文化程度不高主要体现在以下两个方面：其一，家庭劳动力整体文化素质不高，大部分家庭成员文化程度较低，这对农村生产力的进一步发展和农民生活水平的提高产生了影响，并且对乡村文化的保护也是一种阻力；其二，乡村师资力量较薄弱，乡村的教育水平仍然比较低，乡村地区学校的硬件设备也远远比不上城市地区的，这就在很大程度上影响了当地居民对于乡村的认同感，更多的人才会选择在城市接受教育并在城市工作，而人才的流失就会造成当地文化传承和保护的断代。

第二，农村的基础设施薄弱，缺乏发展资金。农村的基础设施较为薄弱，特别是文化基础设施不够健全，农民接受文化的渠道不够全面，较为局限。发展文化需要一定的物质载体，文化才能得以稳步发展。乡村图书馆、乡村阅览室等场所的建设对于我国建设新农村是非常有必要的。许多乡村的发展同样面临着资金缺乏的问题，特别是我国中西部一些相对落后的地区，城市化建设抽走了农村的劳动力，本地区的经济发展相对落后，没有其他经济来源的村庄在文化的发展与保护上更是无力。乡村文化缺乏科学的管理与规划。我国地大物博，区域间的文化与特色大不相同。许多乡村都有着自己独特的优势与发展特点，但是长期以来缺少科学合理的乡村文化发展与规划，许多本应该在社会上焕发生机的建筑群在深山中一年又一年被尘土蒙蔽，不见天日；许多有趣的民俗文化与民间工艺正在消失，随着手艺人的老去，一些比较小众的中华传统工艺面临着后继无人的严峻形势，一旦老一辈手艺人离世，一些饱含中华民族记忆的传统手工艺技术也将消失不见，这将成为文化发展史上极大的遗憾；许多当地特色的小吃文化、服饰文化都无法传播……科学合理的乡村文化发展规划是一个乡村能否持续健康发展的关键，所谓磨刀不误砍柴工，只有充分做好前期准备，乡村文化的继承与发展才能稳步进行。

第三，乡村文化市场发展并未得到充分发育。对于乡村文化保护，我们不仅仅要着眼于现有的危机，还要注意其潜在的方面。乡村文化的保护不但需要乡村建设者和乡村居民精神上的支持，还需要依靠强大的经济动力作为其可持续发展的不竭源泉。只有当乡村经济发展到了一定程度，才能够推动当地乡村文化的发展。现如今潜藏的危机有以下几点：首先，乡村文化的消费水平低。在我国，虽然乡村居民的总体消费水平逐年上涨，但是文化消费的总量还是过低，所占比重仍然不高。其次，乡村文化市场管理仍不够完善。乡村文化市场管理机制不完善主要表现在乡村文化市场管理人员的缺乏上。乡村文化市场的管理人员主要有两大类：一是普通文化事业领导人员，他们一般是非文化艺术类专业人员，主要从事的是文化市场的宏观管理；二是专业的文化艺术人员，他们一般都具有某一领域的艺术专长，但是对于文化市场的宏观管理却相对懂得较少。这些人员对于乡村社会文化市场的管理都缺乏整体的考虑和打算。乡村文化市场管理人员的专业素养不高，更增加了乡村社会文化市场管理的难度。最后，乡村文化市场的低俗文化现象严重。乡村文化市场的主要商家是一些当地的居民，他们受教育的程度不高，对于高雅文化与低俗文化的鉴别能力不强，这就导致乡村文化市场中低俗文化现象甚至反文化现象的出现，并且这些低俗文化还占有一定的市场。这些低俗文化一旦在乡村文化市场中进一步发展壮大，将对乡村文化保护造成极大的冲击。

第四，乡村文化保护的体制保障缺失。乡村文化保护虽然已经得到重视，但却尚未形成系统的文化保护体制。这主要体现在以下几个方面：其一，政府作为乡村文化的建设者，在指导建立农村公共服务体系方面的主导作用没有充分发挥出来，政府在乡村文化建设中的主体作用也没有充分发挥出来；其二，一些基层干部自身文化素质不高，在实际工作中不重视思想文化素养的提高，缺乏对群众的号召力；其三，乡村文化组织不健全，缺乏将农民团结在一起的社会组织；其四，乡村文化保护的法制不健全，立法不完善，致使乡村文化建设法律缺位；第五，乡村文化建设与保护的资金投入不够。这一点虽然在近几年国家对乡村文化保护的大量资金投入下有所改善，但我国乡村毕竟数量庞大，因此后续的资金投入也是十分必要的。

综合以上几个方面，不难理解我们今天所要面临的乡村文化发展的困境与危机。总的来说，城市化过快是弊大于利的，它所带来的一系列问题值得我们警醒和反思。众多实践经验告诉我们，任何事物的发展都不能够操之过急，而是要遵循其发展的科学规律。保护乡村文化与促进城市化进程并不矛盾，发展与保护可以在相互适应中融为一体，相辅相成。我国当前致力于建设社会主义新农村，实施乡村文化振兴，正是在发展乡村的基础上保护乡村文化，留住乡村文化的生命，留住农村的根基和民族的记忆。

## 第四节　城市化浪潮下的乡村文化保护与振兴

今天，中国的经济实力大大增强，城市化也取得了巨大的成就。如何以创新思维和方式努力解决城市化发展过程中出现的矛盾，在新的历史条件下认识乡村文化的价值、发展振兴乡村文化已然成为重要的社会问题。历史的经验与教训告诉我们，城市化发展并不是消灭乡村，也不是对抗自然生态环境。发展经济不能在牺牲文化的基础上发展，而应该和谐发展。党的十八大提出建设生态文明与美丽中国的思想，就是要求在乡村建设过程中将生态文明建设和文化建设摆在重要地位，融入经济建设、政治建设、社会建设中，努力建设新农村、建设美丽中国。

文化是一个国家、一个民族的灵魂。中华民族传统文化是建立在农耕之上的文明，因此，我国乡村文化在整个文化事业中占据重要位置。乡村文化是中华民族传统文化的生命之源。乡村文化在城市化的冲击下摇摇欲坠，经济的增长需要文化的支撑，文化是一个国家发展的重要支持。振兴乡村必须振兴乡村文化，乡村文化的振兴需要的不仅仅是物质财富的发展，更需要精神文化的发展，在乡村振兴过程中必须重视乡村文化，通过提高乡村文化建设更好地促进经济发展和政治建设。

我国的乡村文化博大精深，不同区域之间的文化具有较大的差异性，因此中国乡村文化具有多样性的特点。乡村文化历经各种劫难而不亡，饱经沧桑，我们对乡村文化应该有充分的自信。乡村文化自信是中国文化自信的核心构成，决定着我们国家文化自信的广度和深度，是我们国家文化自信道路上必须踏出的一步。我国乡村文化具有极大的创造性，在乡村的广阔土地上，先民创造了先进的农耕技术、农耕工具，根据农业的需要对气象和气候也有所研究，留下了许多著作和经验。建立在农村土地上的文化与大自然息息相关，中国古代的神话传说中均有所体现。中国古代的神话故事大多是基于自然环境产生的。原始社会的生产工具比较落后，生产水平低下，农民对于自然的依赖性极强。任何自然灾害对于古代先民来说都是灭顶之灾，因此形成了先民对自然的崇拜与敬畏。在世世代代农业生产的过程中，古人逐渐形成了一套农耕文化系统，并在农耕文明的土壤上衍生出"天人合一""道法自然"等与自然紧密相关的哲学思想和生活方式，推动了世界文明的进程。由于土地具有稳定、不易迁移的特点，因此也形成了中国人追求稳定和谐的从容态度。形式内容丰富的乡村文化带给中国的民族文化多样性和多彩性，中华民族因此拥有满满的活力。我国还未被发掘、受众面较小的、面临消失的乡村文化极多，因此在乡村文化开发建设中还有极大的开发空间与探索空间。

当前乡村文明建设与保护相对来说还处于初步阶段，不仅要考虑经济效益，还应该着重考虑社会效益。新时期以来，我国的经济实力大大增强，乡村发展迎来了新的阶段。国家对乡村文化越来越重视，出台了一系列发展农村的新政策法规，政府、社会组织、个人都在不同程度上努力探索乡村文化发展的方向，寻找适合传统艺术与现代艺术发展相联系的轨道，致力于开发传统古朴的文化工艺，使传统的乡村文化在现代社会焕发新的生机，将经济效益与传承文化相结合，实现双赢。回望许多成功的案例，根据不同的乡村特点进行开发宣传，因地制宜，才是科学合理的。

乡村文化的保护与振兴，大体上分为两类：物质文化遗产和非物质文化遗产。物质文化遗产主要包括文物、建筑群、文化遗址等，如三山五岳、五湖四海三江、四川九寨沟、湖南武陵源等自然景观，还有诸如陕西秦兵马俑、敦煌莫高窟、曲阜孔庙、山西平遥古城、各类古村落等文化遗产；而非物质文化遗产则是乡村文化精神面貌的反映，它是民族个性、民族审美习惯的"活"的显现，依托于人本身而存在，以声音、形象和技艺为表现手段，并以口口相传作为文化链而得以延续，包括民俗文化、红色文化、道德观念等，是"活"的文化及其传统中最脆弱的部分。因此，"活"的传承即以手工艺人为代表的技艺传承、以乡风家风传承为代表的精神文化传承等就显得尤为重要，这一点也是其与物质文化遗产最大的区别。

从以上所涉及的有关乡村文化保护的内容，我们不难看出城市化浪潮下乡村文化的脆弱性。联系我国实际，当前，我国正处于飞速发展阶段，人民生活水平不断提高，对美好生活的向往也越加迫切。城市化的浪潮也涌向了我国农村，农村的经济、政治、文化等多方面也因此进行了转型和发展。乡村中存有数量庞大的古建筑和古村落等物质文化遗产，同时还有各乡村所特有的民风民俗、节庆活动等非物质文化遗产，都保留了独特的乡村文化特色。可以说，乡村文化是我国传统文化的重要组成部分，是传承中国优秀历史文化、延续历史文脉的重要载体之一，反映了几千年中华历史的延续和发展，是一种重要的文化资源。中国半数以上的文化遗产分布在传统乡村中，它植根于民间土壤，蕴藏着丰富的乡村社会历史文化信息，展现了中华民族的独特智慧和灿烂文明。

　　我国近几年大力提倡传统文化的保护与振兴，从实际情况来看，有不少乡村确实做到了既成功转型，又保留了具有古朴传统文化风格的建筑和习俗。但是随着近些年城市化进程逐步加快，乡村传统文化在保护和振兴过程中就暴露了许多问题。

　　在中国，城市化速度逐年提升，城市辐射范围越来越广，各个城市附近的乡村受到影响，城市文化冲击着本就脆弱的乡村文化。城市生活的快节奏与悠闲的乡村生活形成极大反差，城市人口的价值观更多地对乡村人口产生影响，他们开始逐步摆脱原本在乡村文化熏陶下的文化习惯，接受了更为便利和快捷的思想观念，更多人在对比之下投身城市怀抱，使得乡村文化的生存空间日益萎缩。这不仅导致某些传统乡村文化消失，更会在之后的岁月中对乡村文化的传承、村民的思想培养和发展造成一定的困难。

　　而乡村文化生存空间的萎缩就会带来另一个层次上的问题，那就是文化自觉的缺失。当作为文化的活载体——村民，他们的思想更趋向于城市文化之时，对于他们而言，关于乡村的文化自觉就会渐渐淡薄，这对于乡村文化的传承是非常严重的。

　　当然，我们国家目前对于乡村文化还是采取了一定的保护措施，也有相当一部分乡村在国家和当地政府的支持下，通过多种手段，如开发旅游区、生态保护区、文化特色区等方式，在城市化进程中推陈出新，借助现代化的技术与设备，由闭塞走向开放，使得古朴的乡村文化更好地与现代社会相结合，焕发出独具特色的风采，带动了乡村旅游经济的发展。但是，某些知名的乡村文化弘扬和发展的成功经验被大量"复制粘贴"式地使用在一个又一个迥乎不同的乡村时，就带来了另一个问题，那就是乡村文化的趋同现象日益严重。一个又一个"依葫芦画瓢"的"样板"乡村旅游区的出现，让许多乡村邯郸学步般丧失了原本的文化传统和文化特色，沦为随处可见面貌类似的乡村旅游区。这一点是我国大部分已开发或开发过程中的乡村文化所面临的最大的致命伤。

　　另外，大量"样板"乡村旅游区的出现意味着各地的生态环境遭到了一定程度的破坏。须知由于各地的地理条件不同，房屋构造、气候环境也存有差异，一味地采取相同的方案去构建乡村旅游区，就会对乡村的资源环境造成损耗，作为乡村文化物质载体之一的自然生态环境也因此日趋恶化。

如农村宅基地"建新不拆旧"，导致村庄用地闲置废弃、土地撂荒与废弃等现象。同时，由于没有因地制宜地规划好旅游区与生活区，乡村的空间形态就呈现出了生活空间分散化、生产空间无序化、生态空间污染化的态势。以上各种情况的出现，都会导致作为乡村物质文化载体之一的自然生态环境的恶化。

那么，我们对于乡村文化中非物质文化遗产的保护是否到位了呢？其实，将"保护"一词用于非物质文化遗产，本身就说明了非物质文化遗产的脆弱性。现代化的冲击、商品化经济的影响，使得非物质文化遗产失去了原有的存在土壤和社会环境，处境岌岌可危。就拿乡村传统的手工技艺来说，如何对其保护和传承就是一大问题。对于传统手工技艺而言，其传承有一定的特殊性，如只传男不传女或只传女不传男等；并且，许多年轻人在社会舆论的压力下，并不会选择从事看起来"不体面"的传统手工业，多方面导致传统手工业后继无人的窘境。另外，传统手工技艺的学习也有很大的难度，需要花费大量时间和精力；还有，工业化的冲击导致手工艺品的市场日益萎缩，缺乏技术革新和资金支持也是其需要解决的问题。乡村非物质文化遗产所面临的困境大抵上与传统手工技艺相同，那么如何对其进行合理的保护和传承，是当前乡村文化保护所面临的另一困境。

此外，在城市化浪潮的冲击下，对于各乡村居民的冲击也不可谓不大。城市文化以其强大的优势和魔力席卷着各个乡村，乡村由于自身各方面的不足，容易造成对城市文化的盲目崇拜和效仿，导致自身具有特色的乡村传统文化被摒弃和遗忘，认同感和归属感也逐渐消失于无形。归根结底，这些精神层次上的问题都源于村民们文化自觉精神的缺失。目前，乡村文化自觉、文化自信的缺失成为影响我国农村发展的短板，怎样尽一切可能帮助村民重拾文化自信，对于当前乡村文化的保护和振兴是十分重要的。

因此，在振兴乡村文化的过程中，要注重文化事业和文化产业相结合。文化发展离不开文化产业的兴盛，也离不开文化事业发展的支持。一方面，政府要注重建设具有公益性质的乡村公共文化设施，如村图书馆、文化宫等等；另一方面，政府需要引导、支持村民发展具有乡村文化特色的经营性文化事业，如创办农家乐、民宿、举办大型文化节等来实现经济效益的增长与丰收。在发展的过程中，要坚持党的领导，充分发挥政府部门与党委的主导作用，尊重农民主体，形成相互结合的良好环境。党和政府在这个过程中扮演的是引导者的角色，要给予农民群众充分的支持与鼓励，而不是替农民群众拍板做决定，只有这样才能让群众充分地参与，在振兴乡村文化的发展过程中，让农民获得充分的幸福感与满足感，调动群众的积极性，共同建设一个美好幸福的社会主义新农村。

发展乡村文化、振兴乡村文化，不仅要大力发展经济，以良好的经济实力促进文化产业更好地发展，也要完善基础文化设施，使文化有一个良好的发展环境，更重要的是注重乡村人才的培养，推动乡村人才振兴。发展乡村不仅要留住人，更要吸引人。城市发展较快，经济收入水平较高，不少人背井离乡去往城市寻找工作。这样的情况已然非常普遍，也正是如此，造成了乡村空心化，留守儿童和独居老人生存情况变得更加严峻。因此，培养人才，发展当地产业，用产业发展的前景留住人才和劳动力，同时也吸引离乡的村民回乡创业，村庄发展的每一步都将给予村民偌大的信心。谋求乡村文化发展，要充分发掘乡村文化所具有的独特的审美价值，在地区环境承载力范围内进行科学合理的开发，打造适合自己村庄发展的生态旅游。开发的过程中要注重传统与现代的结合，艺术与创意的植入，农业与人文创意相融合，强化文化保护与社会经济相融合，注重科技与创意相融合。根据乡村文明资源不同类别的特点、市场潜力、资源禀赋等，制订不同的保护开发方案，努力实现保护和利用的良性循环。通过实现资源有效配置，引进农业产业化联合体这个新型经营模式，着力打造"一村一品""一乡一业"。通过生态旅游项目，村庄不仅获得经济效益，而且可以获得良好的社会效益。人们在发展乡村生态旅游的过程中逐渐形成了新的价值观念和生态观念，养成爱护乡村环境、注重保护乡村民俗民风的良好社会风尚，为乡村文明可持续传承和发展，为助推乡村振兴战略起到了强劲的推动作用。

乡村文化建设目的在于将农村建设成社会主义新农村，在于着力推动农村拥有自己发展自己的能力。如今采取的政策和行动决定了未来乡村文化振兴发展的水平和方向。未来始终掌握在我们手上，乡村的未来同样掌握在无数农民自己的手上。

习近平总书记曾言："文化是民族生存和发展的重要力量。人类社会的每一次跃进，人类文明的每一次升华，无不伴随着文化的历史性进步。"①
文化是一个国家、一个民族的灵魂。文化兴、国运兴，文化强、民族强。当前，
我国强调的文化强国道路，正是怀着这样的信念和决心进行的。"求木之
长者，必固其根本；欲流之远者，必浚其泉源。"中国特色社会主义文化，
源自中华民族五千多年文明历史所孕育的中华优秀传统文化。而中华优秀
传统文化是中华民族的精神命脉，是涵养社会主义核心价值观的重要源泉，
可以说，文化的传承和保护对于一个国家而言是至关重要的。乡村文化作
为中国传统文化的一部分，在中国传统文化中占有举足轻重的地位，但其
所受到的重视程度明显不够。其原因就在于，随着社会的变革，城镇化的
程度不断加强，处于弱势的乡村文化受到了大量城市文化的影响，传统社
会下的农村生产关系也受到了冲击，村民们的思想观念也逐渐被改变，他
们被城市文化潜移默化地影响着，对原本乡村文化的继承和保护就难免产
生抵触情绪，在这种情况下，乡村文化的式微就成了一个不得不面对的问题。

　　前文我们已经论述了许多乡村文化保护和振兴的困境和不足，也列举
了可以采取的措施和手段。但在现今高速发展的中国，城镇化对于乡村文
化意味着风险和挑战，一些乡村不可避免地走上极端地全盘接受城市文化
的道路，导致本身文化特色丧失。具体表现为"大城市病"在乡村中蔓延：
充满诗情画意的田园风光在大城市的喧嚣中迷失、乡村记忆和城市体验的
冲突、文化遗产的缺失导致精神寄托的消亡……我们需要明确的是，城镇
化并不意味着"消灭乡村"，不能想当然地运用所谓标准化的城市发展模
式取代既有的乡村发展规律，尤其是在文化领域。我们在前文所谈的那些
乡村文化保护中发生的问题并不是个例，实际情形可能更为严峻。

　　由此看来，城镇化浪潮冲击背景下的乡村文化保护与振兴其重要性不
言而喻。乡村文化是一个乡村的精神积淀，是村民们生活的主要组成部分，
同时也是村民们赖以生存的精神依托和意义所在。保护传承乡村文化就是
保护一个乡村的"根"，当我们对过去的文化进行总结和继承的时候，才
能创造出新的、有活力的文化。

　　正如习近平总书记所强调的，我们要坚定文化自信，不能只挂在口头上，

---

① 习近平. 在文艺工作座谈会上的讲话 [N]. 人民日报，2015-10-15（2）.

而要落实到实际行动上。历史文化遗产是祖先留给我们的，我们一定要完整地交给后人。中华文明绵延至今，正是因为有这种根的意识。乡村文化是中国传统文化中一颗璀璨的星，我们要把她的光芒散射出来，使其与当代文化相适应、与现代社会相协调，把跨越时空、富有永恒魅力、具有现实价值的文化精神弘扬起来，推动乡村文化创新性发展，激发其新的生命力，为当代乡村建设发展提供正确的精神指引。这就需要我们不断去考察、实践和探索有关乡村文化保护的具体方式。

每个乡村所面临的问题和阻碍并不相同，所采取的方法自然也需要因地制宜，只有具体考察了当地的情况之后才能详细制订。如何采取相应的措施对自身的文化进行筛选、更新，使之"破而后立"，是每个乡村要慎重思考和对待的。从大的方面来说，乡村文化应该如何保护和发展是各地政府和村民们所要面临的一个挑战，保护乡村文化，就是要努力保留乡村文化独立的价值体系和独特的社会意义、精神价值，充分展现更基础、更广泛、更深厚的文化自信，弘扬民族精神和改革创新的时代精神。

"破而后立"是我们对新城镇化下乡村文化发展前景的展望，不管"破"的过程有多艰辛，我们也同样看到了许多乡村克服万难并成功转型，不仅很好地完成了乡村文化保护的任务，同时还让乡村文化保护与文化合理开发与利用相结合，让文化带动当地经济腾飞的例子。它们所代表的精神和所采取的措施都是值得我们不断探究和学习的，正是有它们的存在，才为许多仍在前行中的乡村提供了可以展望和向往的全新前景。

城市化浪潮下的乡村文化仍有许多亟待深入研究的方面，我们国家一如既往地深情关注着农村和农民的命运，一代代知识分子精神里沉积的感情是深邃且绵延的，延续到我们今天的各种乡村建设活动，其实就是摸着前辈留下的绳索往前走，在实践中不断探索、不断努力，在实践中探寻其在城市化语境下持续前进和发展的道路，继续创造新的历史。

# 第二章
# 城市化浪潮下的乡村文化现状

　　"乡村文化"是一个内涵丰富的概念。

　　"文化"一词，最早见于《周易》。《周易》"贲"卦《象传》中说："观乎天文，以察时变；观乎人文，以化成天下。"[①]大意：观察天道运行规律，以体察时节的变化；观察人事伦理，以教化天下大众。虽然在这个句子中"文化"二字并未作为一个词出现，而是分列在两个短句中，但已大致可见古人对于"文化"的理解。在1980年版的《辞海》中，将"文化"一词的概念做了广义和狭义的区分，即"从广义上来说是指人类社会历史实践过程中所创造的物质财富和精神财富的总和。从狭义上来说，是指社会意识形态以及与之相适应的制度和组织结构"[②]。这样，文化这一概念的指称就相对清晰了起来。

　　乡村是带有自然、社会、经济特征的地域综合体，兼具生产、生活、生态、文化等多重功能，与城镇互促互进、共生共存，共同构成人类活动的主要空间。具体到"乡村文化"，中国著名社会学家与人类学家费孝通在他的《社会调查自白》中提道："中国传统乡村文化的历史悠久，内容厚重，它通过三重内涵来展开：一是乡村的自然环境；二是乡村村民的自然生产与生存的方式；三是建立在乡村自然与村民自然生存方式之上的活动文化样式，包括民歌民谣、民间故事、口耳相传的白话传统、民间文艺、民间体育形式、乡情等。"[③]我们认为，乡村文化大致可以分为两大类：一类是特定乡村生活固有的或乡村人民在社会活动中创造的物质性的，可见可感的自然人文景观，如古树名树、建筑、地方特色饮食及服饰等等；另一类是非物质文化，主要指精神意识层面的文化，这类文化并不是具象的，不占用现实的空间，但却又的的确确地存在于某一特定的乡村中，如民俗民风、宗族观念、民间技艺、民间歌曲等等。乡村文化是乡村居民在农耕活动和日常生活中逐步形成、发展并代代传承的风俗习惯和情感认知，它直接影响乡村居民在待人接物上的原则和认识世界的方式，反映着乡村居民的生活状态和精神生活。它蕴含着中华民族独有的精神价值、思维方式和文化意识。因此，

---

① 郭彧. 周易 [M]. 北京：中华书局，2006：117.

② 辞海编辑委员会. 辞海：缩印本 [M]. 上海：上海辞书出版社，1980：1533.

③ 费孝通. 社会调查自白 [M]. 北京：群言出版社，1999：32.

在考察乡村文化时，应当进行全方面、多视角的观照。

与西方世界的海洋文明不同，中华民族长久以来受着乡土的滋养，肥沃的土地加上丰饶的物产，养成了中华儿女厚土安民、中庸内敛的民族性格。"农耕文明"是人类文明最古老、最初始的形态，其稳固性使得中华文明成为世界上唯一一个延续至今且不曾断裂过的文明。可以说，在此基础上形成的中国文化，它的根基在乡土，它的养料在乡土，它的发展离不开乡土。

然而，随着中国现代化进程的加速推进，作为乡土文明承载体的广大乡村在城市化浪潮下面临着越来越大的冲击。乡村旧有的封闭格局被打破，其生存方式、传统观念、价值生态等各方面受到来自城市文明的全方位挑战。如今，城市业已成为当今人类文明的集中地，摩天大楼鳞次栉比，街道纵横交错，霓虹灯五彩炫目，人群攒动于商场、游乐场而乐此不疲。较之城市而言，乡村更多地保留了自然的原始气息，呈现出一种安静祥和、清闲静谧之感，它是饱含温情的诗歌，是乡音、乡土、乡情合奏的牧曲，是质朴、简单的田园生活的缩影。

改革开放后，中国经济进入高速增长期，至2010年，中国的国民生产总值超过日本，成为仅次于美国的世界第二大经济体。四十余年来，中国的发展令世界瞩目。根据联合国的估测，世界发达国家的城市化率在2050年将达到86%，而中国的城市化率在2050年将达到71.2%。城市化的汹涌浪潮让乡村最后可栖居的领地岌岌可危，面对乡村被城市慢慢吞噬的困境，如何将乡村文化中有价值的部分进行保存、活化、振兴、发展、传承就成为亟待关注与解决的问题。那么，身处城市化浪潮下的我们，首先要具备的就是对我国原有乡村文化形态及当下乡村文化现状的清醒认识。

## 第一节　乡村文化现状的初始特征

经历了漫长农耕文明的洗礼，我国的乡土文明展现出其独具特色的面貌。虽然历史的变迁、时代的发展也不可避免地改变着它的初始形态，但在这消解与更新中，以乡土文明为基础的中华民族的内在精神实质仍然是相对稳定的。

## 一、历史悠久，绚烂多姿

作为四大文明古国之一，中华数千年的文明史代代相传，很多现有的民间习俗在古人那里都可以找到源流。远在西周至春秋时期，我国最早的诗歌总集《诗经》就记载了当时民间各地的嫁娶、农耕和节日习俗，具有很高的民俗学价值。《诗经·豳风·七月》中就有这样的句子："朋酒斯飨，曰杀羔羊，跻彼公堂，称彼兕觥，万寿无疆。"讲的是过年的时候人们杀羊宰牛、饮酒跳舞、酬谢神灵保佑和祈求上天赐福的节庆习俗。这种民间信仰和文化习俗延续至今。在山东中部山区新甫山一带，每年的农历六月初六，各乡农民烹羊宰牛，敬神祈福，为当地盛景，台湾文化名人毛铸伦先生回乡祭祖时目睹这一盛景，感叹传统文化特别是乡村文化的影响深远，民间信仰的力量巨大。婚嫁习俗的影响更深远，描述爱情的民歌《诗经·卫风·木瓜》中有："投我以木瓜，报之以琼琚。匪报也，永以为好也！投我以木桃，报之以琼瑶。匪报也，永以为好也！"农村男女青年恋爱期间互相馈赠信物，表达彼此间的倾慕之情，和现在互相交换定情物是一个道理。这种习俗在山西、云南、广西等少数民族聚居的地方至今仍很流行，只是如今已演变为赠送绣荷包、香囊或以其他方式表达对爱情的信念，但形式和内容上仍然是对几千年前这一恋爱风俗的传承。在婚姻嫁娶时，中国古代将成婚过程分为六阶段，古称"六礼"，即纳采、问名、纳吉、纳征、请期、亲迎。当代的嫁娶礼仪在这些流程上虽有简化且各地相异，但仍能看到古代习俗的影子。

图 2-1 古代婚礼仪式图

除此之外，地大物博、幅员辽阔的中华大地还孕育了不同民族、不同地域的多样文化。在物质文化形态上，以建筑为例，黄河流域的村落及建筑大多从抗风、御寒角度考虑建造，高墙大宅，气势恢宏，四合院是其典型的代表，山西和陕西地区的窑洞也有四周的围墙和平正的院落（如图2-2所示）。村镇大部分以历史典故或千年古树、建筑、历史遗存等冠名，如四槐树村、长城岭村、御马店等。

图 2-2　山西碛石李家山窑洞

长江流域和江南则以防涝、防潮、通风为目的修缮房屋，依地势而建，小桥流水，雕廊画壁，村圩取名多源于当地的河流、码头、文化名人，如林家湾、吴家埠等。各地先民们适应自然、战胜自然，创造了丰富多彩的东方建筑文明，它们当中有不少至今散落于偏远的古村落或城郊，成为乡村文化的标志之一。正所谓"百里不同风，千里不同俗"，从非物质文化形态的表现上，中国各地乡村文化风格也往往互不相同。即便同一个节日，庆祝的方式在南北西东、十里八乡也会呈现出不同的样式。中秋节是我国重要的传统节日，但各地乡村节日文化习俗各有寓意，山东临沂地区赏月，还要祭月，吃月饼、食"麦箭"；山西大同的月饼个头奇大，又称大团圆饼；淮北地区的中秋节喜欢制作含核桃、花生、杏仁等果实的五仁月饼，意在祈求五世同堂；江南一带还有的地方中秋节吃桂花鸭、饮桂花酒。此外，广东、福建地区喜欢中秋节舞龙，安徽民间堆宝塔，苏州有串月习俗等。在走亲访友、祝寿庆生等习俗上，各地也有不同的规矩和礼仪，如山东曲阜地区受儒家文化的影响，接待宾客十分讲究，主陪主宾的座位非常严格，男女需分席而坐，传统而守礼制等等。

但是，久远的历史在奠定中华民族深厚文化底蕴的同时，其中的糟粕也成为痼疾，加大了文化更新与修正的难度。同时，多民族、多地域的文化构成也使得我国乡村文化建设和保护的复杂性提升，这要求我们在对待特色各异的乡村文化时要采取适当的、有针对性的、符合当地实际的方案和举措。

## 二、重农主义与"天人合一"观念

在我国古代长久以来的社会发展史中，以小农经济为基础的传统农业生产在整个社会生产体系中居于基础和主导地位。所谓"农，天下之大本也"，即认为农业是财富的唯一源泉，务农才是正当行业。由于科学技术水平相对低下，人们的生存、生产主要靠"天"吃饭，于是形成了人与自然之间相依相存、相互作用的关系。一方面是人对自然（天时、地利）的依从和顺应，另一方面是人对自然的利用调节，从而产生了有助于建立人与自然协调发展的现代意识，反映在生活方式上是悠闲的，反映在人们的观念中则是知足常乐的。为实现农业生产以至整个社会持续发展提供文化参照的是"天人合一"的哲学理念，经过千百年的沉积，"天人合一"的观念逐渐演变发展成为一整套适应农业生产、生活需要的国家制度、礼俗制度、文化教育以及与之相适应的道德、风俗习惯等的文化集合。爱国主义、仁爱互助、集体至上、重义轻利、尊老爱幼、勤劳勇敢、勤俭节约等文化传统，渗透在社会的价值体系、心理习惯、行为方式、关系规范中，构成一道人们难以逾越的"精神藩篱"，自觉规范着人与自然、人与社会、人与他人、人与自身的关系，并内化为人们的文化精神。林语堂先生以诗一样的语言表达了对中国传统农耕文明的感受："让我和草木为友，和土壤相亲，我便已觉得心满意足。我的灵魂很舒服地在泥土里蠕动，觉得很快乐。当一个人悠闲陶醉于土地上时，他的心灵似乎那么轻松，好像是在天堂一般。"①
在某种意义上，可以将农耕文明看作一种善的文明，因为它不需要掌握以
竞争和掠夺为目的的战斗技艺，亦无须培养"尔虞我诈"的商战技巧，而
只须掌握争取丰收的农业技术，并虔诚地企盼风调雨顺，顺天应命。农耕
文明本质上就是通过辛勤劳作、守望田园，营造天地人和的生活环境和生
存空间。对农民来说，农耕文明是最具有感召力和最能够引起农民共鸣的
文化和文明。由于其中包含着大量的关于人与自然、社会、人生的超时代
智慧，因此，它成为中国当代社会持续发展的文化因子，也成就了东方文
化在西方世界眼中的魅力。

但是，对农业的片面强调也带来了许多问题。以现代社会来说，社会
生产的三大产业（即提供生产资料的产业、加工产业和服务业）就如三个
并肩而立、共同推进社会经济发展的"三驾马车"，其中任何一方若形成
短板，必然会影响整体的运行速度。而中国历代封建王朝都将"重农抑商"
作为最基本的经济指导思想。《史记·秦始皇本纪》中就记载着："皇帝之功，
勤劳本事。上农除末，黔首是富。普天之下，抟心揖志。"农本观念根深蒂固，
工商业长久以来一直被抑制发展。特别是到了近代以后，弊端尤其凸显出来。
当西方国家正如火如荼地进行着工业革命，发展生产之时，中国在工业技
术上早已落后了一大截。"天人合一"的理念培养了中华民族包容雍和的内
在气质，孕育了辉煌灿烂的古代文化。古诗文中讲究的"意境""情景交融"
"赋比兴"等都可以说是一种人与自然和谐同构的产物。但以此形成的"体
悟""只可意会，不可言传"等思想也使得中国人的传统思维方式轻"逻
辑思辨"而重"直觉感悟"，限制了中国自然科学的发展。

## 三、以血缘与宗族为基础的集体伦理

分析传统中国乡村社会的结构样态和农民的行为因子离不开浓厚的伦
理文化。中国传统乡土社会以血缘伦理为本位，是伦理至尊的社会。对此，
德国著名哲学家黑格尔有相当的认识。他秉持理性主义的文化传统和西方

---

① 林语堂.生活的艺术·自序 [M]// 张高明，范桥.林语堂文选：下册.北京：中国广播电视出版
社,1990:232.

中心论的观点，对中国古代社会的伦理特征进行了精辟的剖析和解读。他指出，传统中国社会基本上是建立在"道德的结合上"。"中国人常常认为自己是属于他们所在家庭的，同时，他们又是自己所在国家的儿女。家庭是个团结的单位，拥有着割不断的血缘关系和天然义务。在国家之内，家长制是最显著的人伦关系，皇帝犹如严父，为政府的基础，统治国家的一切。"① 浦永春说，在中国传统社会中，"几乎没有割裂了血缘和家庭纽带而能真正独来独往的个人；即便有，也被视为特例甚至被人另眼相看。一切几乎都与自己的家族脐带相连"②。梁漱溟和费孝通对这一问题也有着深入共识。梁漱溟认为传统中国社会是一个伦理本位的社会。伦理本位说的是在处理人与社会关系时，既不是重点放在个人，也不是重点放在社会，而是将伦理关系作为重点。伦理即人与周围的各种关系。"伦者，伦偶，正指人们之相与。"③ 这就是说，全社会之人通过种种直接间接的关系辗转互相联系起来，人和人之间的相处之理是伦理。梁漱溟先生认为，伦理就是人与人之间的各种关系，包括家庭、师徒、朋友、乡邻等种种关系。"伦理本位"的文化理念符合乡村社会中乡民日常生活的逻辑，乡土中的每一个中国人都为其四面八方由近及远的伦理关系所包围，其日常实际生活处处都有与他人相处的问题，这问题比什么都迫切。父子、婆媳、兄弟、夫妇等关系相处不好，便没法过日子，乃至如何处祖孙、伯叔、侄子以及族众，如何处母党、妻党、亲戚、尊卑，如何处邻里、乡党、长幼，如何处君臣、师弟、东家和伙伴、一切朋友，这系列的关系都有一套必须遵守的准则，否则就会受到周围人的责难，无法在乡村中立足。在《乡土中国》中，费孝通对中国社会的"乡土性"有非常完整的解读和概括。他认为"土"是中国乡土社会的本色，即中国人对泥土的眷恋使得他们安土重迁，社会稳定性强，并在此基础上形成了"熟人社会"。同时，费孝通还提出了乡土中国中的"差序格局"。"差序格局"相对西方社会团体格局而言。西方的社会组织形式界限分明，费孝通把它比喻为"一捆柴"式的；而中国

---

① 黑格尔. 历史哲学 [M]. 王造时, 译. 北京：生活·读书·新知三联书店, 1956：165.
② 浦永春. 从家族的观点看 [J]. 浙江大学学报（社会科学版）, 1997（2）：20-26.
③ 梁漱溟. 中国文化要义 [M]. 上海：上海人民出版社, 2011.

社会的"差序格局"使得人和人往来所构成的网格（即伦）具有伸缩性，这种以"己"为中心形成的"同心圆"依情况变化可大可小。正如他所说，"在差序格局中，社会关系是逐渐从一个一个人推出去的，是私人联系的增加，社会范围是一根根私人联系所构成的网络，因之，我们传统社会里所有的社会道德也只在私人联系中发生意义"①。

图2-3　孔融让梨图

农民生产和生活的基本组织形式是家庭、家族及村落等初级群体。在这些组织群体中，通过来自血缘的亲情和来自地缘的乡情的支撑，形成社会群体大体一致的生活方式和彼此之间相互亲近与沟通的人际关系，并在此基础上形成共同的价值核心和伦理性社会舆论。这种共同的价值核心和伦理性社会舆论构建了一种自下而上、自然形成的维护人们基本需要的道德秩序，生活在该群体中的人们处于"熟人社会"中，在乡村中处于固定的伦理位置与道德角色，不会有人随意破坏这种既定的秩序，人际间的不确定性较弱。假如有人不小心僭越了自己的社会角色所规定的行为边界，就会承受舆论的谴责和道德的惩罚。这种道德秩序有利于形成一种团结互助的氛围，也帮助农民建立起对未来生活的信心，在人们应对生产生活中暂时的困难时起到了积极的鼓励和支持作用。一般来说，这种来自民间的

① 费孝通. 乡土中国 [M]. 北京：人民出版社,2015:34.

道德主张具有凝固性、传承性、稳定性等特点，认同度更高，无论社会发生怎样的变革，出现何种的分裂，造成哪样的混乱，总是能够以一种潜在的形态继续存留在普通农民中间，发挥着规范行为的作用，维护着乡村的基本秩序和社会稳定。

但是，集体伦理的高扬也造成了对个人主体性的压抑，个人被牢牢束缚在封建主义家国情怀的体制下，缺乏自我意识与开拓精神。这尤其对于女性造成了极大的戕害。《礼记·丧服·子夏传》中的"三从"，即"未嫁从父，既嫁从夫，夫死从子"；《周礼·天官·九嫔》中的"四德"，即"妇德、妇言、妇容、妇功"，这所谓"三从四德"成为古代女性长期以来必须恪守的准则。她们没有自我，自我意识便无从谈起。而封建家长婚姻包办制度所酿成的悲剧，古往今来更是不胜枚举。五四新文化运动之所以在中国影响深远，很重要的一点就在于它对个人主体精神和"人"的自由与解放的倡导。在那时的中国，是具有里程碑意义的。

### 四、以"仁"为核心的礼治秩序

在古代中国，封建国家为维持基本的政治秩序，采取的是礼治的方式。礼治作为中国政治文化的基本特征，是以"仁"为核心的，因此，礼治从本质上又可称为"仁治"或"仁政"。西周初年，"礼治"的概念基本确立，周公旦在此过程中起到了重要作用。其后，经孔子创立、孟子发展、荀子集大成的儒家学说使得"仁"与"礼"的观念深入人心。再经汉武帝年间，董仲舒"罢黜百家，独尊儒术"的推动，以"仁"为核心的礼治思想逐渐成为历代统治阶级的主导思想。君、臣、父、子各具其名，尊卑、亲疏、高低、贵贱各有其分，整个社会形成一套严明的秩序，人人依此而行，社会便井然有序。与礼治观念相配合，统治者还创立了一套繁复的礼仪制度，同时自上而下推行礼教，并通过社会教化和学校教育加以巩固。

仁义是中国人心中的最高道德，是人们判别是非对错的标准。但并不是说在礼治社会没有法律存在，礼治社会也有法律。只不过在制定法律时，会兼顾"礼"与情；在执行法律时，可以视情况"法外开恩"。纵观世界各国，"礼"大多仅是一种道德规范，只有中国将其组织成一套严密完备的规约系统以作为维持社会秩序的主要手段。如果只从规范人们行为的作用和效果上说，礼与法律殊途同归，不同之处在于规范的手段。礼采用的是人们长期相因相袭而在脑海中形成的道德传统，法律靠的却是国家的强制权威。礼治只能生成于相对稳定的社会结构中，是乡土社会的特色。恰如费孝通在《乡土中国》中所言："礼治的可能必须以传统可以有效地应付生活问题为前提。乡土社会满足了这一前提，因之它的秩序可以礼来维持。在一个变迁很快的社会，传统的效力是无法保的……就得有一个力量来控制各个人了。这其实就是法律，也就是所谓的'法治'。"[①]

诚然，礼治和法治出现在两个不同的社会结构中，没有优劣之分，其产生和实行都有其合理性。但是也应当看到，礼治在以"仁"为主导的传统道德的"掩映"下给传统的中国人套上了等级的枷锁，其中的糟粕值得我们警惕，如"三纲"（君为臣纲、父为子纲、夫为妻纲）实际上是确立了一种臣对君、子对父、妻对夫的依附地位，它在一定程度上沦为统治者统一思想、治国安邦的工具。

## 第二节　乡村文化现状的探索

20世纪初，中国社会开始逐渐由传统向现代转型，广大农村地区也面临着前所未有的冲击。近百余年来，有关乡村问题的争论不绝于耳，对乡村的探索脚步也从未停止。

### 一、早期的乡村建设思想

在中国思想宝库中，乡村建设思想不仅源远流长且异常丰富，民本思想便是其中的重要代表。先秦时期，《尚书·五子之歌》就有"民惟邦本，本固邦宁"之说。经儒家学派的进一步阐发，民本思想得以完善。孔子曾提出民水君舟的观点，将百姓和统治者分别比喻为水和水上之船：鱼失水则死，水失鱼则犹为水也。孟子要求统治者施仁政并认为"有恒产者有恒

---

① 费孝通. 乡土中国 [M]. 北京：人民出版社，2015：64.

心"。荀子也主张："天之生民，非为君也；天之立君，以为民也。"牧民思想中还有富民、教民思想，如"足食、足兵、民信之也"（孔子）。中国农业经济思想史中也蕴涵着大量农村发展管理思想，如孔子的"使民以时""敛，从其薄"；孟子的"数罟不入洿池，鱼鳖不可胜食也；斧斤以时入山林，材木不可胜用也"，这些都可以看作农村可持续发展的早期思想。此外，道家学派创始人老子对于统治者在经济管理上失于职守，导致农业凋敝、百姓困苦给予了严厉批评；融诸子百家学说于一炉的《吕氏春秋》十分重视农业，深刻阐述了违反农业规律可能造成的恶果，并兼有论述农业技术和田间管理的相关内容。

中国村社传统中自古就有"出入相友，守望相助，疾病相扶持"的传统。北宋神宗熙宁九年（1076），我国最早的成文乡约——《吕氏乡约》由"蓝田四吕"，即吕大忠、吕大钧、吕大临、吕大防四人制定和实施，把"德业相劝、过失相规、礼俗相交、患难相恤"四大宗旨用契约的形式确定下来。《吕氏乡约》的做法后经南宋朱熹推行于全国，被中国农村很多地方广泛采用。后来影响颇大的还有王阳明的《南赣乡约》和吕坤的《乡甲约》，这些都为乡村自治理论奠定了实践基础。

乡村建设实验则可上溯到晚清米氏父子的"村治"活动。早在1894年，米春明就开始在翟城村自筹资金创办现代学校，并有计划地进行乡村改造实验。他积极推广新式教育，鼓励民众识字和公民教育，创设国民初级小学校与女子学塾，又开办农村识字班、半日学校、乐贤会、宣讲所等。在农业方面则仿效《吕氏乡约》制定了看守禾稼、保护森林、禁止赌博等规约，使翟城村成为当时地方改良的模范样本。米春明之子米迪从日本学成归来后，借鉴日本乡村自治建设经验，为翟城的乡村自治实验注入了更多的现代因素，提出了一系列新的乡村改造方案。但后来受战争影响，翟城村的"村治"进程不得不宣告中断。不过，米氏父子的村庄自治改革体现了明末清初中国乡村社会的精英阶层在探索农村发展道路上的智慧和努力。他们的经验和部分思想被后来以梁漱溟为代表的"乡村建设派"广泛吸收，也为后来更大规模的乡村建设运动奠定了坚实的群众基础。

五四时期还出现了一个"新村运动"思潮。新村运动受到日本无政府主义者的影响，试图在当下社会之外另外建立一种理想化的"新生活"。

陶渊明"采菊东篱下，悠然见南山"式的乡村意境，给了一些知识分子田园生活的美妙想象，在他们对现实感到失望时，便生出回到乡村的念头。在"新村"，村民财产共有，人们可以一边读书一边劳动，俨然一副乌托邦社会的模样。然而这是一种不切实际、有意将乡村与城市切割的幻想，注定成为仅存在于人们脑海的美好愿景。

以上这些都属于乡村建设理论的萌芽。

## 二、1926—1937年的乡村建设运动

20世纪二三十年代的中国无疑是笼罩在动荡与伤痛之中的。一方面，"八一"南昌起义打响，遵义会议召开，抗日民族统一战线初步形成；另一方面，国内军阀割据势力依旧猖獗，日本先后制造"九一八"事变和"卢沟桥事变"，妄图灭亡中国。当此之时，以乡村为重要形态的中国社会在风雨飘摇中日渐萧索。也正是旧中国农村的贫困落后，成为乡村建设运动的直接动因。

1926—1937年间，我国兴起了一场颇有声势的乡村建设运动。众多知识分子投身其中，他们主张在不改变既有社会关系的前提下，通过和平手段进行改良，以振兴中国乡村，革新中国政治，推进社会的现代化。此次运动，既不同于当时国民党政府制定的农村复兴计划，也不同于中国共产党在农村领导的革命运动。它是在彼时内忧外患的时代背景下，一定数量的爱国知识分子对中国现代化道路的积极探索。当时参加这一运动的学术团体和教育机构多达600多个，建立各种试验区1000多处。这一阶段的乡村建设运动，大体分三种类型：一是以教育和学术团体、大中专院校、民众教育馆等构成的乡村建设主流派；二是教会组织、慈善机构、地方实力派人物开展的乡村建设；三是国民党中央部门和国民政府参与或主办的实验县（区）。他们被称为"乡村建设学派"，其核心组成人员有晏阳初、梁漱溟、李景汉等人。虽然该学派的主张实际上是一种社会改良，具有不彻底性，但它为社会主义新农村建设研究和实践提供了宝贵的思想材料和历史经验，对乡村建设的理论探索有着积极的启示意义。下面就其中有代表性的观点和人物做简单介绍。

晏阳初（1890—1990），我国著名的平民教育家和乡村建设家。他认

为当时中国农村普遍存在着"愚、贫、弱、私"四大病症，由此提出"愚穷弱私论"，认为必须通过开办平民学校对民众首先是农民进行教育。为此，他和当时的平教会一起喊出了"除文盲，做新民"的口号，主张采用学校教育、家庭教育、社会教育"三位一体"的方式进行"文艺、生计、卫生、公民"四大教育，从而实现政治、教育、经济、自卫、卫生和礼俗的"六大整体建设"，从而达到强国救国的目的。

梁漱溟（1893—1988），著名的思想家、哲学家、教育家、社会活动家、国学大师、爱国民主人士，主要研究人生问题和社会问题。山东乡村建设研究院在邹平的实验，被称为邹平模式或孔家店式，一度成为全国乡村建设的中心之一。其办法：把乡村组织起来，建立乡农学校作为政教合一的机关，向农民进行安分守法的伦理道德教育，达到社会安定的目的；组织乡村自卫团体，以维护治安；在经济上组织农村合作社，以谋取"乡村文明""乡村都市化"，并达到全国乡村建设运动的大联合，以期改造中国。梁漱溟认为旧中国之所以积贫积弱的原因在于文化的疲弱，他提出"伦理本位"和"职业分途"，致力于创造乡村新文化，以文化为工具谋求政治上的出路，达到民族自救的目的。梁漱溟作为一位思想家和哲学家，其乡村建设理论有着深厚的哲学文化基础。他认为自 19 世纪末以来，中国经历了一次又一次或主动或被动的变革，但这些变革并未真正达到预期目标。且在这一次次运动失败后，广大农民往往成了最后的"替罪羔羊"。机会和财富集中于城市，农村却不断遭受劫掠。那时的国人将西化作为现代化的目标和范本，对中华文明赖以存在的传统风俗和道德规范造成了巨大破坏，因而梁漱溟认为知识分子只有转向受西方文明浸淫相对较少，受西化苦难更为深重的乡村，才能找到中国的出路。与同时代其他的乡村建设理论提出者一样，梁漱溟希望能借乡村建设使中国农村脱离贫弱，进而将之作为中华文明复兴的基础和起点。

卢作孚（1893—1952）在重庆北碚的实验被称为北碚模式。卢作孚走的是实业救国的路子，他以民生公司为后盾，于抗战期间在重庆北碚开展了乡村建设实验。十几年间，他带领村民修建铁路、治理河滩、疏浚河道、开发矿业、兴建工厂、开办银行、建设电站、开通邮电、建立农场、发展贸易、组织科技服务等，又重视文化、教育、卫生、市容市貌的建设，使北碚在短短的 20 年间就从一个穷乡僻壤变成了一个具有现代化雏形的城市。

黄炎培、江恒源等人和中华职业教育社在徐公桥、黄墟、善人桥、沪郊的实验区被称为徐公桥模式。黄炎培等注重乡村改进，他们于 1928 年 4 月成立的徐公桥乡村改进会成为改进乡村的唯一机关和主持改进事业的重要团体。在它的组织下，实施乡村普及教育，推广合作，改良农事，提倡副业和推行新农具，建设道路、桥梁、卫生等公共事业。

高践四等人和江苏省立教育学院在无锡（黄巷、北夏、惠北）的实验被称为无锡模式。该模式首先从事乡村教育，包括设立民众学校、建设乡村小学、举办青年学园和训练班；其次，成立乡村自治协进会，开展地方自治，进行民众教育与保甲合一的实验；第三，指导农事和进行农业推广；第四，推进农民合作，发展家庭副业，建设农村公共卫生等。

可以看到，在 1926—1937 年这短短 12 年的时间，涌现出一大批乡村建设领导者，他们的经验和实绩对于我国当下的农村改革有重要的借鉴意义。

### 三　中国共产党人的乡村建设思想

中国共产党自成立之初就十分重视农业农村问题，在新中国成立之前，就有一大批革命知识分子在党的领导下开始讨论农村经济问题，并为此进行大量的农村经济调查。1928 年，陈翰笙接受了蔡元培先生的邀请，担任"中央研究院"社会科学研究所的工作，他邀请进步青年用马克思主义的观点从事农村经济调查，尔后在上海成立了中国农村经济研究会，并且编辑《中国农村》月刊，刊登研究会会员的农村调查报告。李大钊对农村问题也有过论述。他认为，我国是一个农业国，我国大部分劳工阶级都是农民，他们失去了土地，从农村走向工厂，国民全体解放需要先解放劳工阶级；若是想要将现代新文明传输给他们，需要打通知识分子阶级与农民、劳工之间的连接通路。与晏阳初等人同时代的共产党人主张中国社会必须从根本上进行变革才能进行新的建设，农村的根本问题就在于土地问题，于是一大批革命知识分子到农村去、到民间去，建立革命根据地，发动革命。到了 20 世纪 40 年代，战争的浪潮袭来，在流亡过程中，大批知识分子与农民有了更多的接触，对农村有了更深的感情。一时间出现了更大规模的知识分子下乡运动。下乡运动进行得越深入，知识分子与农民和农村的血肉感情就越深厚。知青下乡的过程中，不仅农村发展建设了起来，知识分子也在大地上扎了根。

毛泽东出生于中国中部农业较为发达的湖南省一个农民家庭，是"农民的儿子"。毛泽东的青年时代正值中国社会畸形发展、矛盾异常尖锐的大动荡时期。他像当时其他的热血青年一样，积极探寻着强国救民之路，不同之处在于，毛泽东一方面胸怀大志，"挥斥方遒，指点江山"；另一方面还崇尚读"无字之书"，主张向普通群众学习，向社会实践学习。他在湖南第一师范学校读书时，经常利用节假日到农村考察、了解农民的生产生活情况，切实感受到了农村的衰败和农民的苦难。正因为毛泽东对中国农村和农民有着深入透彻的认识，因此他创造性地探索出中国革命的独特道路，并领导中国革命取得了成功。但是，制度革命只是现代化的前提，只是为乡土重建开辟了道路。革命胜利后，现代化大规模展开，现代化中的乡土重建问题才真正摆到了执政的中国共产党人面前。

但是，在新中国成立后的 30 年中，我国的乡村发展总体上是在曲折中前进的。直到改革开放后，基于我国现代化进程中的城乡二元结构矛盾，社会主义新农村建设重新兴起。这一时期的新农村建设，可以看成对二元体制和政策的一次矫正，是中国新乡村建设的第一波浪潮。它是以农村土地经营制度改革为中心的经济制度及利益格局的重构，以提高农户和村集体的生产经营能力为出发点，以发展农业、乡镇企业和建设小城镇为基本内容，并且与撤销人民公社三级体制、恢复和重建乡镇人民政府、实行村民自治制度等基层组织体制改革结合在一起。随后 40 年的改革发展，奠定了我国农村总体小康的制度基础和物质基础，确立了全面小康新农村建设的起点。

特别是党的十八大以来，习近平总书记时刻把解决"三农"问题作为发展的重点任务。2017 年 10 月 18 日，习近平总书记在十九大报告中提出"乡村振兴"战略，从新的高度、深度和广度对农村发展和建设做出了工作部署和任务要求。习总书记在很多场合都指出，建设生态文明是关系人民福祉、关系民族未来的大计，明确把生态环境保护摆在更加突出的位置。"我们既要绿水青山，也要金山银山"的声音振聋发聩，给我们提出了乡村振兴的新要求和新思路。这是乡村建设理论在当代的有力开拓，成为指导当前包括乡村文化在内的乡村建设问题的思想武器。

# 第三节　乡村文化现状的成就

　　19世纪末以来,现代化浪潮席卷了包括中国在内的世界各国。中国的现代化步履大致可以分为四个阶段:第一阶段是晚清的洋务运动及资本主义的产生与发展期,第二阶段是民国时期的"十年建设"期,第三阶段是20世纪50—70年代末的计划经济时期,第四阶段是70年代末以来的改革开放。前两个阶段大致属于现代化的启动时期,包括工业化的启动、城市经济的兴起、城市功能的转变以及思想启蒙等社会文化方面的准备等。新中国成立后,计划经济的30年虽付出了代价,但基本上完成了工业化的原始积累,建立了一个独立的比较完整的工业体系与国民经济体系,初步实现了从农业国到工业国的转变。但是在初始阶段,现代化的主要阵地集中在城市地区,而后才慢慢由城市扩展至农村。因此,农村的经济文化等各方面发展往往落后于城市。一时间,农村给人留下了"脏、乱、差"的印象。不过,这样的情况正在发生改变。随着我国经济的整体稳步发展及国家对农村发展的重视,广大乡村也在相当程度上改变了落后贫困的面貌,很多乡村的面貌已焕然一新。党的十七大提出"要统筹城乡发展,推进社会主义新农村建设"。十八大指出我们要"推动城乡发展一体化"。"解决好农业农村农民问题是全党工作重中之重,城乡发展一体化是解决'三农'问题的根本途径。"十九大则进一步提出实施乡村振兴战略,将乡村振兴作为国家战略加以推行。可见,国家对乡村的关注度与扶持力度是逐年上升的。

　　社会经济发展带来的城市化从某方面来说,无疑对乡村文化发展起到了一定的促进作用。城市化也称为城镇化,是指随着一个国家或地区社会生产力的发展、科学技术的进步以及产业结构的调整,其社会由以农业为主的传统乡村型社会向以工业(第二产业)和服务业(第三产业)等非农产业为主的现代城市型社会逐渐转变的历史过程。资本主义的城市化是资本的城市化，城市只是资本积累和循环的空间结点。但是马克思主义对于城市化的解释却大不相同。马克思主义学说认为城市的本质是社会制度下的人造环境，这样目的下的城市人造环境的生产和创建过程是资本控制和作用的结果，是资本本身发展下需要创造出的一种适应资本发展和生产目的的人文物质景观的后果，因此资本主义下的城市空间生产过程是包含并承载着许多资本主义生产的内部矛盾的。但是，城市化在人类经济发展的现阶段毕竟是文明、进步的象征，也是目前世界各国特别是发展中国家努力追求的近期目标。城市化为乡村文化发展提供了物质支持、技术支持和人才支持。城市化还促进了包括少数民族聚居区在内的各地域之间的文化交流和融合。我国是一个由 56 个民族组成的统一多民族国家，相对独立的少数民族文化自成体系，共同组成了我国丰富多彩的历史文化。在城市化进程中，大批的少数民族农村人口离开生活的原居地进入城市，他们在把自己本民族的文化带往城市的同时，又根据生活和工作的需要对自己从小接受的民族文化进行适当的调节与适应，以融入城市的生活。这种双向互动在一定程度上促进了少数民族文化的发展，也促进了民族文化之间的交流与传播。

乡村的发展是一个系统性的工程，乡村文化就是其中的关键一环，有了文化的"魂"，乡村的振兴才能呈现灵肉合一的健康态。面对发展的大好机遇，从整体来看，当前乡村文化建设的成就是突出的。

## 一、科技发展带动了文化媒介升级

城市化进程快速推进，因人口集中而带来的益处显而易见。如资源使用效率显著提高，城乡布局更具统筹性，经济活力明显上升；农民意识形态逐步改良也是城市化带来的贡献之一，城市社区取代了以往的农村群落，农民的视野也不再局限于信息闭塞的村寨，开放的社会化思维丰富了乡村人口固有的传统思想。

过去，由于地理区位相对闭塞，村民们获取资讯与信息的渠道狭窄。据考证，远在 2000 多年前的春秋时期，我国已有邮驿存在。《孟子·公孙丑上》就有记载："德之流行，速于置邮而传命。"虽然这句话主要是为了夸张地描述"德"推广的速度之快，但从中我们也能看出邮政已是当时的一种重要的信息沟通方式。可以想见，当时的"邮递员"不外乎骑马、驾车、渡船之邮差或信鸽。且此时的邮驿主要是统治者或达官贵族的御用之物，它对于平民百姓，特别是身处农村的普通农民来说，还是极其奢侈的方式。因此在古代，人们大多是通过口耳相传的方式来进行消息传递的。若是有人从外乡回村，便会成为村中的"新闻"传播源。人们乐于从他口中探知外面世界的变化与动态。与邮差或信鸽相比，一方面，这种传播方式往往使得事件的时效性难以保证，其"新闻"的滞后性常常可达几天甚至数月之久；另一方面，叙述者在叙述时难以完全摆脱个人主观情感的介入，这种讹误会在消息的一次次传递中逐渐扩大，导致传递末端的事件真实性大打折扣。

1876 年，世界上第一部电话机由美国人贝尔发明。很快，当时中国最摩登的大城市——上海，也有了电话。这种用电信号双向传输语音的设备极大地变革了旧有的联系方式。但是，那时的电话是城市的专属品，以报纸作为新闻传播的方式也只是城市的专利，更多的人还是受惠于近现代邮政的发展，以写信作为主要的远距离交流方式。直到 20 世纪末，中国的家庭电话才逐渐普及。2001 年 7 月 1 日，收取了 20 年的电话初装费取消，更是极大地推动了家庭电话的普及。不过，在广大农村地区特别是相对偏远的农村，家庭电话仍然是村中个别人家才会使用的物什，其他人有急事要用电话联系时，只能去村中有电话的人家借打或使用乡里、镇上的公用电话。同时，电话在很长一段时间内，仅仅是一种交流和联系的工具。

情况很快得到改变，进入 21 世纪，科技以其迅猛之势发展。如今，使用智能手机在乡村的年轻人中早已不是稀罕事。手机的功能也不仅仅是通话，它可以查资料，可以观看视频，可以浏览新闻，可以游戏娱乐，几乎成了一个"掌上百事通"。手机技术从最初的 2G 到 3G、到 4G，再到当下正逐步试行的 5G，其发展可谓日新月异。这样，手机成为一个村民随时随地知晓世界与他人信息的便捷窗口，为文化间的相互传导提供了重要的媒介。

电视的发明相对电话迟滞了大概半个世纪。1925 年电视机的雏形诞生后，这种利用电子设备传送活动图像的技术开始进入民众视野。电视系统的发送端把景物的各个细微部分按亮度和色度转换为电信号后，以一定顺序发送，以此在人们的视觉中成像。1958 年，北京电视台（中央电视台前身）试验播出，成为中国电视事业的开端。改革开放后，彩色电视开始走进千家万户，它成为人们了解国内外大事、收看节目的重要窗口。尤其是对于农村中知识文化水平不高的老年人来说，电视是一种必不可少的乡间文化娱乐方式。

计算机在电话和电视之后，于 1946 年由约翰·冯·诺伊曼发明，这一发明对人类的生产和社会活动产生了巨大影响，堪称人类最伟大的技术发明之一。

计算机的出现和广泛应用把人类从繁重的脑力劳动中解放出来，并在社会各个领域提高了信息的收集、处理和传播的速度与准确性，在当下的工业、制造业、现代化农业等各个方面，计算机都扮演着重要角色。20 世纪 80 年代初以来，我国先后掀起了三次计算机普及高潮，在许多地方的义务教育初中阶段甚至小学的高年级阶段，信息技术已成为通识课。就现在的情况来看，计算机早已是各企事业单位的必备工具，无论是报表统计、文档编辑、图像处理还是音频剪辑等都少不了计算机的使用。即使在农村，计算机无疑也是必不可少的一种文化承载体。不过，对于没有特定需求的一般农民来说，目前智能掌上设备在相当程度上取代了计算机的部分文化娱乐功能。

此外，当下以计算机为基础搭造的互联网络也构建了乡与乡、乡与城之间文化交流的有效通道，成为当下文化传播的重要方式。自 1969 年以来，互联网以其强大的生命力和影响力，已逐渐渗透到人们生活的各个角落，促进了世界的一体化和"地球村"的形成，乡村文化中旧有观念的高墙不可能不受到动摇。乡村文化具有封闭性的特征，原因之一就是其表现形式如特色舞蹈、习俗等，拘于地理环境、时间等一系列不可迁移的因素，无法大范围地传播，必须身临其境方可观赏，这种难为外人所知的文化形式自然加大了外界的认同障碍。不过，如今有了互联网的加持，人们可以随时用随身携带的多媒体设备进行图像和音频视频的记录，然后利用互联网实现广域的文化传播，这在过去是不可想象的。乡村文化闭塞的传播空间因此得到扩展，更多的人得以通过互联网认识乡村特色文化。

恰如云南保山隆阳区瓦马文化站的茶金美在《互联网时代对农村文化

的影响》一文中所说:"如今乡村的文化生活随着互联网的加入,早已不再是往日单调的田里与屋里两点一线。与互联网同时到来的,是农村对城市文化的追逐。尽管许多农村的健身娱乐设施并不完善,却阻挡不了大爷大妈们跳广场舞、组团唱戏的热情。老一辈人们的旧思想已然改变,他们的生活不再是终日与农务结伴,而是与时俱进享受城市的精神娱乐。互联网给乡村带来的崭新风气,使得老人们认识到生活不只是与农田的捆绑。刷抖音,玩直播,他们的生活越来越向着时代潮流靠拢。"① 乡民的观念改变了,愿意去接纳新文化,这样文化建设才能进一步落实。

电视、手机、计算机等文化传播媒介的革新,使得文化的传播理念、文化的传播内容、文化的传播模式都发生了翻天覆地的变化。传统意义上文化传播的延迟性被现代传播手段的即时性所取代,信息的获取变得触手可及;书本、电报、广播等传统的烦琐的信息获取方式也被高效传输信息的网络所淘汰;以往的单向传播模式正在被重新定义为信息接收者和信息发出者的双向传播。在这个时代,信息的获取比任何时候都更简单,各种文化前所未有地同时出现在舞台之上,如同百家争鸣。而近年来,网络也正在逐步改变乡村的物质基础和文化生活。数据显示,农村地区互联网用户规模已从 2010 年的 1.25 亿人增至 2020 年的 9.04 亿人,农村网民占比 28.2%;农村互联网普及率已从 2010 年的 18.60% 上升到 2020 年的 46.2%;2020年我国个人互联网应用保持快速发展,线上支付加速向农村地区网民渗透。②

科技除了为文化接受带来便利之外,也使文化保存和传播更加便捷有效,一些有价值的民间技艺和景观可以通过视频、图像、电子数据等形式得到记录。这种突破时间、空间的数字化手段加强了文化保存的安全性,也拓宽了文化传播的广度,受众不必亲临现场也能感受到某一乡村的特色文化。另外,古迹、文物修复保养技术的进步也延缓了它们非人为老化变质的速度,一些地区积极建立"乡村博物馆",对一些古建筑和物品进行修缮或高精度复制,使"乡村记忆"不断延续。

---

① 茶金美.互联网时代对农村文化的影响[J].新丝路,2016(2):127.
② 中国互联网信息中心.第45次中国互联网络发展状况统计报告[R/L].(2020-04-27)[2020-06-14].http://www.cac.gov.cn/2020-04/27/c_1589535470378587.htm.

## 案例 2-1　吉林省农民用于文化交流的主要信息设备状况分析

吉林省位于中国东北部组成的东北亚几何中心内地带，北接黑龙江省，南邻辽宁省，是我国工业、加工制造业、石化及农业的重要基地。作为东三省之一，肥沃的黑土与松花江水系的灌溉使其成为中国重要的商品粮基地之一，同时它还是大豆重点产区和林业甜菜基地。

考察 2007—2013 年吉林省农民的电话、电视、计算机等信息化设备拥有状况，我们发现：到 2013 年年底，固定电话拥有量已经降至平均每百户 31.2 部，而移动电话的拥有量呈现持续增长趋势，2013 年吉林省农民移动电话拥有量已经达到了平均每百户 219.81 部。

其次，2007 年吉林省农村平均每百户拥有黑白电视机的数量为 4.88 台，平均每百户拥有彩色电视机的数量为 105.81 台。而到了 2013 年，由于电视机为耐用性电器，所以彩色电视机数量在五年的时间内没有明显增长，平均每百户拥有量为 111.44 台，而黑白电视则几近被淘汰，每百户仅存 0.25 台。

另外，从计算机的数据来看，虽然计算机的应用领域更为宽广、功能更为强大，但其在农村中的拥有比例与电视和手机相比仍有较大差距。2007 年吉林省农村平均每百户计算机拥有量为 1.19 台，黑龙江省和辽宁省农村平均每百户计算机拥有量为 2.43 台和 2.65 台，虽然当时各省计算机拥有量普遍偏少，但是吉林省与黑龙江省、辽宁省之间还是存在相当差距；2013 年吉林省农村每百户计算机拥有量为 15.33 台，黑龙江省和辽宁省农村平均每百户计算机拥有量为 17.68 台和 18.27 台。可见，经过几年的发展，虽然吉林省农村每百户计算机拥有量仍处于东三省最低，但是计算机拥有量还是在六年内有了可观的增长。

科技的发展促进了手机、电视、电脑等文化媒介的升级，改变了吉林农村文化接收和传播的方式。农村中很少人会订购报纸，又没有足够的数字化设备，因此在电视普及之前，吉林省的农民获取信息往往依赖口耳相传或浏览政府机关张贴的公文。电子媒体得到推广后，村民们接收文化讯息的广度和快捷度都大大提升。与此同时，村与村、村与城市、村与世界之间不再是沟通乏力的"独立体"，它们之间的鸿沟开始慢慢消弭，乡村文化得以向着更为开放、更具活力的方向发展。

## 二、以城带乡丰富了乡村文化活动

城市的基础设施相对完善，市民在闲暇时往往有多种消遣方式可供选择。而乡村就不同了，乡村中的生活娱乐方式相对单调。即使在节日，很多地方也只有简单的唱戏、广场舞、大秧歌等相对单调的文化形式，而且这些活动的开展也没有延续性，只是单纯地和节庆活动或者重大农事结合在一起开展，难以调动农民的参与热情。此外，农村中赌博、迷信等不良风气也时有存在，农民们往往缺乏文化消费意识。因此，乡村中的精神文化生活需要丰富，文化品位格调亟待提升。

随着乡民收入水平的提高，他们已不再拘泥于只是简单满足单一的吃穿用度，而是有了更高层次的消费需求，如看书看报、职业教育、健康保健等，这不仅丰富了农村人口的精神文化生活，也带动了乡村商品经济的发展。农民不再因为生产力溢出而消遣无着，他们有了新的娱乐方式，消费观念逐渐开放，对生活的态度也随之变化。同时，进入 21 世纪以来，在政府和社会的关注支持下，乡村人民的文化生活正朝着多元化和高雅化改善。

2005 年，党的十六届五中全会提出要扎实稳步地推进社会主义新农村建设，并提出了"生产发展、生活宽裕、乡风文明、村容整洁、管理民主"的总要求。党的十八大以来，习近平总书记就做好"三农"工作做出了一系列重要论述，提出了一系列新理念、新思想、新战略。2017 年，在党的十九大报告中，党中央首次提出实施乡村振兴战略，并确立了"产业兴旺、生态宜居、乡风文明、治理有效、生活富裕"的总要求。从社会主义新农村建设到实施乡村振兴战略，乡风文明是党和国家一以贯之的目标和要求，乡村文化建设始终居于突出重要的位置。在国家的号召下，乡村图书馆、乡村书院、乡村舞台（如图 2-4）纷纷在各地设立；许多演出团队由城入乡进行巡回表演；还有各种送戏下乡、送影下乡的具体实施方案。近年来，涌现出一大批受到广大农民欢迎，农民喜闻乐见的文化形式，大大丰富了乡村人民的业余文化生活，提升了村民们的幸福感。

图 2-4　河北省沧州市献县的"乡村大舞台"演出

以"三下乡"活动为例。1996 年 12 月，中央宣传部、国家科委、农业部、文化部等十部委联合下发了《关于开展文化科技卫生"三下乡"活动的通知》，并从 1997 年开始正式实施。"三下乡"是指文化、科技、卫生下乡，具体而言，文化下乡包括图书、报刊下乡，送戏下乡，电影、电视下乡，开展群众性文化活动；科技下乡包括科技人员下乡，科技信息下乡，开展科普活动；卫生下乡包括医务人员下乡，扶持乡村卫生组织，培训农村卫生人员，参与和推动当地合作医疗事业发展。2019 年初，全国"三下乡"活动继续在全国有序开展。此次"三下乡"活动，紧紧围绕着农业农村现代化的总目标，落实产业兴旺、生态宜居、乡风文明、治理有效、生活富裕的总要求，由国家发展改革委、教育部、科技部、司法部、农业农村部、文化和旅游部、卫生健康委、国家新闻出版广电总局等，分别在有关省区市的贫困地区和贫困县，牵头开展集中示范活动，重点解决农民群众反映强烈的突出问题，其形式包括党的十九大精神宣讲、拍摄全家福、送春联年画、乌兰牧骑文艺演出、专家医疗义诊、农牧业机械展示等。"三下乡"活动推行 20 余年来，城市中大量专家、学者、大中专高校学生去往农村，在促进农村文化建设，改善农村社会风气，推进农村精神文明建设，满足广大农民的精神文化生活需求方面都发挥了积极作用。

**案例2-2 农村文化礼堂——乡村文化活动的"浙江模式"**

农村文化礼堂是浙江省委、省政府根据全省广大农民日益增长的精神文化需要和农村文化发展实际，于2011年开始在临安市试点，并于2013年开始在全省范围内逐步实施的重要农村文化建设工程。作为党委政府极力打造的农村新时代精神家园，它是浙江省为传承弘扬农村优秀传统文化、丰富农民精神文化生活在全省农村地区落地生根开辟的新平台、新阵地。浙江农村文化礼堂全国影响力及口碑指数白皮书显示，截至2017年底，浙江省已建成7916个文化礼堂，预计到2020年"十三五"末，全省将建成1万个农村文化礼堂，覆盖80%的农村人口，有条件的县（市、区）将实现农村文化礼堂全覆盖，图2-5为浙江省金华市沈宅村的文化礼堂。五年来，浙江省农村文化礼堂以教育教化、乡风乡愁、礼仪礼节、家德家风和文化文艺"五进"文化礼堂为建设内容，取得了不同于以往"一事一议"、丰富农民文娱生活、提供文化服务等常规认识和一般意义上的文化建设综合成效。

图2-5 浙江省金华市沈宅村的文化礼堂

浙江省建设的农村文化礼堂是我国乡村文化建设中的成功模式，它是深入开展文化惠民工程的文化活动场所，但又绝不仅仅作为一个单纯的文化活动场所而存在。农村文化礼堂从丰富"农民群众的精神家园"这一核心需求出发，在充分发掘和弘扬各地特色的农村优秀传统文化和吸收现代文明养分的基础上，立足于满足广大农民群众日益增长的美好生活文化需求，着眼于加强农村思想道德建设和公共文化建设，筑牢农民群众的精神支柱，弘扬主旋律和社会正气，从更高层面和更大范围让农民群众的精神世界丰富起来，"充分体现农村特点，注意乡土味道，保留乡村风貌，留得住青山绿水，记得住乡愁"，是真正做到有内涵、见实效的乡村文化建设实践。

农村文化礼堂的"浙江模式"作为一次比较成功的实践，可为全国其他农村地区的文化建设提供启发，以进行符合当地实际的、拓展农民文化活动多样性的有益尝试，开创与城市文化生活水平差距不大，同时又有乡村特色的文化形式。

## 案例2-3　山东省尼山片区的乡村儒学建设

乡村儒学讲堂自2013年正式开始在山东省尼山片区施行，其中北东野村和小官庄村民是该片区内最早参与进来的。初期由城市中的大学教授主讲为主，2014年开始有义工陆续参加进来并发展了7个教学点。除了乡村儒学讲堂外，还有传统文化的标语、宣传画面等补充形式，广播里也经常会播放弟子规和根据一些传统美德改编的歌曲。乡村儒学讲堂的出现，成为乡村文化的传播中心，为村民提供了一个再教育的平台，对村民个人道德素质和村风民风的提高都产生了一定的积极影响。下面以村民对于"孝悌""睦邻"的接受效果为例。

借助《论语》等儒家经典的学习，村民们对"孝亲""睦邻"等传统美德有了重新的认识理解，一些村民在实际行动上也随之发生改变。以下是两位受访者的自述：

"乡村儒学讲堂的每一次课我都会去听。我的文化程度是小学，没怎么读过书，老师讲的，很多我也不是都能理解，但是我知道那都是对的，我特别愿意听。我也是个不孝顺的媳妇，对婆婆不好，有好吃的只给自己的亲妈，舍不得给我婆婆，逢年过节也只愿意给自己亲妈买衣服。在讲堂里，老师讲了很多感人的故事，我明白我错了。现在我对婆婆和亲妈一样好了，去年我儿子也娶媳妇了，我就带着我儿媳妇一起去讲堂听课，儿媳妇也可孝顺我了，家里变得和谐了。"

"说来我也惭愧，我家兄弟姐妹四个，去年老爹去世了，留下了五亩地和三间房，还有有病的老娘，兄弟姐妹四个都不想接老娘去住，还都惦记着地和房子，兄弟不睦，没少吵架，让老娘也心寒了，后来家里的兄弟陆续有去参加讲堂学习的，从老妹开始，她主动把老娘接到家里伺候，然后把城里教授的好多道理讲给大家伙听，我们刚开始不信，后来慢慢地也想通了这个道理，不但开始孝顺老娘，兄弟姐妹之间的关系也变好了，谁家有事都主动帮衬，不能让外人看了笑话。"

　　同时，在对北东野村和小官庄两村参加乡村儒学讲堂的二百多名村民进行关于"兄弟姐妹关系"的问卷调查后发现，他们中的绝大多数对于兄弟姐妹之间的关系都有正面的认识并愿意付诸行动，调查数据见表2-1。

表2-1　关于兄弟姐妹关系的调查问卷

| 您和您的兄弟姐妹关系如何？ | | | | |
| --- | --- | --- | --- | --- |
| 选项 | 频率 | 百分比 | 有效百分比 | 累积百分比 |
| 关系非常好 | 192 | 96% | 96% | 96% |
| 关系一般 | 8 | 4% | 4% | 100% |
| 合计 | 200 | 100% | 100% | |
| 假设您的兄弟姐妹家的孩子上大学急需用钱，您愿意帮助他吗？ | | | | |
| 选项 | 频率 | 百分比 | 有效百分比 | 累积百分比 |
| 自家兄弟姐妹有难处，一定会帮 | 185 | 92.5% | 92.5% | 92.5% |
| 考虑自己的条件，尽量帮忙 | 11 | 5.5% | 5.5% | 98% |
| 可以考虑借钱给他们 | 4 | 2% | 2% | 100% |
| 合计 | 200 | 100% | 100% | |
| 假设您的兄弟姐妹家的孩子上大学急需用钱，您愿意帮助他，但是您的丈夫（或者妻子）不同意帮忙，您会怎么做？ | | | | |
| 选项 | 频率 | 百分比 | 有效百分比 | 累积百分比 |
| 坚持帮助，不顾反对 | 12 | 6% | 6% | 6% |
| 尽量和妻子（或丈夫）商量 | 186 | 93% | 93% | 99% |
| 再考虑考虑 | 2 | 1% | 1% | 100% |
| 合计 | 200 | 100% | 100% | |

资料来源：孙超.乡村儒学现象研究[D].长春：东北师范大学，2016.

总体来看，乡村儒学讲堂对北东野村、小官庄村村民个人和整个村集体的精神文明建设都有一定的促进作用。重新学习儒家文化中的有益成分，营造纯朴民风，发挥儒家精神文化的内化作用，是乡村儒学讲堂带给我们的当代思考。

### 三、教育普及提升了乡民文化素质

我国农村教育的形式从乡学、私学、书院到新式学校，经历了多个发展阶段。但是，封建制度下的教育大体是为统治阶级服务的。封建国家的统治者通过科举等选拔机制挑选治国人才，读书人苦读诗书也只为一朝中举、封官袭爵。因此，在古时的人们看来，读书的"功用"是狭隘的。直到鸦片战争之后，中国这个古老的封建王朝在内部矛盾的加速瓦解和外部力量的坚船利炮之下，开始尝试自上而下、由里及外，针对政治、教育、经济、军事、法律等各方面的一系列变革。1898 年戊戌变法中，科举制度遭到康有为、梁启超、谭嗣同等维新派的猛烈抨击。康有为曾愤慨地指出："中国之割地败兵也，非他为之，而八股致之也。"这说明，当时的有识之士已在很大程度上认识到了科举制度的弊端，旧式教育到了不可不变之时。

1905 年，迫于形势，光绪帝下诏废除科举，自隋朝起持续了 1300 多年的中国科举考试制度被废止，从此翻开了中国教育史上崭新的一页。此后，从整体上看，现代意义上的新式学校开始蓬勃发展，学校数量和质量都呈上升趋势。据统计，民国 18 年（1929）全国小学（包括完小、初小、短期小学和简易小学）212385 所，学生 8882077 人，到民国 25 年（1936）为小学 320080 所，比 1929 年增加了 80%，学生数达到 18364956 人。抗日战争爆发至新中国成立之前，学校的办学规模和数量受连年战争影响有所减少。但是很快，进入和平时期后，我国的普及教育开始步入快速发展期。但是，中国教育所面临的任务依然严峻。有数据显示，解放初期，全国有文盲 3.2 亿，占全国总人口的 80% 以上，农村中文盲人口的比例高达 90%以上，整村文盲的现象比比皆是。不识字为大家的生活带来许多不便，因为不认识地名和车站名，农民大都不敢出远门，算账、写信等也都必须要请人代劳。因此，"扫盲"工作亟待在全国开展。当时有一首歌叫《毛主席来到咱们农庄》，歌中唱道"毛主席呀关心咱，又问吃来又问穿，家里地里都问遍哪，还问那农校办没办"。20世纪50年代，毛泽东亲自制订了"每人必须认识1500到2000个字"的扫盲标准。到1956年11月，全国接受扫盲教育的达7000万人，累计扫除文盲800余万人。[①]除此之外，针对学龄儿童的普及教育也在紧锣密鼓地开展。以小学为例，1952年、1958年、1965年、1978年四个年度的小学学龄儿童入学率分别为49.2%、80.3%、84.7%和96.0%。同时，1976年，我国小学在校生为15005.5万人，是之前最高值2368.3万人的6.34倍。[②]也就是说，在新中国成立初期，我国小学教育得到了飞跃式发展，小学教育至改革开放前已达到初步普及。另外，初中教育工作也有明显进展。这些努力使得农村中的广大适龄儿童也获得了走进校园的机会。在"文革"期间，以"村村有小学，队队有初中，社社有高中"为口号，农村学校的数量在历史上达到顶点。大家逐渐认识到，受教育并不只关乎为官做宰，而是对个人素质的提高、世界观价值观的塑造、品格情趣的培养。虽然仍存在师资水平偏低、校舍不足、硬件设施较落后等须改进之处，但几十年来积累的办学成绩和经验还是为后来九年制义务教育的普及奠定了较好的基础。

1976年"文革"结束后，我国开始进一步普及小学和初中教育。1982年，在社会各界的积极推动之下，"普及初等义务教育"正式写入《中华人民共和国宪法》。1985年5月，中共中央发布的《关于教育体制改革的决定》提出要"实行九年制义务教育"。次年，为切实推动九年制义务教育的实施，第六届全国人民代表大会第四次会议审议并通过了《中华人民共和国义务教育法》。以后，义务教育的推广和普及有了法律的依据和保障。法律规定，儿童在一定年龄须接受某种程度的学校教育，又称强迫教育、免费教育或普及教育。义务的含义包括父母与家庭有使学龄儿童就学的义务，国家有设校兴学以使国民享受教育的义务，以及全社会有排除影响学龄儿童身心健全发展的种种不良因素的义务等。1992年10月，中国共产党第十四次全国代表大会召开，会议提出"到20世纪末，基本普及九年义务教育，基本扫除青壮年文盲"的目标。同时，教育部建立了扫盲评估和表彰奖励制度，

① 靳德行.中华人民共和国史[M].郑州：河南大学出版社，1989.
② 中国教育年鉴编委会.中国教育年鉴1949—1981[M].北京：中国大百科全书出版社，1984.

用以表彰为扫盲工作做出贡献的组织和脱盲成绩突出的优秀个人。1996—2000 年每年表彰奖励先进扫盲教师和基层扫盲工作者，5 年共表彰近千名先进个人，400 余家先进单位。加上义务教育普及工作的有序开展，2001 年 1 月 1 日，江泽民同志向全世界宣布：中国如期实现了基本普及九年义务教育和基本扫除青壮年文盲的战略目标。

2001 年 3 月 28 日，中国国家统计局公布的 2000 年第五次全国人口普查主要数据显示：到 2000 年，文盲人口（指 15 岁及以上不识字或识字很少的人）是 9396 万人，在 1990—2000 年间共扫盲 8507 万人，文盲率由 15.88% 下降为 9.89%。到 2010 年，文盲人口数下降到 5419 万人，文盲率低于 5%。这意味着半个多世纪以来，中国共扫盲近 3 亿人，全国文盲人口减少 76.05%，如表 2-2 所示。

表 2-2　1949—2010 年中国扫除文盲情况统计

| 年份 | 全国人口总数（万人） | 文盲人口（万人） | 普查变化（万人） | 文盲率（%） |
|------|----------------------|------------------|------------------|-------------|
| 1949 | 54167 | — | 701.0（1953） | 80.00 |
| 1964 | 72307 | 23327 | 9571.3（1965） | 38.10 |
| 1982 | 103188 | 23582 | +255 | 22.81 |
| 1990 | 114333 | 18003 | 5579 | 15.88 |
| 2000 | 126743 | 9396 | 8507 | 9.89 |
| 2010 | 137053 | 5419 | 3977 | 4.88 |

注：

1．各年度全国人口总数依据：国家人口计划生育委员会发展规划与信息司，中国人口与发展研究中心编：人口和计划生育常用数据手册（2009），中国人口出版社 2009 年版。其中 1982、1990 和 2000 年为人口普查后的调整数。国家统计司公布的相关年度文盲率与实际数据有出入。

2．各年度文盲人口数依据为各年度人口普查数据。其中 1964 年的文盲人口指 13 岁以上不识字的人，1982 年的文盲人口指 12 岁以上不识字的人。

作为一个经济尚不发达的发展中人口大国，中国的扫盲成就从世界范围来看都是显著而卓越的。它使全国相当数量的，特别是广大农村人口摘掉了文盲的"帽子"，提高了文化水平，提升了素质修养，锻炼了学习能力，增强了个人自信，为包括农村经济在内的国家经济建设提供了有力的文化支撑。

另外，2001 年，针对农村学龄人口大幅下降的情况，国务院发布了《国务院关于基础教育改革与发展的决定》，要求地方政府"因地制宜调整农村义务教育学校布局"，以优化教育资源配置，合理规划和调整学校布局。"撤点并校"减少了农村中教育资源的浪费，提高了教学质量，是一项适时且利大于弊的全国性举措。2006年6月29日，最新的《中华人民共和国义务教育法》（以下简称《义务教育法》）由第十届全国人民代表大会常务委员会第二十二次会议修订通过，自2006年9月1日起施行。修改后的《义务教育法》，体现了国家和时代对义务教育发展的新要求，吸纳了近年来为促进义务教育发展出台的新政策，致力于解决义务教育发展过程中出现的新问题。其亮点主要表现在：首次明确义务教育免收学杂费、以法律形式保障义务教育经费投入、促进义务教育均衡发展（部分重点与非重点学校、部分重点与非重点班）、学校乱收费主管人员将受罚、明确实施素质教育、保障校园安全等六个方面。在此基础上，2007年，党的十七大进一步提出"加快普及高中阶段教育"的目标要求。当学生完成义务教育阶段的学习后，若家庭困难，还可利用国家针对贫困生的助学贷款、学费减免、困难补助、勤工俭学等方式获得继续学业的机会。要知道，农村学生的贫困发生率要远远高于城市。面对教育资源分配不均的现实情况，在高考录取时还有针对教育相对落后地区的农村专项计划。在这些政策的保障下，农村的孩子也可以通过努力凭知识改变命运。值得一提的是，除去扫盲运动和推广义务教育外，我国还推行高等教育（包括专科学校和大学）、成人教育、职业教育、技能培训等多种学习模式。这些成为普及教育的辅助形式，提高了包括农村人口在内的广大国民的整体素质，增强了乡村文化的内在生命力。

图 2-6　某农村学校教学楼

总之，我国在教育领域所做的努力，大大提高了国民的整体文化水平，是一项惠及亿万群众的伟大工程。广大农村人口大多也摘掉了"大字不识"的标签，获得了受教育的权利和机会。教育的作用是巨大的，它改变的是人的思想和大脑。首先，教育使得农村中封建保守观念得到改观，虽然重男轻女的看法在某些地方还很顽固，但男女平等的思想已得到了大多数人的认可。恋爱婚姻自由也成为普遍的共识，男女青年在相当程度上有了自主选择伴侣的权利。第二，农村中的年轻人有了脱离土地、重新出发的机会。他们或借助读书，或凭着技能，走出大山，有了改变命运的可能。第三，教育让农民拓宽了视野，他们对历史、对外界信息的获取不再是口口相传，看书、看报、互联媒体成为他们了解世界的新窗口、新平台。第四，教育带来了新的农业生产方式和经营理念。农民通过学习新的农业知识和技术成为新型农民，不再单纯地使用人力来进行农业劳动，不再将农业收入仅仅局限于种植粮食作物。许多地方开始尝试农业集约化经营，利用机器取代蛮力，利用富余土地或作物的单双季种植其他高收入作物等。第五，教育使得一些乡民逐渐认识到特色乡土文化的宝贵。特别是近年来，各地的乡村古建筑、祠堂、庙宇、古街、古桥等文化遗产都开始得到当地乡民的重视，他们自发地加入对这些文化财富的保护中。由此而兴起的乡村旅游业也呈遍地开花之势，成为乡民新的收入增长点。

图 2-7　山东省寿光市寿光职教中心的新型职业农民培养学历班开学典礼

## 案例2-4　陇川教育调查

陇川县，位于中国西南边陲，隶属云南省德宏州。"陇川"，傣语意为太阳照耀的地方。新中国成立前，陇川县仅有3所学校。新中国成立以来，历届县委、县政府高度重视教育发展，人大、政协积极关心支持教育，教育部门励精图治，经过几代人的艰苦努力，陇川县的教育规模逐渐壮大，学校办到了家门口。1986年《中华人民共和国义务教育法》颁布和实施后，陇川人清醒地认识到"治穷先治愚"，提高劳动者素质是发展陇川社会经济的第一要务。1994年陇川县开始规划"普及九年义务教育"，为了做好陇川县"普及九年义务教育规划"，县委、人大、政府、政协和教育局的领导多次深入各乡镇调查研究，认真分析陇川县的现状，认为陇川县集边疆、民族、贫困于一身，由于历史原因，经济发展滞后，基础差，底子薄，劳动者素质偏低，相当一部分群众还未脱贫致富，加之教育点多、面广、周期长，对教育的投入严重不足。所以结合陇川县的县情，普及九年义务教育，以正确的态度实事求是，从陇川的实际出发，发挥主观能动性，积极进取，量力而行，尽力而为，讲求实效，按分步实施的规划原则进行规划。2000年进行自检自查并向上级政府及主管部门申报验收。

到2013年，陇川县的义务教育阶段学校一共有64所，其中，小学58所（11个教学点），初级中学5所，九年一贯制学校1所。在校学生23505人，其中，小学在校生15707人，初级中学在校生7798人。教师1668人，其中，小学教师1097人，初级中学教师571人。小学纯入学率99.53%，初级中学毛入学率107.13%。小学辍学率0.05%，初级中学辍学率4.38%。

在高中教育方面，陇川县唯一一所高级中学——陇川县第一中学，位于陇川县城章凤镇东环路，是云南省二级一等中学。学校始建于1958年，从1991年起，学校教育质量稳步提升。以2013年为例，该年陇川一中高考600分以上7人，本科上线408人，本科上线率54.9%，专科以上录取率高达97.7%。

陇川县还积极发展职业教育。1975年，经教育主管部门研究决定，鹏盛耕读学校改名为芒旦农业中学。1984年芒旦农中开办了高中班，1985年转办成职业技术高级中学。目前，学校已经拥有电子实训室 1 个，计算机 60 台，藏书 1.2 万册，电子图书 3 万册，定向联系、可供学生实习的企业、公司 13 家。建校以来，先后开办农学、体育、教育、现代农艺、计算机、工艺美术、市场营销、电子锡焊、园艺、国土、文秘等专业班 65 个，已初步形成多形式、多层次、多专业的办学格局。今后，学校还将全力打造电子电工、现代农艺、珠宝宝石加工与鉴定、汽车应用与维修、装机、挖机短期培训等骨干专业，力求培养文化素质高、实践能力强、具有良好职业道德的中等实用型专业技术人才。

另外，由于陇川县在地理位置上与缅甸阡陌相连，因此该县还有特色的国际跨境教育。2000 年云南省委、省政府为加快边境地区和人口较少民族地区教育事业的发展，支持边境沿线贫困学子顺利求学，为边境沿线乡镇的村小和校点的小学生无偿提供书费、杂费和文具费，陇川县的三个边境乡镇（章凤镇、户撒乡、陇把镇）沿线学校的小学生也因此受益。2005 年春季学期全县义务教育实行国家"两免一补"政策。2006 年春季学期开始实施深化农村义务教育经费保障机制改革。这些惠民政策的实施不仅让陇川县的群众受益，还吸引了周边的缅籍侨胞，他们纷纷把子女送回国内接受教育。陇川县中小学缅籍在校生从 2000 年的 14 人增长到 2007 年的 79 人，再到 2013 年的 685 人。这也从一个侧面彰显出陇川县义务教育取得的突出成就。

### 四、乡村旅游助力乡村文化保护

一般认为，乡村旅游是以各种类型的乡村为背景，以乡村田园风光、乡村生活和乡村民俗文化为旅游吸引物，以农业和农村特色资源为基础开发旅游产品，吸引游客前来观光游览、休闲度假、考察学习、参与体验的旅游活动。当前，农家乐、美丽乡村、特色小镇等形式的乡村旅游逐渐在全国范围内流行。乡村旅游的兴起一方面是因为经济增长带来的国民可支配收入增加，休闲旅游日益成为一种大众消费形式，特色乡村也随之成为大家的旅游选择地之一；另一方面，城镇化是乡村旅游的催化剂，城市经济的快速发展拉开了城乡之间生活方式和生活环境的距离，当城镇居民在快节奏、高强度的工作中感到精神紧张时，距离相对较近的乡村就成为放松休憩的最佳场所。当然，随着乡村社会经济的发展和乡村居民休闲旅游愿望的提高，乡村旅游景区同样也成为一些乡村居民休闲度假的目的地。

图 2-8　四川省绵竹市九龙山乡村旅游区

从乡村旅游产品的内容上看，主要包括以下几点：（1）历史类旅游产品，包括遗址遗迹、石刻、名人名事等；（2）建筑类旅游产品，包括古建筑和标志性景观建筑、陵园祠墓、古村落与传统民居等；（3）民俗风情类旅游产品，包括服饰文化、饮食起居文化、交通方式、婚嫁丧葬、民间宗教信仰、礼俗禁忌、当地方言、神话传说、民间工艺、民间游乐游戏、农业生产礼仪等；（4）节庆类旅游产品，包括旅游节、采摘节、庙会、传统节日、现代商贸活动等；（5）艺术类旅游产品，包括民间音乐、舞蹈武术、民间工艺等；（6）科学教育类旅游产品，包括工业旅游、农业旅游、博物馆、红色旅游、科学考察旅游等；（7）宗教类旅游产品，包括古寺庙、石窟、佛像等。可以说，乡村旅游的内容是丰富的，形式是多样的。

从空间区位来看，乡村旅游大致可以分为大中城市郊区型和特色乡镇型两种。其中，城郊型旅游是乡村旅游业的重要模式。发达国家的城镇化进程比我国早，其发展历程告诉我们，随着城市化和城市空间扩展进程的推进，对城市生活质量要求的不断提高，城郊的功能在不断变化。我国在 20 世纪 90 年代前期，城市郊区被认为是以第二产业为主要职能的边缘区、以商品性农业为主要职能的边缘区、"科学园地型"边缘区、对外经济型边缘区、对外交通型边缘区和风景旅游型边缘区，发挥着城市蔬菜副食品的重要生产基地、城市大工业扩散的重点地区、大宗商品物资流通集散中心等经济功能。到了 20 世纪 90 年代后期，城市郊区被认为是城市化和城市扩展的主要地区、现代农业发展区、承担中心区的人口和产业疏解、新产业布局和居住新区建设以及生态建设的功能。但进入21世纪后，传统的近郊蔬菜副食品生产、远郊粮食生产的产业布局模式和功能区划已经不能满足城乡经济的发展需要，而近郊以园林、森林和农业观光为基础的综合开发，远郊以观光农业、郊野公园、乡村保护区为主的布局模式和功能区划逐渐发展起来。城市郊区的功能在原有基础上不断丰富，渐渐演变为集生产、服务、缓冲、生态和旅游等方面为一体的多功能综合体。

图2-9　江苏省四星级乡村旅游点，首批中国重要农业文化遗产——千垛景区

20世纪80年代以来，随着西方发达国家的工业化水准愈来愈高，他们的乡村渐渐沦为城市的附属品，经济越来越不景气，本身的农业经济已经很难维持乡村的各类开支，在此情况下，乡村旅游为乡村经济的发展做出了显著的贡献。20世纪后期，西班牙通过对本国近20年乡村旅游的研究总结，证明现代乡村旅游非常有利于推动西班牙农村地区的发展，那些居住在城市里，拥有着强购买力的青壮年城市居民往往会把他们的热情倾注在巴斯克和安达卢西亚的乡村民居里，将乡村旅游作为洗涤心灵的一种途径。据西班牙国家统计局数据，2008—2018年，西班牙乡村旅店接待本国游客从每年236.1万人次增加到337.8万人次，接待外国游客从每年26.2万人次增加到87.3万人次。而在其他欧洲发达国家，情况也是大同小异，乡村旅游正成为一种新兴的旅游形式在世界范围内扩散。现代旅游业的迅猛发展，促使旅游资源类型/旅游形式和旅游内容呈现多样化趋势，拥有优美的自然

环境与独特文化内涵的广大乡村地区自然也被纳入旅游业发展的大范畴，"乡村旅游"的概念随之出现。

乡村旅游作为发达国家乡村的衍生产品，其热潮对于我国亦如此。近年来，乡村旅游在我国成为一种热潮，越来越多的游客选择在节假日来到乡镇放松心情。以广东乡村为例，2017 年广东乡村共接待游客 2.1 亿人次；2018 年仅国庆黄金周便接待游客 5049.6 万人次，同比增长 12.2%；2019 年春节，全省乡村接待游客 6330.3 万人次，同比往年增长 13.8%。不难看出，乡村旅游的热度呈现年年上涨的态势。中国社科院在其发布的《中国乡村旅游发展指数报告》中指出："2016 年中国已进入大乡村旅游时代，乡村旅游发展具备规模大、投资大、影响大三大特征。乡村旅游热潮下，乡村文化发展的机遇也随之到来。"

乡村旅游的灵魂是乡村文化。我们认为，经过合理规划的乡村旅游有助于促进乡村文化的保护和传承。同时，对于乡村振兴来说，文化旅游能够通过市场唤醒中国乡村发展和振兴的原力。乡村旅游使乡村形成了一个主客共享的空间，使乡村的文化业态更加丰富。首先，旅游业的发展自然会给乡村地域文化带来一定冲击，导致乡村文化真实内涵的扭曲和传承机制的干扰。但如果能对这一过程进行正确的引导和管控，就能在很大程度上避免过度开发和过度商业化的弊端。实际上，经合理规划的乡村旅游会增强乡村的文化特色，让本就在城镇化浪潮中摇摇欲坠的乡风民俗获得重生。同时，它还可增强当地人的文化自豪感和身份认同感，为乡村文化的传承提供载体和动力，促进乡村文化产业发展。因此，我们常常看到为了发展当地旅游业，对村落中的古迹、古建筑进行修缮、重建的报道。这无疑从一个侧面显示出旅游业对乡村文化保护的促进作用。其次，乡村旅游业的发展为乡村提供了许多就业机会。在城镇化背景下，大批乡村中的青壮年涌入大都市，乡村"空心化"严重。在农业生产技术提高和机械化普及的情况下，发展乡村旅游业是吸引农村剩余劳动力回到乡村、服务乡村的极好方式。乡村青年在当地有了较好的收入和就业机会，文化旅游又提升了他们对乡村的文化自信。这样，乡村青年将勇于也乐于留在乡村，建设乡村。我们看到，一些文旅企业也瞅准了乡村旅游的势头和契机，他们与当地农业企业合作，开放乡创机会，辅以政企联动人才培养机制的创新。

合作企业不仅搭建平台、引入智慧，更给当地年轻人带来富有文化创意性的职业发展机会，展现出乡村文化振兴与旅游产业融合发展的独特价值。

## 案例 2-5　牛家坊——民俗带热乡村旅游

宁夏牛家坊村地处吴忠市利通区上桥镇南端，风光秀美，毗邻城区。2010 年借助吴忠市城市东南部改造建设的机遇，因地制宜发展餐饮服务、生态观光等特色产业。2018 年，村集体固定资产达 300 万元，村集体年收入 78 万元，农民年人均纯收入 16800 元。

近年来，牛家坊村先后荣获"全国美丽休闲乡村""全国生态文化村""全国乡村旅游模范村"等荣誉。牛家坊民俗文化村在加快发展步伐的同时，没有遗忘传统文化的积淀，始终保持着那一抹乡愁。

### 醋坊"酿出"文化

从一粒粮食到一滴醋的转变，需要历经多久的"酝酿"？

强家老醋坊给出的答案是 197952 分钟。

蒸料房、拌料房、发酵房、淋醋房……迈过一间间古色古香的标准化车间，人们浏览到一部醋的"进化简史"。作为强家老醋坊的第六代传承人，强海峰为参观者讲述这醋的"前世今生"：老醋坊沿袭传统工艺，精选当地出产的五谷杂粮，日晒瓦缸发酵七七四十九天，以传统工艺熏醋，润其色，厚其香，方才酿就这一坛色香味俱全的强家老醋。

走近一坛醋缸，打开封印，舀一小勺深褐色老醋，闻起来酸香扑鼻，尝起来酸、香、绵、甜、鲜，回味悠长。苹果醋、枸杞醋、红枣醋……在柜台上，一瓶瓶各式果醋陈列其中，倒入高脚杯后轻轻摇曳，如品红酒般小口细抿，顿觉酸甜生津、唇齿生香。强家老醋坊还推出一整套醋疗服务：通过加热醋、醋糟及中草药，为消费者提供泡脚、热敷、熏蒸服务，起到了缓解疼痛、消减疲劳、强身健体等功效。

在牛家坊村，还有磨辣椒面作坊、面点制作坊、手抓羊肉等传统饮食制作体验区、乡土餐饮区等功能区，农俗体验式经济方兴未艾。

## 博物馆　让展品"活"起来

在牛家坊村头，坐落着全区唯一一家村级博物馆——农耕民俗文化博物馆。石磨、风箱、马灯……展区内一件件褪色的老物件向参观者诉说着光阴的故事。近年来，吴忠市启动城市东南部改造建设，毗邻城区的牛家坊村响应号召进行拆迁，不少群众搬入楼房后将保存多年的"老物件"遗弃。为此，牛家坊村两委班子决定建立一家农耕民俗文化博物馆，让这些农家用品有一个新的归属。据介绍，这家博物馆投资 1500 多万元，总建筑面积 900 平方米，内藏展品 1 万多件。

为了让一件件展品"活"起来，牛家坊村在馆内开辟农耕民俗文化体验区，提供本村出产的杂粮、牛肉等多种原生态食材，让观光者借助石碾、风箱、土灶等展品，动手烹制粉汤杂碎、烩小吃等特色小吃。在烟火中"情景再现"昔日农耕民俗，让一餐地道农家饭唤醒味蕾记忆。如今，农耕民俗文化博物馆成为助推牛家坊村发展乡村旅游的金字招牌。

## 特色餐饮　让群众富起来

截至目前，牛家坊村打造了以"吃喝住行游购娱"为一体的服务业新业态，村内餐饮从业人数占到总人数的 40%。预计到 2020 年，牛家坊民俗文化村特色餐饮集聚区将实现营业收入 10 亿元，税收 1000 万元以上，新增就业千余人次。

作为牛家坊农家餐饮店之一，牛家大院是一家以温室生态为主题的特色农家乐餐厅，室内温度、湿度恒定，草木四季常青。

在牛家大院，30 多名工作人员近半数都是牛家坊人。大院经理牛玉刚是土生土长的牛家坊人，他从最初单一搞餐饮到如今发展民俗、采摘、养殖等项目，只用了短短 4 年时间。特色餐饮在满足游客的美食需求外，也为牛家坊提供了不少薪资不错的工作岗位。

## 水系景观　让城南美起来

晚间，城南水系景观公园是游客的好去处。

漫步于水上栈道，水面上一朵朵荷花亭亭玉立，荷叶愈显苍翠。原来，眼前的荷花美景是由一盏盏荷花灯装点出来的。牛家坊村投资 1000 万元的水系景观灯光亮化工程，规划建有庭院灯、LED 投射灯、树灯、芦苇灯、荷花灯及多彩色带，点亮了城南的夜晚。城南水系景观公园还建成一套雾化系统，在栈道两侧吞云吐雾，在多彩色带的照耀下，不断幻化出绿、红、黄、紫等各色云雾，营造出一幅人间仙境美景。这里原本是一条泄水沟，周边杂草丛生，2016 年改建为城南水系景观公园。公园占地 51.31 公顷，建有廊桥、木栈道、莲花台等多种基础设施，种有树木 5 万余株，安装功能灯 9000 余套，吸引越来越多的游客入园休闲。

接下来，牛家坊村还将打造生态景观休闲公园、美食街、农业观光园、休闲驿站、生态停车场等基础设施。这必将进一步促进牛家坊村民俗旅游业的发展。

# 第四节　乡村文化现状的困境

中国乡村经济文化的发展成就是令人瞩目的，我们有理由相信，在不久的将来，我国的乡村文明必将以一种生机盎然的姿态与城市文明并行。但是，随着城市化步伐不断加快，乡村文化正面临强烈冲击。当代乡村文化自身的新陈代谢呈现出举步维艰的状况，原有的文化生态被打破，新的文化秩序尚难建立。乡村文化建设面临的挑战依然不小，这些因素已成为限制乡村文化发展的绊脚石。现阶段我们要有决心去发展乡村文化，更要有对策去克服困难。

## 一、乡村荒野化

在城市化浪潮下，农村人口外流已成为广大村镇的一个普遍现象。在改革开放 40 多年来的风云巨变中，我国有数亿人从乡村走向了城市，由"乡下人"变成了"城里人"。从农村到城市的发展轨迹再结合改革开放至今的城乡变化可知，离开乡村融入城市的群体正是那些思想活跃、易于接受新事物的人群，走向并扎根城市的过程虽然有利于文化之间的交流，但他们也在有意或无意中丢掉乃至抛弃了与土地和农耕相连的文脉。人们的生活方式发生变化是城市化的必然结果，而变化最大的便是这一从"农"到"城"的迁移群体。城市化不仅逆转了千百年来中国社会农村和城市的面积、人口比例，而且正在对农耕文明遗留下来的文化符号、信息资源进行着潜移默化的变异和溶蚀。这种变异和溶蚀一旦失控，城市就很有可能成为消解、覆盖、挥发、灭绝中华文明"活态"印记的"杀手"，积累了千百年的传统乡村文化便会面临塌圮的厄运。

在城市规模不断扩大的过程中，需要大量的劳动者和建设者，而这又恰好契合乡村中青壮年人口向外寻求机会的愿望。于是，大量的农民工涌入城市，几乎包揽了城市建设中最苦、最累、最脏的工作，他们为城市发展做出了巨大贡献。不过，在城市热闹喧嚷的同时，乡村却渐渐"安静"下来。有关资料显示，2016 年农村人口数量为 58972.58 万人，2017 年农村人口数量为 57661 万人，2018 年农村人口数量下降为 56401 万人。城镇人口则呈现上升趋势。2016、2017、2018 年，城镇人口数量分别为 79298.42 万人、81347 万人和 83137 万人。城市人口持续增长，而乡村人口不断减少，这种现象导致的结果不容乐观。

首先，乡村荒野化使乡村文化建设流失了人才，缺少了主力军，没有了中坚力量。乡村日趋"空巢化"，成为"老、弱、妇、幼、病、残"的"留守地"。这些去往都市的青壮年们，有些定居到城市，另一些也只在逢年过节或农忙时重回故土，他们或是父母的儿女，或是儿女的父母，他们的离开，使乡村中只剩下老人和小孩，剩下冷清和凋敝。乡村中最具活力、最富创造力的中间阶层被抽空了，乡村文化建设面临着后劲不足的严重危机。

在广大乡村地区，现代农业发展所需要的投资管理、资本经营等方面的人才普遍缺乏，难以适应乡村外向型经济发展与乡村振兴的现实需要。究其原因，一是人才吸纳能力低。受自然环境条件、历史人文传统等因素影响，乡村存在优质资源匮乏、发展机会受限、持续发展空间不足等问题，一些乡村致富能手、技术骨干、管理人才等本土人才向城市流动，同时外来优秀人才又难以留在乡村。二是人才体制机制不健全。虽然各级政府出台了一系列政策，为各类人才打造平台、创造发展机会，但也还存在着乡村人才引进机制不规范、激励机制不到位、流动机制不灵活等问题，体制机制障碍成为乡村人才引进的瓶颈，导致优秀人才供给不足。

其次，由乡入城，由此城到彼城的行动轨迹导致乡村民众原有居住环境、生活方式、价值取向、人际交往范围甚至语言不断发生变化，农民对土地依赖程度降低，村落归属感、家园感逐渐弱化。这种情况导致"城市病"日益凸显，主要表现为环境恶化、水资源紧缺、交通拥堵、优质教育资源紧缺、居住条件恶劣、就业融入困难等。不过，"城市病"远不只如此，精神家园的迷失才是最致命的问题。跟随城市化脚步进入城市的农民除了在生活上存在诸多的不适应症状，乡土文化也因为他们的离去正遭遇前所未有的危机。在农村土地被大片征用、大量农村人口流失、第一产业从业比例迅速降低的现实境况下，建设好他们的精神家园和提供切实的物质保障同等重要。

乡村文化的展示、储藏、递延的主体是有思想、有感情的鲜活生命，虽然乡村文化中包含定型和固化的物质遗产，但它依然受到现实社会生活中潮流和价值观念等因素的袭扰而发生变异，这也是当前我国社会转型期乡村文化工作的艰巨性和复杂性之所在。市场在带来经济效益的同时，也输入了以"利"为中心的价值观。

在一种趋利、求洋、向新、弃旧的思想潮流的支配下，要全面振兴乡村文化，困难重重。乡村中的熟人社区形态难以为继，乡村文化中的精神传统亦日渐衰微，与此同时，现代性文化又一时难以完全有效地融入乡村社会。如此，乡村文化便濒于传统断根和现代断裂状态。

由工业文明所主导的现代化、城市化浪潮与乡村文化发生了剧烈的冲突，乡村文化在这个冲突中处于明显的劣势，逐渐地或部分地丧失了生存与繁荣的土壤。但是文明的进步、文化的提升决然不能以一种文化对另一种文化的全面否定和根本灭绝为前提，也不是要彻底地抹去一个国家、一个民族的所有记忆。因此，追求现代化、城市化、国际化绝对不能以牺牲民族的文化记忆和文化自尊为代价，这一点毋庸置疑。诚然，时代在发展，环境在变化，人的视野在拓宽，价值观在变化。任何事物的发展，都要以时间、地点、条件为转移。乡村中原有的一些民风民俗不乏糟粕，即使原来合理的东西，在新的历史条件下也可能会变得不合时宜，因此我们不可不加甄别地一概继承，而应当对其进行挖掘、梳理、鉴别、抉择、合理扬弃、适当改造，只有这样，才能切实推动乡村文化繁荣发展，才能使其成为乡村振兴的不竭源泉，为乡村振兴提供持续的精神动力。

最后，"留守儿童"问题突出。在农村，留守儿童一般指父母双方或一方外出务工，孩子留在户籍所在地农村，并因此不能和父母共同生活的未成年人。20世纪90年代以来，中国出现了历史上规模最大的人口流动现象。大量农村人口流入城市，其中就有相当数量已为人父母的农民工，他们一些人把子女带在身边，但更多人还是将孩子留在家乡，由家中长辈或亲戚代为监护。这些处于学龄期的儿童，在他们身体发育、知识积累、性格形成的重要阶段，却缺少了父母的亲情关怀和家庭教育，往往容易出现教育和心理上的诸多问题。具体表现：（1）亲子感情障碍。在儿童成长的最初阶段，从父母身上获得的温暖和关怀将为以后的生理和心理发展奠定重要基础，形成更多的积极情感。而留守儿童因长期缺少来自父母的直接关爱与呵护，易导致对父母的冷漠、疏远甚至怨恨情绪。（2）家庭教育缺位。调查表明，缺少父母的言传身教，留守儿童在学习生活中犯的一些错误往往得不到及时引导和纠正，他们往往比在良好家庭氛围下成长的孩子表现得更加叛逆。（3）安全和营养问题突出。受经济条件、健康观念和监护人责任心等多方面因素的限制，留守儿童的饮食、疾病预防和安全问题常常得不到足够重视，针对留守儿童的不法侵害也时有发生。这些都是与乡村振兴和乡村文化发展背道而驰的。

## 案例2-6　湖南通道上岩、坪寨留守儿童基本情况

留守儿童是指年龄在12岁以下，其父母均外出务工，而自己留在家里生活的孩子，他们多与上辈亲人或父母的其他亲戚朋友一起生活。上岩、坪寨大多数青壮年均外出务工，村民们认为父母有一方在家已经很不错了，那样的孩子不应算作留守儿童，所以这里把留守儿童定义为父母均外出务工且年龄在12岁以下的孩子。

湖南通道侗族自治县上岩、坪寨和全国一样，虽说在改革开放的大好形势下，经济社会发展都有了长足的进步，与发达地区的差距进一步缩小，但由于环境、交通、教育等各种因素的制约，发展的基础仍然非常薄弱。上岩、

坪寨位于行政边缘，地少人多，且贫困人口基数较大。在这样的大背景下，由于家庭经济较为困难，为了改善生活条件，许多父母不得不把孩子留在家里跟爷爷奶奶生活，自己外出打工挣钱，于是出现了大量的留守儿童。根据对当地三所幼儿园的走访和与各个负责人的深入访谈得知，幼儿园里留守儿童的比例在80%以上；对于6～12岁的儿童，根据《上岩完小2012年下期在校学生花名册》得知，2012年下学期学生总人数216人，留守儿童为178人，故留守儿童的比例为82.4%。大致推算，当地留守儿童的比例为80%以上。从《上岩、坪寨儿童年龄段分布统计表》得知，上岩、坪寨12岁以下儿童人数为496人，按80%来计算，留守儿童约为397人。

留守儿童监护人身份分为四种：隔辈（爷爷、奶奶等）、上辈（叔叔、婶婶等）、同辈（哥哥、姐姐等）、监护人缺失。上岩、坪寨的留守儿童主要由爷爷奶奶或外公外婆照顾，也有少部分由叔婶或哥哥姐姐照顾。这些以爷爷奶奶或外公外婆为主的监护人的教育水平普遍较低，其中很多人无法用普通话进行交流。他们平时主要关心孩子的健康和安全问题，虽然也会关心孩子的学习情况，但由于自己的文化水平有限，所以很难有精力和能力去指导孩子的学习。平时对孩子的教育主要限于生活常识、伦常、生产技能（种地、砍柴、洗衣、做饭等）以及民族特有技能（例如吹芦笙、织侗锦等）。留守儿童的家庭教育渐渐缺失，学校教育越来越重要。另外，为了适应现代社会的发展，在各种新思想和新潮流的影响下，特别是随着电视和手机的普及，上岩、坪寨的家庭教育发生了很大的变化。在现代媒体及网络的冲击下，越来越多的孩子乐意学习现代文化知识与技术，而不愿学习本民族的文化。通过一个月的走访，调查者发现村子里的年轻人很少有人学习侗歌、芦笙、侗医、侗锦等，文化传承面临着危机。

## 二、乡村传统民俗民艺失传

城市化对民众生活的影响和改变可谓翻天覆地，许多曾经在人们生产生活中经历千锤百炼才得以传承的乡村传统日渐衰微甚至消亡。许多曾经在生活中光彩夺目的传统技艺已经不多见了，在城市的钢筋混凝土中，只有少数的城市人掌握缝纫、绣花、染色的手艺，在新年往窗上粘贴自剪窗花的人家也寥寥无几。

乡村文化传承人青黄不接是乡村文化接续发展的头号大敌。有些传统技艺的传承人年岁已高，却依然没有寻觅到合适的继承者。年轻一代对乡村文化的认识不足，且更向往繁华热闹的现代化大都市，乡村中极少有年轻人留下，即便留在乡村，也很少有人愿意潜心学习古老的传统技艺。在当前形势下，乡村文化的继承人很难获得与自身技能对等的经济利益。少数以口传心授为主要途径的乡村文化因其受众面狭窄和难以迅速复制传播的性质极难寻觅到合适的传承人，一些传统技艺以家族为单位代代相传，若到了某一代子孙不再愿意传承，那么一代代延续下来的技艺也就戛然而止了。即使部分传统技艺的传承人为保留传统手艺而放弃从事其他工作，却难保生活质量，甚至有时维持家庭生活都显吃力，更毋言富足。崇尚快时尚、快节奏的现代社会和追求慢工出细活的传统技艺格格不入，乡村传统民俗民艺失传也就不足为奇了。

乡村不仅是一个地理空间，更是一个独特的文化空间。乡村文化属于特定区域文化，是一种综合性的文化事象。任何一个地方的民风民俗都与自己乡村的历史文化传统息息相关，是展现一个乡村历史文化的过去和延续，传承民族精神的有效载体。乡村文化是依附群众的生产、生活、习惯、情感与信仰而产生的文化，是大众生活的艺术，大多依附于传统节日而存在，传统节日也为乡村文化提供了一个很好的展示平台，比如各地的庙会、灯会、舞龙、耍狮、踩高跷、扭秧歌、皮影戏、戏曲文艺活动等地方民俗都不同程度地反映乡土村落共同体的精神信仰、价值观、行为规范、风俗习惯、生活方式等特性。然而快速的城市化使传统节日的仪式和内涵逐渐淡化，现代娱乐方式逐渐占据主导地位，庙会、灯会、舞龙、耍狮、戏曲文艺活动等各种传统活动似乎更像一个文化搭台经济唱戏的商贸集市，传统乡村文化事象的生存空间急剧缩小，文化价值的引导教育功能荡然无存。

传统民俗文化是集体智慧的结晶，反映了当地的风土人情，体现了鲜明的民族性。但是，随着市场化进程的加快和时代的不断发展，传统的生产方式、习俗、礼仪、艺术等文化形式正在逐步淡出历史舞台或被新型文化所替代。乡村传统特色民居不同程度遭到破坏，有些已消失，乡村原有传统节日民俗活动渐趋式微。在全球化热潮下，西方的圣诞节、情人节、万圣节等一些"洋节"得到了众多年轻人的接受和认可，而我国传统的端午节、重阳节、腊八节等节日却备受冷落。历史悠久的农耕文明随着工业化渐渐被大家遗忘。民间文化载体的缺失、形态的弱化，导致传统民俗文化面临着断代的危险。

2017年上映的电影《百鸟朝凤》就反映了民间传统技艺受到现代化新潮流冲击的现实。以唢呐为代表的传统民乐渐渐不受乡民待见，他们转而追求更加"时髦"的西洋乐器和演出方式。以焦三爷为代表的唢呐匠过去本是极受村里人尊敬的，却在城市化浪潮的席卷中，面临被日益边缘化的处境。民间技艺体现了中华民族的审美态度和智慧，为了对其加强保护，我国积极推动非物质文化遗产的评选。虽然目前传承下来的民间技艺有戏曲、皮影、杂技、舞蹈、蜡染、编织、陶艺、木艺、石艺等上百种，但由于从事民间技艺、民俗事象带来的经济效益并没有吸引力，愿意继续从事民间技艺传承的人越来越少，导致有相当多的民间技艺濒临失传。这些民间技艺的消失，对于乡村文化建设来说，无疑是巨大的损失。

对于乡村中的非物质文化遗产来说，当下最严峻的问题就是乡村纯手工技艺的断代现象严重。目前掌握的有关乡村纯手工技艺的多数为老年人，他们大多年事已高。年轻一代在现代文化中长大，对传统文化遗产没有感情，还有人甚至抱着一种蔑视和逆反心理。在这个大前提下，对于传统手工技艺的保护就显得十分困难。主要困难集中在两个方面。首先是传统手工技艺传承者方面，他们所面临的最大问题就是"后继无人"，即面临着技艺无人可授的尴尬局面。造成这种局面的原因一部分是对继承人性别或血缘关系的限制，如"传男不传女""传女不传男""非嫡系亲属不传"等；大部分原因则是传统手工技艺由于其本身技能要求较高，生产力受限，产品数量少，质量要求高，所得的利润也比不上大工业时代下的量产制品，因此令众多年轻人望而却步。其次就是社会暂未形成有利于非物质文化遗产传承发展的价值导向，大多数父母对于民间传统手工技艺的最直观感受仍是"只有不好好读书的人才从事的职业"，在这样的价值观引领下，年轻一代就更难对非物质文化遗产的继承产生认同感，甚至对其嗤之以鼻。

在城市化进程中，少数民族文化也面临巨大冲击。他们开始失去一些本民族的特质，一些少数民族在原始条件下所使用的生产工具和生活用品逐渐被淘汰，甚至丢失了自己独有的服饰、民风民俗、传统工艺等。生活在甘肃陇南和四川西北部偏远山区的白马藏族，是我国保存较完整的拥有古朴的原始宗教文化和独特习俗的少数民族族群。白马藏族的服饰图案是白马藏族民俗文化的重要载体，它集中反映了白马藏族对宗教文化的信仰，蕴含他们独有的文化内涵，体现他们对祖先和自然的崇拜、对图腾的敬仰。他们钟爱白色，认为白色是世界上最纯净美好的颜色，也是美好的象征。依靠着高山密林里的半隐居生活，整个族群只有两万多人，人数不多的白马藏族将自己的传统文化保存了将近2000年之久，但如今却面临着日趋消亡的危局。在市场经济大潮冲击下，白马藏族山寨里的年轻人开始走出大山，去往城市工作生活。留在寨子里的年轻人受到外界影响，也开始逐渐穿起时装，戴上流行的首饰，白马藏族本族的服饰逐渐在日常生活中淡去。白马藏族习惯用白马语来歌唱和讲述先民的故事，但现在一般只有过年过节才会展示歌唱，白马语民歌的传承成为很大的问题。越来越少的人愿意自己手工缝制民族服饰，曾经美丽的独具特色的服饰被简易的便服取代，连白马藏族独特的小村寨也有了城市建筑的痕迹。与其他民族之间的广泛交往，固然使他们学习到了许多现代文化，但一边学习的同时也在一边失去。

### 案例2-7　聆听非遗的回声

当网友们热衷于使用拟声词"洞次打次"的时候，杭州老字号"潘永泰"那悦耳动听的"蹦蹦"声，不久前戛然而止。"潘永泰号"棉花店的第三代掌门人，81岁的潘文彪老人，静静地告别了人世。开在河坊街113号的"潘永泰"，是杭州仅存的最后一家弹棉花店。那手工弹棉花的声音，已经回响了近100年。今后，我们可能再也听不到那"蹦蹦"的原声了，只能让模仿架子鼓的"洞次打次"声，充满网络世界。

潘文彪老人是省级非遗技艺传承人。他弹棉花的手艺是祖传的，工具就是一弯吊弓、一个弹花槌、一张磨盘、一条牵纱篾，"檀木榔头杉木梢；金鸡叫，雪花飘"，一声声弦响，一片片花飞，一床床温暖的棉絮，就飞进了千家万户。而今，"潘永泰百年弹棉花技艺有失传的可能"。

图 2-10 古法弹棉花

　　杭州一些老艺人，或相继去世，或年事已高，一些民间技艺濒临失传，这是我们必须面对的现实。非遗技艺或多或少面临着后继无人的窘境。通过核查，杭州一些不为人知的非遗技艺传承人被"挖"了出来：上城区乌龙巷的吴志根老人，拿手绝活是手工制作油纸伞，而今掌握油纸伞技艺的匠人已屈指可数；还有一位戚建飞师傅，在中山南路开了一家纯手工制作木桶木盆的作坊，生意蛮兴隆……老字号、老技艺，市场化是生存的基础。像"潘永泰"，若是开发手工生产的棉被、棉袄等系列产品，把市场的底子做大，传承的基础就坚实了，"花"就不会被"羊"吃掉。

　　如果建立传承基地，把老手艺传下去，那当然是最好的。但是，一旦真正从市场退出了，那么，在文化层面的后续保护，就应立马提上议事日程——这已不是个人的事，而是地方政府的职责所在了。对于文化而言，记忆性的记录、保护性的留存、弘扬性的展示，都是需要做的工作。

## 三、无法消弭的城乡差距

　　城市文化是创新开放的代名词，其开放的特性使其在发展的过程中更加具有时代性与创新性，是现代文明社会中文化形态与文化精神的真实显现。乡村文化的基础是农业文化，立足于自然而对自然环境有极大的依赖。马克思说过："物质生活的生产方式制约着整个社会生活、政治生活和精神生活的过程。"① 乡村文化的封闭性使其难以为城市文化的现代性所接纳，使得乡村文化振兴无法在最初就得到广泛响应。文化学认为，经济自身既是一种文化，也是某种文化赖以成长的基础和土壤，城市与农村经济类型上的巨大差异对文化的相互接纳产生的障碍其实远比我们想象得大。如农业生产遵循春种夏长、秋收冬藏的规律，对每天从事农业劳动的具体时间要求宽松，农民时间观念相对淡薄，效率意识不强，悠闲自在；城市生活则呈现一种快节奏的状态，城市居民的时间观念、效率观念较强。

我国的城市化进程仍处于现在进行时，既然是城市化，就必然是以城市为主导，至少在这一过程的前期是如此。城市在社会生活的各方面都有了突飞猛进的进步，然而，农村的发展却远远滞后于城市。当前存在的城乡差距是多方面的，仅从文化领域来说，就涉及教育、文化基础设施、文化消费方式和支出等多个环节。

首先，城乡居民收入差距加大。收入水平是文化建设的经济基础。从近5年的数据来看，虽然农村居民人均可支配收入的同比增幅都略高于城镇，但城乡间实际人均可支配收入的差距却一直在拉大，如表2-3所示。

表2-3 城乡居民人均可支配收入

| 年份 | 城镇居民人均可支配收入（元） | 城镇居民人均可支配收入同比增幅（%） | 农村居民人均可支配收入（元） | 农村居民人均可支配收入同比增幅（%） | 城乡居民人均可支配收入实际差额（元） |
|---|---|---|---|---|---|
| 2015年 | 31194.83 | 8.2 | 11421.71 | 8.9 | 19773.12 |
| 2016年 | 33616.25 | 7.8 | 12363.41 | 8.2 | 21252.84 |
| 2017年 | 36396.19 | 8.3 | 13432.43 | 8.6 | 22963.76 |
| 2018年 | 39250.84 | 7.8 | 14617.03 | 8.8 | 24633.81 |
| 2019年 | 42358.80 | 7.9 | 16020.67 | 9.6 | 26338.13 |

数据来源：国家统计局网站. https://data.stats.gov.cn/easyquery.htm?cn=C01&zb=A0A01&sj=2019

城乡贫富差距的扩大使得广大农村人口无法平等地参与现代化进程，共同分享经济发展的成果。收入少了，农民可用于文化产品消费的金额就

① 马克思恩格斯选集（第二卷）[M]. 北京：人民出版社，1995：32.

减少了，地方政府能投入文化建设上的物力财力也减少了。因此，城乡收入不均衡是城乡差距最基础的环节。

其次，乡村公共文化建设不足。乡村不像城市，有各式书店、博物馆、图书馆、展览馆等丰富的公共文化场所。在乡村，缺乏统一标准的基层公共文化网络基础设施，如乡村数字图书馆、乡村远程教育中心、乡村网络服务中心、乡村旅游网上展馆、乡村文化网上展馆等。各类活动场所如体育健身、文化活动、农村文化广场等基础性设施建设严重不足。同时，现有公共文化服务设施效能较低。近年来，国家出台政策，加大农村基本文化设施（基层文化站、馆）、体育设施的投入，但实施效果不理想，多地农家书屋形同虚设。公共文化服务供给质量方面，群众喜闻乐见的文化产品和文化服务比较匮乏。不少地区文化建设数十年停滞不前，甚至有退后的趋势。广大群众有丰富的精神文化需求，但是现有基础条件却不能满足这种需求。我国现在有十分之一以上的乡镇没有文化站，村级自治地方文化站的数量更是少之又少。乡镇书店、广播站、电影院等，或者有而不能发挥作用，被其他部门人员占有，或者根本没有。发展文化需要一定的物质作为载体，文化才得以稳步发展。许多乡村的发展都面临着资金短缺的问题，特别是我国中西部一些相对落后的地区，城市化建设抽走了农村的劳动力资源，本地区的经济发展相对落后，没有其他经济来源的村庄在文化的发展和保护上更显无力。

最后，城乡教育资源不协调。目前，农村的教育资源和教育设施尚且不够完善，农民群体接受的教育普遍较为低下。出身农村的优秀学子，在经过高考后离开家乡去往大城市发展，也很少会有人返乡工作。虽然当前农村居民们的素质也在不断提高，但是相对于中国城市居民来说，农村居民的素质仍然与之有较大差距。根据 2007 年中国农村统计年鉴的统计结果，2006 年，农村居民家庭平均每百个劳动力中，不识字或识字很少的有 6.65人，小学程度的有 26.37 人，初中程度的有 52.81 人，高中程度的有 10.52 人，中专程度的有 2.40 人，大专及大专以上的有 1.25 人。据这一统计结果，当前农村劳动力的整体文化素质不高，大部分人只有初中文化程度，具有高中以上学历的人仅占 14.17%。这在客观上是源于乡村学校的教学水平和教学质量有限，乡村中的师资力量和教学设施薄弱。农村骨干教师在学校中所占比例远远低于城市学校的水平。农村教师由于条件限制，很少有机会参加培训学习，所以，农村教师在学历、综合能力等方面都有待加强和提高。又因为农村教育资金投入严重不足，在师资投入方面，一些优秀的教师人才不愿意到农村教学而倾向于选择条件相对优厚的城市，这就导致农村地区优秀教师匮乏。硬件方面，由于资金的限制，乡村地区学校的硬件设备远远比不上城市地区，这在很大程度上也阻碍了乡村地区教育事业的发展。教育是乡村文化建设的关键一环，只有把教育搞好，才能为乡村文化提供源源不断的人才和动力。

## 案例 2-8　苏中地区城乡差距比较分析

苏中地区包括扬州、南通和泰州。在全面建成小康社会的过程中，苏中农村居民消费水平低于城镇居民的问题不容忽视。居民人均生活消费支出是反映居民消费水平高低和居民生活质量的综合性指标。苏中地区各市城乡居民人均生活消费支出总体上是呈现上升趋势的，但农村居民人均生活消费支出低于城市居民人均生活消费支出。2004 年扬州市城乡居民消费支出比是 2.15：1，泰州市城乡居民消费支出比是 2.16：1，南通市城乡居民消费支出比是 2.32：1，城乡消费差距仍然很大。

虽然近几年苏中地区城乡居民收入在稳步提升，但城乡收入差距的问题依然存在。扬州统计局调查资料显示，2011 年上半年扬州城市居民家庭人均可支配收入是 13466 元，上半年农民现金收入 6527 元；2012 年上半年南通市城镇居民人均可支配收入为 16728 元，而南通市农村居民人均现金收入为 10249 元；2013 年上半年泰州全市城镇居民人均可支配收入 15515 元，而上半年全市农村居民家庭人均现金收入为 9355 元。收入差距过大与社会稳定的负相关主要表现：引发低收入群体心理失衡、引发贫富阶层的利益冲突、引发人口流动失序、引发教育失衡、影响社会稳定。

基础教育是素质教育体系的重要组成部分。苏中农村的基础教育在整个基础教育体系中有举足轻重的地位。主要问题：一方面，农村教师以教师为主体的教育理念尚未彻底破除，日益成为推进素质教育的障碍，进而影响了学生素质的全面发展和教育事业的发展。另一方面，农村教师服务意识存在问题。第一，在师生关系上，教师以"管理者"和"被管理者"的关系取代了"服务者"和"受服务者"的关系。第二，受传统教育为经济服务观念的影响，轻视学生个性发展和全面发展。第三，对学生心理健康的重视不够。另外，还存在其他方面的问题，如教师结构失调、教学质量滑坡、教育消费负担过重、儿童失学仍然存在、教学设施落后、办学条件较差等。

## 四、乡村文化市场发展不健全

在乡村文化建设这方面，我们一直有意无意地忽视群众的本体性，尽管一直在强调要调动群众的主动性、积极性和创造性，但往往在具体落实的时候将主要的精力放在一些无关痛痒的形式工程上，因此忽视了普通群众的文化活动，没有调动起群众对于文化建设的参与热情。长久以来，我国太过注重乡村文化宣传和文化基建，却往往忽视了带动群众去参与，只完成了流于表面的工程，忽略了最重要的"传帮带"，造成了群众普遍热情不高；而对于乡村文化的中坚——乡村知识分子的关注也不高，没有给他们搭建平台让他们发挥乡村文化建设中本已缺失的"传帮带"作用，使得乡村文化的主动发展受到制约。

在现代化进程中，经济的发展总会推动文化的需求。通过改革开放四十多年的发展，乡村社会经济发展迅速，但是在发展过程中，仍然存在着一些迫切需要解决的问题。

第一，乡村文化消费水平过低。受传统生活习惯的影响，生活于乡镇中的居民往往没有文化消费的观念，加之收入有限，愿意为文化产品配置预算的农村人口并不多。虽然随着经济的发展和农民收入的增加，我国乡村居民的消费水平从总量上看呈现逐年增长的趋势，但乡村文化消费总量过低、相对比重下降的问题依旧突出。而且在城市中，现代化、国际化的洪流将乡村文化挤出了市民的日常生活。在我们敞开国门学习借鉴外国先进经验和文明成果、融入国际化进程的同时，来自西方和日韩的强势商业文化以时尚、新潮为利器，迅速挤占我国文化市场，具有乡村特色的文化产品不得不退居大众日常生活的边缘。信息化、网络化时代的到来，获得外来文化产品和价值观念的渠道更加便捷、快速、多样，它们的涌入意味着对乡村文化消费品的挤压，乡村文化产品更加无人问津。

第二，乡村文化政策制定及落实不到位。乡村客观条件比较复杂，各种问题交织难解，情况又突发多变，因此很难制定出一个万全之策。有些地方政府在乡村文化建设上缺乏长远眼光，出现了为了征地建设楼房将历史遗迹拆除，然后在其他地方重新建造相似的历史遗迹的现象，这种做法只看到了眼前利益而忽视了长远的发展，对历史文化产生了无法弥补的损害。有时即使政策的出发点是好的，可真正落实下来却因政府行动力不足、缺乏监督追踪等问题导致无法真正落到实处。一些地方对乡村文化活动的重大意义认识仍不到位、不充分，对乡村文化工作不够上心，没有对乡村文化给予应有的重视，没有为乡村文化建设争取必需的经费和必备的基础设施。另外，部分基层的乡村文化工作者对乡村文化的潜在价值发掘不够，热情不足，认为乡村文化不过是"温良恭俭让""仁义礼智信"几个大字就能概括的情况不在少数。乡村文化工作者对乡村文化的认识尚且如此，村民们自然也就没有参与乡村文化活动的积极性。

第三，乡村文化市场的低俗现象仍然存在。在市场经济大潮的冲击下，一些人在金钱面前迷失了方向，只要有受众，他们就趋之若鹜。乡村中的一些录像厅、游戏厅、网吧、电影院等娱乐场所虚假繁荣，它们以低俗的广告吊人胃口或用色情内容招揽观众，成了制黄贩黄和藏污纳垢的场所。白志兰先生在《当代中国乡村文化建设的若干问题研究》中亦提出："当今的乡村文化建设在盲目追随'解放思想'潮流中，各种落后腐朽文化有所抬头，封建思想开始大行其道，在地域上来讲，这种问题更是十分复杂。在我国东部，尤其是东南沿海经济发达地区，乡村文化建设投入相对较大，但对佛教、道教和西方宗教的热情也较大，宗教思想成为一些人的主要精神支柱。在内陆地区，乡村文化经费投入较少，算命、拜鬼、求神的封建习俗开始沉渣泛起。"这类现象不仅对农民文化素质提高无益，更严重污染了乡村文化市场，亟待相关部门进行引导和规范整顿。

要致力于乡村文化建设，就必须改变乡村文化市场不健全的现状，解决农村文化市场规模小、规范化经营户少、市场经营布局不合理、文化产业发展滞后、文化商品短缺、农民文化消费潜力受限等现实问题。

## 五、地域发展不平衡

总的来说，目前我国的乡村文化发展处于一个极度不平衡的状态，东部、中部和西部的情况大相径庭，不同的地域呈现出完全不同的发展趋势。

东部地区乡村整体上相对发达，在乡村文化工作方面亮点很多，在乡村文化的发展方面取得了很大的进步，无论是速度上还是规模上都远远优于其他地区。其有别于传统乡村的特征之一是政府重视文化建设，同时提供充足的文化建设资金并利用文化服务业予以支持。如上海郊区的村社文化建设，它不仅在村级建设有大量的文化设施，也关注到了文化服务的缺失所造成的设施利用率低的问题。在高效利用上海市发达的文化资源的条件下，开发了"东方系列"文化资源配送系统，不只让村民了解了本村的优秀历史文化，也培养了文化认同感。二是以基层文化设施作为乡村文化活动开展的基础。许多东部乡村正致力于建立立体化的文化服务网络，伴随着文化设施的不断更新，乡村文化活动的水平也将越来越高。根据 2016 年12 月 31 日国家统计局发布的《第三次农业普查主要数据公报》的数据来看，东部地区的乡村文化站等设施都超过了国家整体平均水平，这充分说明了东部地区乡村文化建设的领先性。

中部地区乡村文化建设面临的一个巨大问题就是中部地区农村人口收入的基本来源是传统的农业收入，产业发展薄弱，农民收入水平低。且中部地区包含数个打工大省如安徽、河南等省，在农闲时期会有大量农民外流打工，形成巨大的乡村人口空白，直接造成农业文化建设上的迟滞；而在农忙时期，乡民又缺少文化活动的时间与动机，使得中部乡村文化举步维艰。大部分中部地区乡村的文化形式基本上只能集中在婚嫁或大型节日的传统民俗文化活动。资金的匮乏也是制约中部地区乡村文化发展的一个重要因素，与东部诸省相比就更加相形见绌。如江苏 2015 年在乡村文化建设的投入，"省财政结合中央财政补助，累计安排各类文化事业建设专项资金 10.99 亿元，有效促进了市、县特别是经济薄弱地区文化事业的发展。各类文化专项资金主要用于：一是安排 4.22 亿元，深入推动公共博物馆、纪念馆、爱国主义教育基地、公共图书馆、美术馆、文化馆（站）等公共公益性文化设施向社会免费开放；二是安排 4.34 亿元，重点支持公共文化体育设施维修与设备购置、广播电视覆盖、农村电影放映、乡镇文化站农家书屋图书更新、公共数字文化建设以及农村文化建设；三是安排2.43亿元，支持全省重点文物及非物质文化遗产的保护工作。"[1] 这是中部诸地区望尘莫及的。资金在很大程度上是叩开乡村文化发展大门的敲门砖，而中部地区乡村文化建设与东部的差距正成为中部这块短板的具象。国家统计局山西调查总队分析山西省农村文化建设问题时就指出："资金投入少或无资金保障是制约农村文化建设的主要瓶颈。农村文化建设所需的资金投入，一是依靠上级拨款，二是乡村自筹，但均无保障。调查中发现，有的县虽然投资建设了文化站或文化室，但由于资金短缺，配套设施很不完善，不能正常发挥应有的作用；有的乡镇文化站仅有一块牌子或一间办公用房，根本无法开展活动。村级文化室从数量上不够普及，有的村虽有文化室，但拥有的书籍很少，而且是以上级部门捐赠的政治读物为多，村里没有资金购买或更新图书，农民需要的农业科技和法律类书籍极少。故此，对农民缺乏吸引力，农民参加文化活动的积极性不高，使文化室形同虚设。"[2] 资金问题严重困扰着中部地区，中部地区乡村文化建设任重而道远。

如果说中部地区乡村面临的最大问题是资金，那么西部地区乡村建设除了在资金上同样有着巨大的短缺以外，还兼有人才的短缺和文化产品的供需偏差。西部的基层文化专职人员极度缺乏，很大程度上是因为西部文化建设资金的主要来源是国家拨款，而这方面资金的利用大多局限于文化设施的建设而非人才引进，各方面人才的缺失又反过来导致无法精准地把控文化建设，也造成了文化产品的供需偏差。作为劳务输出省的西部诸省，青壮年大多选择外出务工，农村人口大量流失，同时由于村民的文化水平普遍不高，导致图书馆等基础文化设施使用率低，难以发挥作用，造成资源的闲置和浪费，供需无法达成有效匹配。本就紧缺的资金没有被用在刀刃上，政府出了力，百姓却没有从中得益。以西藏为例，2018年西藏财政厅公示的2013年到2018年乡村文化建设成果："建成5464个农家书屋，

---

① 江苏省财政厅.省财政大力支持公共文化建设迈上新台阶[EB/OL].(2015-09-15)[2019-11-05].http://czt.jiangsu.gov.cn/art/2015/9/15/art_7843_5408914.html.

② 国家统计局山西调查总队.山西农村文化建设初见成效但问题犹存[EB/OL].http://www.stats.gov.cn/ztjc/ztfx/dfxx/200709/t20070906_33623.html.

1787个寺庙书屋，1000个卫星数字书屋落户农家。68个县广播电视台开办，广播电视人口综合覆盖率分别提高到96.2%和97.3%。基本形成区、市、县、乡四级公共文化设施网络。累计创作各类文艺作品5000余部，开展惠民演出10万余场次。文物保护利用扎实推进。藏医药申遗取得积极进展。"①由此可见，一些西部地区的乡村建设还是将基础乡村文化设施放在首位的，文化设施虽然是乡村文化建设开展的基础，但更需要政府因地制宜地调整政策，方能有的放矢。无论如何，面临着文化人才储备不足、农民文化素养较低这一客观事实，西部地区乡村文化建设的道路艰难而曲折。

## 六、乡村空间景观遭破坏

我们曾经毫不留情地批判传统生产生活方式保守封闭、不思进取，而主张建立现代工业化所主导的城市空间架构、生产组织方式和生活消费模式，也就是这样，才有了现如今随处可见的一排排钢筋水泥大厦，一处处宽阔繁华的广场，却难以找到乡土文化的容身之处。

毫无疑问，我国乡村经济得到了快速发展，乡村人口的生活水平大大改善，但乡村文化却长期处于一个被忽视的尴尬境地，人们普遍追求现代化、追求经济效益，而乡村文化的重要形式——乡村传统建筑的保留与否就被推到了乡村发展的风口浪尖上。在早期较为粗糙的城市化进程中，外来的城市文化以其强势的姿态出现在村落中，许多传统的空间文化遗产受到强烈的冲击，积淀着丰富人文的传统村落被成片拆毁，取而代之的是千篇一律的高楼大厦，真正具有地方特点的传统建筑，在毁灭性的开发中"尸骨无存"。乡村历史文化或多或少都在经历"建设性破坏""开发性破坏"以及商业旅游性破坏。"旧的传统村落和传统民居在乡村大量存在，它承载着深厚的历史文化信息，但随着时代的演变，它们的居住条件难以满足乡民的基本需求，较多的农村选择了拆除旧居以建设相对完善的新式住房，这是传统建筑难以得到保护的一个重要原因。"②全国政协委员、云南省农

① 西藏自治区人民政府网.文化花开香遍高原[EB/OL].（2018-02-21）[2019-11-28]. http://www.xizang.gov.cn/xwzx_406/shfz/201901/t20190117_45013.html.
② 将乡村振兴与传统文化保护相结合[EB/OL].经济参考报, (2018-03-21) [2020-10-13].http://dz.jjckb.cn/www/pages/webpage2009/html/2018-03/21/content_41843.htm.

业科学院院长李学林在接受记者采访时如是分析，可谓一语中的。要去维护传统建筑的费用远高于"拆旧建新"的费用，不少地区由于资金问题，普遍选择"拆旧建新"，许多地方即使保留古建筑，也是采取"仿制"的方式，古建筑的历史文化传承价值被严重折损。一面是乡村的现代化发展，一面是乡村的文化保护，这二者的冲突实际上映射出当下现代乡村发展的两难局面。

但是，二者的矛盾并非不可调和。遗憾的是，在城市发展初期，人们似乎把"移除重建"当成了乡村建筑向城市靠拢的唯一手段。因此，当时对老城区的改造采取了最原始、最不科学的方式——一切推倒重建。许多古老的见证村庄或城市发展的建筑、设施、树木花草被视作城市建设的阻碍而全都被移除，这使得许多乡村地区的文化特色逐渐消失，建筑的多样性遭到破坏，取而代之的是千篇一律的现代建筑。乡村在与现代文明的接洽中只是一味地削足适履，乡村空间逐渐雷同，失去了个性，失去了乡土特色。随着世代的更迭，新时代的年轻人与土地之间的感情是疏离而又陌生的，在生存空间中若是无法找到适合安放自己的地带，便会对故乡失去归属感和认同感。乡村在转变为城市的过程中，失去的不仅仅是乡村原本的面貌与记忆，它们独特的文化也在这个过程中渐渐被遗忘。在发展中，人们总是习惯性地将农耕文化与落后文化等同，将城市文化与先进文化等同，这样偏颇的态度遮盖了中华民族上下五千年优秀农耕文明的闪光点。在此情况下，乡村文化的衰弱也就成为必然。因而，城市化在带来农民收入增长与经济发展的同时，却也扼杀了乡村持续发展的内在生命力。

应当看到，城市化与乡村发展并不相悖。每一个地方都有自己的文化底蕴与历史内涵，城市与村庄的记忆在岁月中积累沉淀，历史的文化记忆是某个特定地域的灵魂，失去了历史文化的村庄和城市就失去了它们最真实质朴的内核，留下的只能是空洞单调的复制品。一个缺乏传统文化支撑的村落，必然会迷失在水泥森林中，失去过去，也将失去未来。所谓一方水土养一方人，人是文化传承与发展的载体，脚下的土地是区域文化培育的根基，文化在其原生的土地上才能保证它原来的模样、保持它的原汁原味，传承与发展正是需要在此基础上展开。

## 案例 2-9　广州骑楼为一号线 "让路"

　　1993 年，广州开始修建地铁一号线，地铁线路经过的地方多历史建筑群。20 世纪 90 年代的城市建设多由政府主导，当时人们的焦点主要聚集在改善居民的生活环境和生活水平上，尚且没有意识到历史建筑的文化价值内涵。一号线所经之处，必然需要拆迁。骑楼是一种典型的外廊式建筑，是近代的一种商住建筑。楼房沿街而建，店面前留出可以行走的空间，不但可以遮挡阳光，还可以躲避风雨，这样有顶盖的人行道或者走廊，向商人们提供了很好的买卖场所。骑楼的一砖一瓦都在告诉人们这里曾经的文化交融。广州的骑楼是广州文化的承载者之一，是借鉴香港骑楼建筑的经验所诞生的产物，这里的每栋骑楼都有自己的特点。如广州人民路的骑楼风格多样，被称作 "万国骑楼街"。这些骑楼的比例都严格按照黄金分割律所设定，是难得的集艺术审美与实用功能为一体的建筑。骑楼在民国时期曾经是重点规划发展的对象，它贯穿于旧城街道之间，联系着整座城市的过去与现在。土生土长的广州人，仅仅是穿梭在骑楼建筑群之间，也能从斑驳陆离的砖瓦地砖之间寻找到自己与城的印象。

　　地铁一号线的修建给骑楼群带来致命打击，完整的骑楼群开始支离破碎，随着骑楼建筑倒下的，还有一代人的记忆与岁月。拆除部分骑楼，不仅破坏了景观的完整性，切断了骑楼之间的联系，更重要的是切断了骑楼延向未来的机会。特定的历史时期，人们对于城市改造的理解与行动也有所不同。当时改造旧城区，改善人民群众的生活质量、提高人民群众的生活水平迫在眉睫，是社会大众的共识。因此，当时的改造往往只将经济作为衡量的唯一指标，缺少缜密严谨的长远计划与安排，造成许多历史建筑在时代发展过程中丧失了自己完整的面貌。因此，当前我国的城市化发展过程中，政府部门应切实保护好当地的历史文化古迹，进行保护性开发，最大限度地做到保护与开发相结合，守住人民群众对城市村庄的记忆，守住群众对记忆背后的归属与依赖。

　　此外，乡村文化还存在部分乡村早期规划设计不够合理、乡村伦理文化失范、农村社会保障制度缺失等其他问题。

　　乡村振兴文化先行。古人有云"礼失而求诸野"。乡村是一个文化宝库，是中华优秀传统文化起源和壮大的沃土，是了解中国文化的入口。乡村文化是实现乡村振兴的灵魂与价值指引。要完成乡村振兴目标，就必须实现乡村文化振兴。总的来说，作为具有悠久农耕文化的文明古国，我国目前的乡村文化现状喜忧参半，成就与问题并存。只有把握时机，修补缺失，促进乡村传统文化的现代化转型发展，才能为乡村振兴注入更多文化动能。因此，如何截长补短、双线其下，致力于城市化浪潮下的乡村文化保护、振兴、活化、发展与传承，就应当成为多方关注、多措并举的重大课题。

# 第三章
# 乡村文化振兴案例

# 第一节　非遗传统与乡土文化传承

## 一、乡村民间手工艺

非遗是人民群众世代传承的精神财富，是人民群众追求美好生活的智慧、经验的典型代表。乡村文化遗产是非遗的重要组成部分，包含的内容纷繁复杂，包括了人们在生活中创造的各种技艺与一般艺术，如染织、雕刻等；习惯及其原物，如首饰等物质生活民俗都具备很好的旅游开发价值，也常常被开发成旅游商品。实际上通过各种体验式工坊，让游客在参观、购买的同时，可以了解和参与到制作的全过程中。在教与学的过程中，变静态产品为动态体验，让物质民俗创造更高的经济价值，既起到了民俗文化保护、宣传的效果，又传承了文化与工匠精神。

### 案例3-1　景德镇手工制瓷技艺

景德镇手工制瓷技艺与景德镇制瓷历史并存。据《浮梁县志》记载"新平冶陶，始于汉世"，新平就是景德镇，如此说来，景德镇的制瓷历史应当追溯到东汉时期。考古发掘表明，景德镇自五代开始生产瓷器，宋、元两代迅速发展，至明、清时在珠山设御厂，成为全国的制瓷中心。景德镇手工制瓷技艺中重要的成型工序在宋代已初步建立。瓷业内部分工日益细化，普遍采用拉坯、印坯、利坯、修足、蘸釉、荡釉等技艺制作瓷坯，再采用匣钵仰烧、垫钵覆烧、支圈覆烧等技法进行装烧。到了元代，又发明了瓷石加高岭土的"二元配方法"及青花釉下彩绘技术，这为明、清时期景德镇手工制瓷的发展奠定了基础。

明、清两代，景德镇制瓷业进一步发展，成为全国的瓷业中心。明代科学家宋应星在《天工开物》中这样描述："共计一坯之力，过手七十二，方克成器。其中微细节目，尚不能尽也。"制瓷手工技艺、工艺体系基本完善，采矿、淘洗、制坯、练泥、陈腐、拉坯、利坯、画坯、施釉、烧窑、画红、烧炉、选瓷、包装等工序环环紧扣，专业化程度日益提高，各方面都有身怀绝技的能工巧匠。清代，景德镇手工制瓷业达到了历史的最高峰。

中华人民共和国成立以后，由于政治、经济的变革，景德镇的陶瓷工厂被组建成了建国瓷厂、红星瓷厂、红旗瓷厂、宇宙瓷厂、东风瓷厂等十大国有瓷厂，随着瓷业国有化和机械化生产的不断发展，景德镇传统的制瓷手工艺虽然得到部分保留与发展，但其中的大部分仍在不断地流失和消亡，亟待抢救和保护。突出表现在：

1. 工业化、机械化使手工制瓷技艺及相关器具和设备濒临消亡

新中国成立以后，在共产党的领导下，景德镇二千余户手工作坊逐步走向了互相合作的道路，1951 年成立了合作总社筹备委员会，并组成了 3 个规模较大的瓷业生产合作社。到 1952 年底，成立了 3 个加工合作社和 5 个生产合作社。私营小厂也逐步组成联营工厂。到 1955 年底，全市陶瓷组成 38 个手工业合作社和 19 个私营的瓷厂。1956 年 2 月，全市各行业完全实现了私营工商业的公私合营和手工业的合作化。

1956 年至 1960 年"大跃进"期间，在全国政治和经济形势的推动下，全市 90% 以上的陶瓷工业企业进行了扩建，普遍进行了技术改造。（1）以煤代柴的技术改造。1958 年 8 月，在市委"年底全面实现以煤代柴烧瓷器"的号召下，按照停烧一座柴窑需建两座煤窑的原则，在全市展开了大规模新建煤窑。至 1958 年 12 月底止，景德镇有煤窑 176 座，其中正规倒焰煤窑 32 座，简易煤窑 138 座，柴窑仅存 50 座。[①] 初步实现了"以煤代柴"的技术转变。（2）原料、成型、彩绘的技术改造。在以煤代窑、改造窑炉的同时，景德镇陶瓷工业还在原料、成型、彩绘等方面进行从手工化到机械化的技术改造。在原料生产方面，瓷土开采除改用排水沟、滤水等 7 种操作外，还采用了风钻开采来代替工人锤凿开采，矿石粉碎采用了雷蒙粉碎机、颚形破碎机、双轮粉碎机等机械设备，代替过去极易受季节限制的水碓和人力碓舂。1958 年 7 月试制成功真空练泥机，改变了千年来原料生产工人"三

---

① 汪宏达，尹承国. 现代景德镇陶瓷经济史 1949—1993[M]. 北京：中国书籍出版社，1994:196.

道脚板，二道铲"的落后生产操作方式。过去全靠手工生产的原料陶泥精制过程逐步改为水造分离器、球磨机、真空练泥机和木质练泥机等机器操作。成型方面，圆器成型广泛推广使用电动辘护车，至 1959 年底，景德镇陶瓷工业已拥有单刀和双刀压坯车 333 台，生产效率大为提高，每部单刀压坯车比两个利坯的手工脱胎提高 1.3 倍，双刀压坯车每部比两个利坯的手工脱胎提高 1.8 倍。琢器成型普遍改用排列压力注浆和多层压力注浆，修坯、利坯、施釉、压坯等也大部分改为机械操作和半机械操作。坯胎干燥由自然干燥改为人工烘房干燥。彩绘方面，以印代画，自动印花和贴花、晒花、洗花等新技术的操作代替了手工描绘。也就是说经过了许多年的努力，景德镇陶瓷业的生产终于走出了传统的手工，迈向了机械化。

"文革"中，景德镇陶瓷工业的许多干部、科技人员和技术工人被迫调离工作岗位，下放农村或生产第一线。据统计，长期下放的干部和科技人员有 741 人，下放生产岗位的干部和科技人员 108 人；调走有经验的技术工人有 2100 人，大部分安排到军工及其他行业，也有少数工人复员到农村。[①]期间，景德镇陶瓷工业中的古典人物雕塑和绘画等传统文化艺术产品遭到严重摧残。当时的这些产品被视为"封、资、修"货色而被砸烂和被迫停止生产。根据当时的一份汇报材料记述，景德镇瓷器画面和雕塑产品"破四旧"的情况是属于"四旧"的雕塑产品，有三姐下凡、江东二乔、青白二蛇、嫦娥灯台、红娘灯台、天仙配、洛神灯台、宝莲灯、黛玉坐石、梁祝姻缘、黛玉和宝玉、黛玉葬花等 150 多种；属于"四旧"的画面有松鹤图、飞鹤图、红狮、牡丹、寿带梅、寿带牡、喜鹊梅、鸳鸯莲、鹦鹉桃花、杂鸟芙蓉、芦雁、水仙花、司马光等近百种。实际上当时限制生产的画面和雕塑制品远远不止这些，这一"禁令"几乎扼杀了景德镇全部传统瓷的生产。"文化大革命"期间，景德镇许多陶瓷品种因缺技工而停产，许多传统制瓷工艺失传。

从此，采取手工作坊形式生产的景德镇传统陶瓷业便彻底地退出了历史舞台，取而代之的是一个个拥有千余人的大型国有企业，这不仅是一种传统的生产技术和生产体制及生产方式的消失和改变，也是一种传统文化及习俗的消失和改变。

---

① 汪宗达，尹承国.现代景德镇陶瓷经济史 1949—1993[M].北京：中国书籍出版社，1994:303.

## 2. 手工制瓷技艺后继乏人

在《景德镇手工制瓷工艺项目申报书》中专门列出了陶瓷传统技艺的"传承谱系"。这个"谱"根据目前健在老艺人的考证,列出了拉坯、利坯、施釉、画坯和烧窑五项手工制瓷工艺的传承谱系共13位老艺人。这个谱系中目前仅健在6人,其中有2人已转行。另外,谱系列到第四代、第五代时,出现的绝大多数都是"下传徒弟不详""以下未授徒"。令人担忧的是,古窑瓷厂集中保护起来的名老艺人,平均年龄超过65岁,他们大多数没有徒弟。

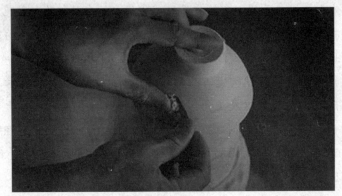

图 3-1　利坯

## 3. 工业文明和市场经济的负面因素

机械化、规模化、标准化、效率优先的工业化生产模式使得传统的制瓷工艺慢慢没有用武之地,许多年轻人也不愿在这些传统工艺上花费心思。由于生存的文化氛围正在改变,年轻人对传统手工艺价值的认识和保护的意识存在着明显不足,他们觉得学习这些东西不能给自己带来很大的经济效益。一些民间的老艺人和传承人认为,这些传统手工艺是中华民族的宝贵财富,但也有的认为这些手工艺大部分会被淘汰,干这行又脏又累又赚不到钱,年轻人都不愿学这个。"如果作为传承者的人无法或不再愿意传承,作为传承母体的社区解体、崩溃或出现结构性变动,文化传承就会出现危机。"①

---

① 周星.民俗学的历史、理论与方法[M].北京:商务印书馆,2005.

## 案例 3-2　福州脱胎漆器

福州于公元前 202 年建城，别称榕城，简称福、榕，在历史上曾长期是福建的政治中心。福州脱胎漆器与北京的景泰蓝、江西的景德镇瓷器并称中国传统工艺的"三宝"。

图 3-2　脱胎漆器

福州脱胎漆器髹饰技艺于 2006 年入选国家非物质文化遗产。福州脱胎漆器髹饰技艺起源于战国的"夹纻"技术。清乾隆年间，漆匠沈绍安在一座寺庙里发现大门的匾额虽然木头已经朽烂，但是漆灰夏布裱褙的底胚却完好无损。沈绍安回家后不断琢磨试验，了解了失传已久的"夹纻"技法的基本材料成分，经过不断尝试，将"夹纻"技法还原，创造出了最早的脱胎漆器。沈绍安因此成为福州脱胎漆器的鼻祖。这项技术在其后人的努力下不断丰富，经过当时传习所、南阳劝业会的传承，加之脱胎漆器髹饰技艺第五代传承人沈幼兰的艰苦经营，脱胎漆器迅速恢复了过去的辉煌[①]。新中国成立后，国家开始全面恢复手工业生产，福州合作社，脱胎漆器一厂、二厂的建立，一度让福州脱胎漆器行业恢复生机。20 世纪末，福州脱胎漆艺经历了一个萧条时期，一厂、二厂先后倒闭。

福州漆艺研究会会长汪天亮认为："原来的慢工细活式的制作工艺、

---

① 江上韵. 从脱胎漆器髹饰技艺谈传统手工艺的传承与创新 [J]. 中国艺术时空，2017(4):102-107.

师父带学徒的培养方式，难以适应时代的要求。福州漆艺要重现辉煌，必须在技术创新和人才培养上下功夫。"因此，在人才培养方面，福建各大专院校纷纷开设漆艺专业，创立大师工作室，引进工艺美术大师进校园，以师带徒。目前，福州拥有漆器企业200多家，行业从业人员5万余人，其中中国工艺美术大师、省工艺美术大师超过100人。

此外，福州还成立了漆艺术研究院。研究院引入现代企业制度，由公司注资成立，进行市场化运作。研究院将被打造成为漆文化产业发展的智库、漆创新人才培养的传习所、国际漆艺交流的营地、漆艺研究成果的市场转化器。2015年，"漆文化品牌建设"被列入福州市文化体制改革试点；2016年，福州朱紫坊（漆艺）产业街区项目获评福建省文化产业十大重点项目；福州漆艺研发中心项目入选福建省科技创新平台建设计划……从技术研发到项目孵化、政策扶持，福州打通漆产业链条的各个平台。

福州脱胎漆器早期作品多为佛像和神话传说中的人物，后逐渐向自然形、仿生形等方面发展。福州脱胎漆器的传统产品大致可分为实用和观赏两大类，包括花瓶、茶具、盘、罐、屏风等。20世纪80年代繁盛时期，当时的脱胎漆器共有18类2987个花色品种，但由于当时器形和纹饰的设计缺乏现代感，且造价较高，90年代末期以后开始衰败，福州的两家国营脱胎漆器厂相继停产倒闭，脱胎漆器产业开始转向以小作坊生产形式为主。目前，福州脱胎漆器多为中小型民营企业和工作室，但数量和规模有限，大部分漆器生产者自我定位不准，缺乏品牌意识，导致同质化竞争严重，精品出产率低。一些大型机构发展相对较为迟滞，偏向商业化，对非遗在理解上有局限。以机械化批量生产的文创产品对非遗传承人的手工产品也有相当大的冲击。很多文创产品的设计太过单一、普通，且大多数文创产品定位在日常小物品中。这需要将精神性、实用性和艺术性三者完美融合起来，生产出真正能称得上精品的漆器，打造自己的品牌，才能得到市场的充分认可，非遗传统手工艺也才能展现真正的价值。

近年来，文创产业在我国大量兴起。非遗作为优秀传统文化的重要组成部分，通过现代文化创意，可以生发出全新而又不失传统神韵的文创作品。文创的核心就是"创造力"，即人的创造力以及最大限度地发挥人的创造力。

每一件文创产品都要历经数月磨合，才能最终出品。设计团队需和生产企业紧密结合，共同确定工艺细节，调整产品工艺，完善制作工序，达到最终的理想效果。例如：一件脱胎漆器，不仅要注重颜色、纹饰、器型等细节的表现，更重要的是整体气质要高度统一。从文化创意本身到后期营销需要的品牌、包装设计，都需要统一的呈现。市场营销阶段，需要对市场反应进行及时总结与反馈，根据销售业绩对产品做出相应调整，并总结下一阶段的研发思路。

1. 回归生活

手工艺与"纯艺术"不同，它来源于日常生活的需要，手工艺原本就是日用之物，因而无论如何创新，都不应丢弃其生活器物之本性。要把握民间文化生活需求，以传统的民俗文化传递生活气息，守护好民族文化的根基，所以在文创产品开发设计中，应当更加注重文化的辨识性，以免文创产品的设计过于单一。设计师在进行非遗文创设计时，一定要高度重视市场调研，尊重百姓的生活习惯和情感诉求，要了解消费者的消费需求，明确定位。充分考虑到非遗文化与传播载体的有效呈现方式，力争做到非遗文化元素与创意产品自然融合。

2. 跨界融合

跨界融合为非遗与文创产品的整合提供了基础，目前已经发展了"文创＋非遗＋创造"的新经济形态。"十三五"期间，互联网和大数据化为核心的现代数字信息迅速发展，传统手工艺的思维模式和商业模式都打破了原有的格局。在这种形势下，手工艺行业的转型关键点是整合多元传播渠道，通过新媒体技术来弘扬传统文化，进而推动市场文化需求，刺激消费，促进产业链的形成。新媒体为非遗传统手工艺注入了更多的活力，为非物质文化遗产保护、传承、传播提供了更加广阔的平台。VR、AR、MR 等新技术的运用将会吸引更多受众人群。开发公众号平台和 APP 移动终端，形成多元化传播格局，让更多的消费群体可以直观感受和了解传统手工艺的魅力。[①] 从单一的传播销售方式，扩展为品牌官网、微博、微信等社交平台，百度等搜索引擎，抖音等移动视频。

---

① 谢耘耕，陈虹．新媒体与社会：第 18 辑 [M]．北京：社会科学文献出版社，2017:9-23.

爱马仕与中国设计师合作创立的品牌"上下",是中国传统漆器跨界融合、多元发展的典范。2017 年,大英博物馆收藏了该品牌"犀皮漆天地盖盒",这代表来自世界顶级艺术殿堂对当代中国手工艺的认同和支持。在这个案例中,爱马仕有品牌影响力,它抓住先机,从中国优秀传统文化中汲取营养,为它所用,丰富其品牌文化内涵。这种跨界的多元融合无形中提高了中国漆器的知名度。

福州脱胎漆器的发展,也要善于寻找传统文化与技艺及商业的平衡点,建立品牌并产生品牌效应,融入产品的文化属性。应立足优秀传统文化,学习和借鉴人类优秀文明成果,发掘和运用传统工艺所包含的文化元素和工艺理念,丰富传统工艺的题材和介质,寻找福州脱胎漆器的再生之路,使其工艺得到更好的推广运用,活态化地传承,用多样的作品不断诠释其工艺之美、文创之美。

3. 守正创新

创新是传统手工艺的灵魂,材料、形式、技术或功能的每一个细微变化都蕴含在它的传承中,真正不变的是传统手工技艺的那种工匠精神和民族文化认同。

非遗传统手工艺转化为文创产品,对原创性的要求较高。设计师们一物入魂、追求尽善尽美的作品,才能产生令人感动的力量。在传统题材的基础上,将其活用于日常生活中,配合流通渠道和营销推向市场。如今全球的潮流是与自然共生的生活方式。以福州脱胎漆器为例,其使用越久,大漆的颜色越稳定鲜亮,质感越温润,这种特质相对于廉价的化学产品,更符合生态文化且更具未来性。

无论是历史遗产,还是现代艺术,传统手工艺所呈现的地域风土人情,都会赋予产品本身一种特殊的气质,这种气质正是创新设计的基调。地域文化下的民间手工艺,普遍具有很强的装饰感,比如可以将一些具有地域特色的纹样引入脱胎漆器的设计中,传统元素在当代设计中得到了活用,传统技艺也借助创意激发出新的活力。而文创设计则需要融合传统技艺,注入更多文化内涵,才能提升作品的感染力。

互联网时代,文化创意产业的发展面临着新的转型。对中华优秀传统文化的传承,是在"文化自觉"的基础上走向"文化自信",助力文创发展战略在实现中华民族伟大复兴中国梦的过程中做出新的更大贡献 ①。如何才能使传统技艺持久传承呢？应让它回归民众日常生活，在生产实践中创活态保护方式。

## 二、乡村传统文化演出形式

中国传统文化经常以表演或演出的形式来展示其独特性，像秧歌、舞龙、皮影戏、戏曲等都是中国传统文化的表演形式。

### 案例3-3　湖南民间舞龙

舞龙运动是一项由参加者按照一定的鼓乐或器乐节奏，在持龙珠者率领下，手持龙的器械来完成龙的游、穿、腾、跃、翻、滚、戏、缠、组图造型等动作和套路，充分展示龙的精、气、神、韵等内容的一项民族传统体育项目。其动作的运行轨迹大多呈圆形、弧形、螺旋形等，动作过程稳健，环环相扣，一气呵成，龙头、龙身、龙尾相互呼应，形成活灵活现的龙姿。舞龙运动素来以欢庆、祭祀、图腾为指导思想，理念上重精神、重崇拜，属于人文主导型运动。中国的舞龙，原是一种以自发性、娱乐性、随意性、封建性、悠久性、延续性、多样性、综合性、功利性等为特色的民间传统活动。近十几年来，经不断地挖掘和整理，将民间流传几千年的龙舞变成了舞龙运动，并向着规范化、科学化、竞技化、国际化的方向发展。② 目前，舞龙运动传承也存在一些困难。

---

① 林青.乡村振兴视域下的非物质文化遗产传承和发展研究 [J].南京理工大学学报（社会科学版），2018(4):32-37.
② 雷军蓉.舞龙运动 [M].北京：北京体育大学出版社，2004.

图 3-3　舞龙运动

1. 传统文化阵地的萎缩

进入 21 世纪，全球经济一体化的迅猛态势，以及伴随而来的西方价值观及其强势文化的影响和中国社会发生的巨大变革，民间舞龙文化赖以滋生的传统社会土壤和人文环境也面临着前所未有的激变与挑战。农村的改革，解放了农村生产力，也改变了农民的生存方式。农村一部分青壮年进城务工，而留在农村的也没有完全从事农业生产。据笔者调查，有的村除了老人在家种地、看孩子，年轻人都在周边打工或做小生意。好多民间艺人的后代都放弃了"龙舞"，原因很简单，农民可以通过各种渠道挣钱，经济收入远远超出了舞龙的演出，他们必然会放弃以"舞龙"为职业，而只是将其作为业余爱好。现时的农民对生活的追求向城里人靠拢，所需付出的劳动和承受的压力是空前的。他们为了让孩子能够受到良好的教育、家里能够盖新房、自己在有病时住得起医院、将来老有所养等，都在拼命地工作。出去打工的人只有在春节才有短暂的时间回乡看望父母、孩子。留在村里的年轻人也不轻松，能够像过去农闲时那样享有精神生活的，越来越少了。同时，人口的流动和生存方式的变化，也打破了农耕生活所依靠的血缘、地缘关系，打破了农耕生活所特有的季节性，农村不再是一个封闭的空间，农民不再固守土地。农村越来越接近城市的社会结构，农民的生活也越来越接近城市生活，农村参与舞龙运动的人数骤减，取而代之的是新潮的西方体育、歌舞。不是农民主动放弃自己的文化，不是农民不再喜欢舞龙运动，是生存状态的改变使他们没有精力再顾及舞龙运动。这是民间舞龙运动面临的问题之一。

2. 信仰的弱化和传统的变化

信仰的弱化和传统的变化，使得舞龙演出的机会减少。农耕社会的宗教信仰为自然崇拜、祖先崇拜和万物崇拜。原始宗教是一切文化的起源，崇尚原始宗教必然激发民众对从原始宗教、原始生活中产生并伴随民族数千年发展而来的打歌产生热爱，因而利用节庆、祭祖、庙会、婚嫁、丧葬等一切机会打歌狂欢，一直是湖南的民间传统。随着现代社会多元化趋势的增强，伴随数千年发展而来的原始宗教信仰、祖先崇拜、族群认同等逐渐弱化，新的意识与观念逐渐产生，使人们与传统渐行渐远，祭祖、庙会、婚嫁、丧葬等传统仪式逐渐减弱，依附于这些仪式的舞龙运动也逐渐失去原有的吸引力。

价值观念多元，生活、娱乐方式多样化，使人们从以前对民间舞龙的单一享受走向多样文化形式的多元享受。几千年的农业经济社会，人们的教育形式和文化娱乐方式都较为单一。人们在重要节庆和生产劳动之余只能用舞龙等极为有限的方式交往、娱乐，所以，数千年来大家喜欢打歌、热爱打歌、衷情打歌，世道不变，此情不渝。然而，人类总要发展，社会总是不断进步。近代以后，特别是进入现代社会后，汉族甚至国外很多先进的思想、观念和生产生活方式传到了彝族地区，从古老的麻将、扑克到现代的广播、电视、录像、VCD、DVD、网络等越来越数字化的新鲜事物的传入，给了广大民族地区和民族群众一个全新的视觉和全新的娱乐、生活方式，人们的思想与娱乐不再集中于一种方式。这些方式不像打歌一样，受时间、地点、人数、规矩等众多要素限制，随时随处单独或成群都可以欣赏、享受。这些高科技带来的娱乐，激发人们的娱乐生活的自由程度、个性化和方便化，激活了人们的想象力、创造力。舞龙活动由过去的唯一或重要的选择，成为现在众多选择中的一项可有可无的选择，其生存空间越来越狭小。

3. 传承方式的制约

因舞龙活动依靠艺人们一代代的口传心授，目前艺人断层现象严重。一些颇有造诣的民间师父、龙会手相继去世，且不说口传文学，就是遗留的谱本也按当地习俗作为陪葬品入土或者焚烧了。尚健在的为数稀少的艺人因年事已高，记忆力衰退，无法完整地传授民歌，师承断层。老艺人苦于无徒跟班，青壮年队伍势力单薄，青少年则对舞龙运动知之甚少。

民间艺术的传承有这样的特点：只要有两代以上的人没有承接，很快这门艺术就会在这个地方消失。民间舞龙作为一种表演艺术，要求舞者有较高的技艺水平，必须有名望的艺人对初学者指导。总的来说，民间舞龙虽然有明显的师承关系，还是属于自然传承范畴，但学生与老师之间几乎没有经济往来，仅仅是出于长辈对晚辈的关怀。遗憾的是现在民间舞龙播布区的农村并不是每个地方都传承。在很多村子，民间舞龙早已绝迹，而有些龙班里面只有中老年人，没有孩子。随着市场经济的发展，过去师徒式的免费传艺、松散教学的传承方式已经逐渐退出历史的舞台。契约式的教学观念①正在走进民间舞龙传承中。以龙班为单位的传承是最理想的一种传承方式，因为它是按照民间舞龙自身规律来教学的，可以完整地传承民间舞龙的精髓，为龙班培养新生力量。然而由于现存龙班数量实在有限，前来学习舞龙运动的孩子更是寥寥无几，这种传承方式不可能在短时间完成民间舞龙较广泛的普及工作。目前农民的业余生活比较贫乏，除了电视带给大家一些外面的信息，基本没有什么其他文娱活动，农村孩子不像城市的孩子可以上各种业余兴趣班，因此在农村推行舞龙运动普及教育是很有可能的。其关键环节在于进行组织并保障、解决传授艺人的生活问题，如果艺人们连温饱都无法解决，也就不可能像过去一样免费教学。然而，随着社会竞争压力的加剧，对于学生家长来说，花钱给孩子学这些"没用的东西"，是其阻力之一。对于孩子们来说，学习民间舞龙不能有助于学生进入主流社会，而是被视为一种额外的负担。而且学生毕业升不上高一级的学校时，立即就要出去打工，所以过去的那种耳濡目染的传统文化教育空间很小，孩子们的教育方式、评价体系都被公共教育占领，很少还有孩子花时间做这种"不务正业的事"。

4. 经费紧缺

挖掘和保护民族民间文化工作必须有一定的经费投入。而通过前面的分析我们可以看出，湖南省民间舞龙的播布区，或是少数民族聚居，或是

① 契约式的教学观念指学习者和传授者的关系是靠学费来维系的。

国家级贫困县，地方财政收入严重不足，在挖掘和保护传统民间文化，尤其是普查舞龙种类方面，经费得不到保证。短缺的经费无法使传承人的基本生活得到保证，因此经费紧缺是民间舞龙面临的最为棘手的问题。

舞龙运动应走坚守—继承—发展之路。

1. 人才资源是坚守之本

当代民间舞龙运动还是以非职业化为主。他们以农业生产作为主要生活来源，舞龙只是作为娱乐或增加收入的副业。近年来民间舞龙艺人的收入随着这种民间演艺的逐渐衰退也日渐下降。有两种情况值得一提：一是竞技舞龙的兴起，如湖南师大、中南大学的龙队会被政府或者商家邀请参加一些重大活动；另一种就是很少有年轻人愿意学舞龙，因为他们觉得外出打工的收入远比舞龙可观。因此人手短缺使民间舞龙队伍的演出水平受到了极大的限制。作为振兴民间舞龙运动的主力军，舞龙必须尽快解决演职人员的问题，并加强表演人员的培养，提高演员的质量，为民间舞龙运动的传承不断补充新生力量。可以借助当地学校的力量，从娃娃抓起。要在当地学校开设有关民间舞龙运动内容的课程，在高校设置相关专业并招收学生，把民间文化、民间艺术引入学校教育，培养湖南民间舞龙运动传承、保护、发展、管理、研究的各类型、各层次人才。学校应成为民族文化遗产传承、发展、创造的主体，成为文化遗产的学习地，成为文化资源可持续发展的重要桥梁、重要基地。

2. 自觉传承是发展之源

活态的文化遗产由个体生产并传承，而个体的生命活动是一种自觉的、有目的的意识活动，因而它的基本特性决定文化遗产的人文性、动态性和现实性。同时，个体的生命作为一种当下即是的现实存在，也使关注人的现实生活成为考察传统的逻辑起点，更是我们理解文化遗产的重要途径和手段。在保护文化遗产的过程中，外来力量的强制保护，最后保护下来的只能是无生命的物质形式。在考察过程中，笔者越来越感觉到费孝通提出的"文化自觉"的重要意义。文化自觉就是民族成员要对本民族文化有"自知之明"，明白它的来历、形成的过程、所具有的特色和它的发展趋向。自知之明是为了加强对文化转型的自主能力，取得决定适应新环境、新时代文化选择的自主地位。也就是说，只有传承主体客观地看待自己与外界文化，他们才能够进行选择性的继承，使得自己的文化以正常的方式转型。

3. 从"乡村"走向"都市"

民间舞龙运动虽然产生于农村，但在其发源地周边的城镇是有群众基础的，而且在适宜的条件下会不断拓展、延伸。2001年，平江九龙舞出现在"金鹰节"开幕式上，观看民间舞龙表演的观众人山人海，全场被挤得水泄不通。上述现实境况都显示了民间舞龙运动的城市走向。尽管这些人所表演的舞龙运动与其原生形态有所不同，但只有通过这样的方式，才能实现民间舞龙运动从"下里巴人"到"阳春白雪"的过渡，也是民间舞龙运动得以保护的重要生态因素。对这样的文化现象，应积极引领，使民间舞龙的城市走向和农村民间舞龙源头性保护形成互动，这无疑有利于对其实施全面保护与合理利用。

## 案例3-4　云梦皮影

皮影戏是中国民间古老的传统艺术，老北京人都叫它"驴皮影"（如图3-4所示）。据史书记载，皮影戏始于西汉，兴于唐朝，盛于清代，元代时期传至西亚和欧洲，可谓历史悠久，源远流长。

图3-4　皮影戏

皮影戏是一种集歌舞、美术、音乐、文化于一身的民间艺术。观赏皮影表演中的影人与观赏被镶嵌在相框里展示的影人是大有区别的。静态的影人只是以固定脸谱的死片子存在。这种"端坐"在展览台中的影人的"静态价值"的体现形式形象单一、性格固定，吸引人眼球的能力较弱。动态的影人是应用灯光照射来表演故事。表演时，艺人们在白色幕布后面，一边操纵，一边用独特的唱腔来唱述故事，同时配以打击乐器和弦乐等，给人以特殊的亲切、欣喜的感觉。表演者所操纵的动态影人还能给呆气、死板的皮影人赋予灵魂，表现出不同的行为动作、不同的语气、多重的人物性格，让影人更具吸引力。更加令人震撼的是皮影戏的武打场面，紧锣密鼓、枪来剑往、上下翻腾，可以说是热闹非凡。音乐与唱腔完美结合，音韵缭绕、优美动听、动人心弦。还能配以各种皮影特技操作和声光效果，奇幻场面之绝堪比神话剧。

云梦皮影是湖北云梦县的一门古老的民间艺术，作为我国的非物质文化遗产，云梦皮影是川鄂滇皮影文化的重要组成部分，云梦皮影以它独特的风格与魅力在南方皮影戏中占据重要地位。云梦皮影始于清中叶云梦县，当地俗称打锣腔或二人台。其前台演唱"生旦净末丑"兼操纵，后台司击乐伴奏。云梦皮影历经了三百多年的历史，慢慢演变成了地方戏种，其独特的唱腔称作西乡高腔，唱腔真假嗓相兼，说唱吐字清晰，行腔豪放，独具一格。

截至 2012 年 10 月，云梦县仍然有 17 个皮影戏班的演出长年不断，它们主要分布于城乡的茶社书场，而且几乎每个镇都有自己的皮影表演团体，这在全国是罕见的，也是皮影生态文化的一个重要体现。云梦县全县有民间演唱艺人 105 人，其中皮影戏艺人 52 人，鼓书、评书、善书艺人 53 人，茶社书场每天接待 3000 多名观众，在这众多演出场所中，城关东正街 105 号秦礼刚所开的"梦泽影戏馆"每年演出达 364 场，200 多个座位总是座无虚席。云梦皮影在国内外各大媒体的关注下，其精湛的表演技艺和深厚的文化底蕴已广为传播。1995 年 2 月，云梦县被列入"湖北省民间艺术之乡"，也正是在云梦皮影的带动下，当今的民间艺术文化才会变得如此兴盛。

经过秦礼刚及皮影馆众多皮影艺人的努力，云梦皮影不仅在国内声名鹊起，也早已走出国门。秦礼刚曾与土耳其、爱沙尼亚的皮影艺人同台演出。秦礼刚一行也曾去法国演出，在梦泽影戏馆录制的纪录片也曾在法国电影节上放映。法国孔子学院院长还邀请秦礼刚参加学院开展的中国皮影周。至此，中国皮影在世界上也具有深远的影响力。虽然云梦皮影在圈内已具有举足轻重的地位，但由于皮影戏本身受众面仍然不广，因此云梦皮影的发展与传承依然不容忽视。

当问及秦礼刚为什么会从事皮影戏时，秦礼刚直言不讳，回答当初是为了生活。在他们那个生活年代，看皮影戏基本上是当时唯一的娱乐形式，因作为当时唯一的娱乐活动，皮影艺人受益较大。而今，当个人生存不再成为问题之时，摆在他们面前的问题竟是传承，艺人们想要传承这个千百年来祖先留下来的古老艺术。秦礼刚表示，现在已经有一些大学生前来向他学习，虽然他们并不是专业从事这一行的，但秦礼刚还是非常细心地教授着他们。随后他还举办了三期大学生皮影雕刻制作表演培训班，并邀请了湖北工程大学、南京航空航天大学、上海理工大学、华中农业大学等其他高校的学生参加培训。此外，他还将皮影艺术带进课堂，教小学生皮影戏。同时，他招收了来自世界各地的求艺之人，其中有一名来自美国的年轻小伙、一名来自法国的年轻教师，还有一名在意大利求学的博士生。他们来自不同行业和不同国家，却对中国皮影艺术有着强烈的热爱，这些都让秦礼刚倍感欣慰。而与秦礼刚谈及年轻人对皮影的认识与了解时，他既有喜又有忧。忧的是现在的大学生主动接触或了解皮影的人数并不多，在他们眼里，似乎老旧的事物终将要被淘汰，喜的则是也有一些年轻人殷切地希望皮影日后的发展能与现代先进的科技结合，从而让皮影戏重新焕发生机。由此可见，科技也许会将一些古老的艺术形式淹没，但如果利用好科技，古老的艺术形式也会以另一种崭新的方式存活。

云梦皮影保护中的尴尬困境伴随着社会的快速发展，其中农村生产方式和生活观念的改变使云梦皮影所依附的农耕文化逐渐边缘化，文化的表达方式与表达取向逐渐萎缩，呈现出一种农耕文化逐渐边缘化、农耕文化空间逐渐空缺化的现象。现代人特别是年轻人对古老传统的记忆在逐渐淡化，云梦皮影戏这种传统文化的传承与发展也日渐变得困难起来。主要存在以下几个问题。

第一，对保护主体认识不足。非物质文化遗产的保护主体是该非物质文化遗产项目的传承人以及存在于该文化空间里的全体群众。通过与云梦皮影传承人秦礼刚的交谈，我们了解到目前人们对云梦皮影传承工作的重视程度不够，未给予传承人应有的社会尊崇，经济上的扶助也不够，云梦皮影艺人的生活条件普遍较差，这直接导致艺人们不能专心致志地进行皮影艺术的表演、创作与创新。与此同时，云梦皮影的继承缺乏生力军、缺乏新鲜血液，面临着青黄不接、后继无人的困境。

第二，相关重视不够。云梦皮影作为湖北省的一张文化名片，理应受到相关部门的重视，但实践调研发现在云梦皮影的保护与发展中却显示出不少的问题：未能按规定为此类非遗出台相关的法律法规；未能将云梦皮影的保护纳入湖北省文化发展规划之中，而且政府未能明确自己的主导身份，而是越位成为非遗受保护的主体；在资金投入方面，政府的投入也十分有限，致使云梦皮影保护与修护的经费不足。同时，云梦皮影作为一项民间艺术，没有相应机构对它进行档案备份整理。不仅如此，更重要的是应该对艺人们表演的剧目进行档案整理，如果没有及时有力地采取这些必要的措施与手段，就有可能割断云梦皮影的历史文脉。

第三，宣传推广不强。通过与秦老师长达三个小时的沟通与交流，我们得知云梦皮影作为一种地方表演形式，了解这门艺术的仅限于当地人，或者是对云梦皮影有研究的学者或爱好者，而其他个人或群体对其知之甚少。曾经有人做过一项数据分析，60%的人没听说过云梦皮影，即便知道的也只是知道它的存在，对其特点全然不知，这说明云梦皮影在全国缺乏影响力。虽有国外的学者、爱好者去向传承人秦礼刚请教学习，但也只是极少数。在云梦皮影团队里有陆春元这样的国家级皮影大师，也有秦礼刚这样的业界"皮影王"，但在名气上却远不如同样作为地方影戏的唐山皮影，足以证明云梦皮影的宣传推广还是不够的。

第四，云梦皮影声名渐微以及未形成相关性产业。根据走访得知，在20世纪云梦人业余活动还不十分丰富时，人们对皮影给予了极大的热情，但凡有红白喜事总有人请皮影艺人前去表演，这也成为当地很多20世纪六七十年代人们儿时的记忆。而如今看皮影的只剩下一些老人，云梦皮影再也没有当初的活力与影响力。关于云梦皮影的表演场所，多年来也没有什么变化，无非戏馆和茶楼，老艺人也想将皮影传播出去，到更大的舞台上去表演他们的惊世绝艺，他们也期望能带给世人惊艳的民族民间艺术，只是苦于没有更好的平台，即便是现在，云梦皮影已经成为国家级非物质文化遗产。通过走访了解到，地方政府或民间艺人也想过对云梦皮影进行开发与保护，但由于受当地政府与当地艺人现有思维的限制，还是仅停留在简单地将皮影制作成工艺品售卖或换一个大一点的戏台的低层次想法，根本没有对云梦皮影进行一个系统性的、整体性的规划与保护。

面对这些问题，云梦皮影应当如何传承与发展，才能重新燃起公众对皮影的热情？

首先，将皮影带入学校课堂。当今有许多热爱中国传统文化的学生，因课业繁重以及校内活动较多而没有时间到相对较远的地方去学习这些民间艺术。将皮影带入学校课堂可方便感兴趣的学生学习这门艺术。比如在大学课程的公选课中设置民间皮影艺术课程，在小学、初中、高中的美术课程中添加相关皮影的内容。可以邀请皮影艺人们深入学校与课堂，使其成为兴趣社团的指导老师，在校内组建有关皮影的兴趣类社团，社团创始人在皮影艺人的帮助下进行学习，日后自主教授新生将皮影文化传承下去。这些举措均离不开学校方面的支持和师生的共同努力。

其次，政府加大扶持力度。据调研，一些优秀的皮影艺人没有足够的经费去置办皮影表演时所用的装备。秦礼刚提到，有些地方政府支持皮影事业的发展，为皮影艺人置办流动舞台车，这样皮影的表演场地就不会只局限在茶馆及影戏馆里，同时也会吸引更多的观众。另外，对于年轻人来说，依靠皮影生活不能养家糊口，许多年轻人不会以此为职业，这样也就没有后人能对皮影戏进行钻研与创新，这阻碍了皮影艺术的传承。地方政府应将保护经费落到实处，加强监管，将经费充分利用起来，保护与传承我国的民族艺术，适当对新一代及老一辈的传承者进行物质上的奖励及荣誉的授予。支持和完善与皮影保护相关的计划，制订切实可行的方案让皮影得到真正的保护，对皮影的现存资料进行归档整理并放入当地博物馆珍藏，出资保护那些精美的皮影人偶及道具。

政府应当定期支持或主办皮影大赛，可面向不同群体，提高大家对皮影艺术的认知及热情。秦礼刚提及，准备在武汉举办少儿皮影大赛，由于皮影表演像动画片一样生动有趣，很多孩子非常喜欢。政府可通过在公共设施的宣传处以海报或视频等形式来投放广告宣传此类大赛，以此来支持皮影相关活动。

再次，利用科技传承皮影艺术。皮影戏这样有魅力的民间艺术可以制作系列网课入驻较为热门的 APP 及网站中，这样一来，除了一些有机会向皮影艺术家亲身学习的人之外，全国各地乃至全世界的皮影爱好者也可以了解并学习到我国极具魅力的民族艺术——中国皮影。还可通过制作皮影纪录片，向群众普及皮影相关知识，又可作为皮影的历史资料永久保存下来。

皮影与动画有着一定的相关性，利用科技将皮影与动画结合，制作有皮影特色的动画片等，这对于国产动画是一个重要的题材库，年轻人可以在看动画的同时学习皮影，十分有利于皮影的传承与发展。

最后，采用多样性的宣传方式。利用创新性平台对皮影进行推广，现如今互联网为人们提供了多样的平台以获取信息，不仅可以通过线下宣传，也可以通过线上宣传。微博的受众面很广，是一个可以用来宣传的渠道，微信公众号也是较为热门的优势宣传平台，可以定时推送有关皮影的常识、皮影大师的资料、最新的皮影赛事、皮影演出、皮影讲座等，为皮影爱好者提供更有价值的信息。

利用文化类广告宣传。电视等媒体可播放文化类广告，可联系各地方的电视台制作文化广告，宣传中国皮影的艺术动态。商业区的室内外音频设备同样也是一种传播途径，如电影院中电影播放前可插播广告，大厦外墙 LED 多媒体显示屏也都可投放等。

加强社会中多个群体的联系。当代大学生在学校里课外活动较多，皮影艺术家及社会上的一些皮影戏爱好群体可与大学生组织相互沟通、相互交流、相互协作，可在校内举办讲座，传播皮影文化及其流派等。

在社会快速发展、传统文化空间日益缩小的今天，云梦皮影传承面临的问题引起了许多关注者深深的思考和激烈的讨论。其问题主要在于对其保护主体认识的不足、政府的重视程度不够、宣传推广的力度不强以及未形成相关产业等。从传播渠道、政府支持、科技创新等方面提出了相应的建议与举措，借此机会，希望相关部门能以云梦县为主要场地，举办以云梦皮影为主题的影戏义演，让更多的年轻人走入云梦，认识云梦皮影，了解"云梦文化"笔者。由于时间限制，未能更深入了解云梦皮影的每个细节，却已经被其精湛的技艺和独特的唱腔深深折服。

对于当代大学生而言，对皮影艺术的兴趣、研究皮影艺术所能投入的时间、是否能长期坚持研究，甚至打破常规将皮影作为未来职业发展的一个重要因素来扩展以及皮影自身对于社会发展的创新等都无时无刻不影响着皮影艺术的传承与发展，仅希望借此行能更大范围地推广皮影艺术，从而增强皮影在广大群众中的影响力和号召力，以此带动民族民间艺术的传承与发展。在最大范围的推广之下会持续关注皮影的发展动态，肩负起传播中国优秀传统文化、承担民族艺术的使命，这是推动社会实践发展和促进文化自身发展以及树立民族文化自信的必然要求，争做传承文化事业的先行者，为我国的民族文化建设贡献自己的青春和热血。

## 案例 3-5　山西凤秧歌

山西省因为其独特的地理自然环境和发展历史，沉淀了深厚的民间文化资源，舞蹈艺术便是其中之一。凤秧歌作为山西民间舞的代表者，艺术特点和审美价值折射着山西民间舞的艺术魅力。

凤秧歌是发源于山西原平市北贾村的一种秧歌形式。凤秧歌在舞蹈形式、道具使用以及歌曲演唱等方面独具特色，在中国的秧歌舞蹈中具有鲜明的特色。凤秧歌在当地主要用于正月欢庆新春佳节和庙会演出，形成了丰富的表演形式（如图 3-5 所示）。

图 3-5　凤秧歌

凤秧歌的表演形式主要分为三种，分别是过街秧歌、踩圈秧歌以及轱辘秧歌。过街秧歌主要用于街头行走表演。由男女演员组成的秧歌队，跟随指挥者用水擦打出的音乐节拍进行表演。女演员用手敲小锣，迈着轻盈的舞步，边舞边唱，男演员头戴具有特色的帽圈，手中敲着花鼓，迈着沉稳的步伐。男女演员相互配合，稳重和活泼相得益彰，展现了独特的艺术魅力。踩圈秧歌是在固定的场所进行表演。表演者是扮演成一对老夫妻的男女演员和诸多女演员。这种表现形式以鼓点伴随舞蹈开场，手持花扇的男主角逐一邀请出女演员，然后男演员开始领唱，女演员参与合唱，最后以男女演员合唱结束。这种表演形式将凤秧歌所具有的民间文化特色表现得淋漓尽致。轱辘秧歌强调的是演唱，整合前面两种表演形式后，通过演唱表现故事情节，塑造人物形象，具有叙事和歌舞的综合特点。

凤秧歌在表演中具有浓郁的叙事色彩，所以角色扮演上也形成了丰富的表现形式，男演员的角色扮演最为丰富。在过街秧歌中，男演员头戴特色草帽，腰间系着红色的腰鼓。在踩圈秧歌中，男演员戴的是白色毡帽，画着滑稽的浓妆，衣服也和过街秧歌有所不同。和男演员多变的着装不同，女演员的着装相对比较固定，主要是梳着桃形刘海，头戴凤冠，身着彩服，脚蹬彩鞋，能够形成喜气洋洋的欢乐场面。凤秧歌中还有一些配角，丰富了表演形式，增强了叙事功能。主要包括头上扎着两条辫子的二小，滑稽可笑、妆容夸张的丑婆，衣帽都是蓝色的疯公子以及留着八字胡须，穿着长袍、披风，戴着凉帽，脚蹬牛鼻子鞋的野太医。

第一，国家政策的保护效果。随着我国对文化产业发展的日益重视，民间文化得到了保护和恢复。尤其是《非物质文化遗产保护法》出台后，非物质文化作为我国宝贵的文化构成得到了高度重视。凤秧歌作为非物质文化遗产，也得到了当地政府的重视。通过成立文化艺术社团、提供专业学习场所等，为学习凤秧歌表演创造了条件。当地政府还成立研究协会，对凤秧歌发展历史、审美艺术等进行专门立项研究，提高了对凤秧歌的认识。与此同时，凤秧歌的表演艺术也走进媒体，走出地域限制，在电视综艺节目、舞蹈大赛等场合展示出了蓬勃的艺术魅力，得到了更多人的喜爱。

第二，表现形式推陈出新。从内容上来看，随着凤秧歌知名度的不断提升，舞台表演凤秧歌的越来越多。舞台表演的凤秧歌淡化了演唱部分，更加强调舞蹈部分的表现力。越来越多的专业舞蹈演员开始加入凤秧歌的表演中，提高了凤秧歌的艺术表现力和动作的专业化程度。

从凤秧歌的表演场地和表演时间来看，已经不再局限于节庆或者庙会表演，健身广场、专业舞蹈课堂等场所都有学练表演凤秧歌的身影。

从服饰、角色来看，凤秧歌表演中的角色着装更加精致。女演员服饰更加鲜艳、设计款式更加讲究，不仅增加了刺绣，还有兔毛设计，丰富了表演效果。男演员的服饰有的借鉴陕北的宽裤腿，用红色绸布帽子代替了竹编、草编帽子，更加有质感。上身的服饰也增加了云纹刺绣，更具民族特色。这些服饰变化使凤秧歌表演更加契合大众审美习惯，有利于艺术的推广和普及。

从舞蹈动作来看，为了增强舞台表现效果，目前的凤秧歌女演员的动作不断丰富，左右律动的动作不断增加，前后律动的动作更加夸张。男演员的敲鼓动作也开始多样化，头部的动作更具独立表现形式。女演员的下半身动作也有了跳跃、跌步以及大十字步等形式，充分展示了女演员的轻巧、优美；男演员的下半身动作跳跃更加丰富，增加了空间变化，使舞蹈表演更加洒脱、有力。

凤秧歌最早的传承人是北贾村的李家，后来扩大为但凡有此爱好的人都可以参加，但是随着时代的更迭，目前一些节目已经失传，善于自编自演者更少。关于凤秧歌的保护与传承，笔者认为可以从以下几方面进行。

第一，政府部门要加大政策扶持力度。从举办文化艺术节、加大官方媒体宣传力度、提供培训表演场所、为艺人交流学习提供资金支持等方面入手，为凤秧歌艺术发扬光大提供全面的帮助。

第二，当地艺术院校要充分发掘民间舞蹈资源的教育价值，将其融入课堂。邀请凤秧歌表演者担任教师，提高专业化的发展能力。小学、中学以及其他普通院校可以组建第二课堂、艺术社团等形式进行凤秧歌教学，为凤秧歌传承创造条件。

第三，要发挥民间力量在凤秧歌保护和传承中的作用，鼓励当地居民成立艺术社团开展各种演出。对在凤秧歌表演艺术中成绩突出者给予奖励或者荣誉命名，保护和鼓励民间力量积极投入展示凤秧歌艺术魅力以及表演生命力的创作中。

## 案例3-6　舞蹈艺术家杨丽萍执导的魔幻舞剧《平潭映象》

　　舞蹈艺术家杨丽萍执导的魔幻舞剧《平潭映象》画面玄幻，融入了妈祖、龙王三太子、麒麟、提线木偶、舞龙舞狮、《山海经》里的九尾狐、日本传说中的般若和天狗等传统文化符号（如图3-6）。可以说，《平潭映象》完美融合了远古神话、传统民俗和舞蹈艺术，营造了瑰丽的神话意境。通过隐形的故事线贯穿古今七千多年的历史文化，融合了海洋文化、海丝文化、史前文化壳丘头遗址的文化元素与南岛语族图腾文化，以及岛屿特有的海防文化产生的特色民俗藤牌操、巡轿、城隍文化等。

图3-6　《平潭映象》舞剧剧照

　　通过动力学数控机械灯光、全息投影舞台特效，以大型多人群舞方和投影相结合，演绎原生态海岛生活场景，打造沉浸式的体验观感，融合艺术与科技，是一部具有国际一流水准的优秀舞台剧作品。

　　"平潭文化符号一直贯穿在这部剧中，有神格化的人物妈祖、城隍爷、麒麟、龙王三太子等，还有平潭非物质文化遗产类的藤牌操、神轿、舞龙、舞狮。另外，在唱词方面，我们将大量运用地方戏剧闽剧唱腔。"杨丽萍如是说。

　　《平潭映象》既运用了民俗元素，又加以深化打破民俗的常规表现，运用新的创作理念、用现代的表现方式来全新演绎民俗，赋予很多非物质文化新的生命力，让传统获得新生，观众会欣赏到时尚感十足的民俗文化。

作品以弘扬民族文化形象，深化两岸艺术文化交流，推动两岸同胞共同发展，促进两岸人民心灵契合为目标。传统与现代结合，也正是杨丽萍追求的"新东方美学"。

《平潭映象》剧目总时长约100分钟，全剧分为四个篇章，分别从自然、历史、人文、现代四个方面展示平潭的原生态自然风光及人文风俗。在每个篇章中，对特色的民俗文化、传统歌曲、民间舞蹈等艺术形式进行创意的形意式编排，并与现代高科技舞美特效技术、流行元素相结合，以艺术升华两岸渊源及民俗文化，演绎世外桃源天人合一的场景，打造一场高水准的视觉盛宴。

### 三、民间信仰：以妈祖为例

若对"妈祖文化"一词追根溯源，它诞生的时间并不算长，是1987年在莆田举行妈祖千年祭学术研讨会上由上海师范大学林金文教授率先提出的，然而妈祖文化的漫长历史则远不止于此。女神妈祖是海上人民的保护神，也是在中国海洋文化史上占据最重要地位的神祇，自古有"有海水处有华人，华人到处有妈祖"的说法。由此产生的妈祖信仰是一种在中国沿海地区经过数千年的演化发展所形成的传统民间信仰，而作为一种传统文化，其间不仅仅有信仰这一本体，还有围绕着信仰而形成的诸多物质与精神财富，诸多的文化资源汇聚成了妈祖文化这一深深扎根在沿海人民心中的文化信仰，研究妈祖文化，其实也是研究我国东南部海边的乡村文化。

由于妈祖是传说人物，关于她的诞生地、出生日期，自古以来就众说纷纭，终于在现代得到了基本的确认。比较使人信服的说法是林清标为乾隆时《敕封天后志》作序时说的："天后乃标本支始祖唐邵州刺史、谥忠烈、讳蕴公之七世孙女也。高祖州收圈公。曾祖保吉公，五代后周时为统军兵马使，弃官隐于海滨贤良港。祖福建总管孚公。父都巡惟意生男一女六。后，其第六女也。降诞时，港四面山巅倾颓，于今可见。所窥之井，即港之麓，升天则在海屿。"林尧俞作的序说："考诸谱载，天妃吾宗都巡愿公之女也。诞降于有宋建隆元年，生而灵异，少有颖慧，长而神化湄山上，白日飞升。相传谓大士转身。其救世利人、扶危济险之灵，与慈航宝筏，度一切苦厄，均属慈悲至性，得无大士之递变递现于人间乎！自宋兴以来，威灵昭赫，历世弥远，圣德昭彰。"可见妈祖信仰起源于宋时湄洲。而目前学界则一直认为妈祖出生于莆田港里村，于湄洲岛羽化升天。妈祖的原型只是一个平凡的农家女子，可其千年来一直倍受民间的爱戴与帝王们的重视，"宋、元、明、清帝王们给予了 35 次封号（有 10 次、36 次、35 次之说，本文偏重于 35 次）。尤其清代对妈祖的褒封创下了五个之'最'：次数最多，达14 次，与宋代持平；规格最高，'天后'为最高封号，加上尊称'天上圣母'，均达到极限；字数最多，同治十一年达 64 字；密度最大，咸丰一朝封 5 次；最有规则，封号虽多，按顺序叠加，有承续性、有序性。同时，清朝赐封妈祖三代，令地方官员春秋谕祭，载入国家祀典，诏普天下行三跪九叩礼，继孔子、关公之后成为清朝三大祀典之一"①。妈祖文化受到的重视是其他乡村文化所不能比的。作为文化现象的妈祖信仰能够经久不衰，维系它的群体是广大的劳苦人民，尤其是在福建地区，妈祖文化早已成了民俗文化中不可分割的一环，而妈祖文化与其他排他的宗教相比，以"仁"这一中华民族传统美德为信条，又兼具广大的包容性，因此被联合国授予"和平女神"的称号。同时妈祖文化中也有着一种寻根文化情怀，尤其是在下南洋之风曾经盛行的年代，妈祖文化在全世界落地生根。据统计，世界各地有妈祖宫庙近五千座和信众近两亿，妈祖文化早已不仅是地区性的文化，而对于漂泊重洋去往异国他乡的华人而言，满载着他们乡土情怀的妈祖文化又多了一层特殊的含义，是作为他们寻根问祖、文化归属的精神载体存在。因此，妈祖文化不是简单的地区性的信仰，它也是中华民族精神内核的展现。

妈祖文化向来也是受到极大重视与保护的乡村文化资源。2006 年 1 月12 日至 16 日，胡锦涛同志到福建考察时就已经强调，妈祖的信仰已经深深地扎根在福建和台湾民众的精神生活当中，因此福建要运用这些丰富资源，在促进两岸交流中更好地发挥作用。② 近年来关于妈祖文化的政策法案更是面面俱到，以莆田市为辐射中心的闽南地区出台了如《莆田市城市总体规划（2008—2030 年）》《莆田市文化发展战略规划（2011—2020）》等一系列发展妈祖文化的战略，展现了利用好这一宝贵文化资源的决心。

---

① 黄文格.综述妈祖文化的形成和发展趋势 [J].大众文艺，2008(10):133-137.

② 王丽梅.妈祖文化的核心价值及其现代社会功用 [J].重庆文理学院学报，2011(1):7-10.

### 案例3-7 莆田妈祖文化——湄洲岛

莆田是妈祖文化的发祥地，世界上第一座妈祖庙就建造于此，同时也是一个拥有大量农业人口的地区。尽管古时曾经作为闽南地区的经济中心，且具有丰富的文化资源，但随着福建其他地区的高速发展，经济长年在省内敬陪末座。近十几年来随着经济思路的转变，福建省与莆田市开始重视本地妈祖文化资源这一优势，以妈祖信仰的诞生地湄洲岛为立足点，开始发展与妈祖文化相关的旅游产业以带动地区经济。事实上，早在1989年省旅游局就已经举办了"妈祖朝圣旅游研讨会""妈祖千年祭"等活动（如图3-7所示）。1990年莆田还举办了国际性的妈祖学术讨论会，甚至还在香港专门设立了妈祖庙联谊会有限公司以负责海外妈祖旅游。这些先期举措虽然因为当时没有将以文化资源带动旅游这一系统的战略提出而各自为战，却为如今发展文旅打下了市场基础。

图3-7 妈祖祭典

湄洲岛是莆田市下辖的一座小岛，面积仅14.35平方千米，却拥有16座历史悠久的祭祀妈祖的宫庙，"除了祖庙和新宫之外，早期还有12座妈祖宫庙（"上湄洲"8座、"下湄洲"4座），之后，由于各种原因逐渐增至14座，这14座妈祖宫被分为"四阁"。"一阁"：上兴宫、上林宫、上英宫；"二阁"：寨山宫、进福宫、迴龙宫、龙兴宫；"三阁"：莲池宫、湖石宫；"四阁"：麟山宫、麟开宫、天利宫、白石宫、文兴宫[①]。妈祖庙在这座小岛上几乎随处可见，妈祖文化则深深地扎根于此，而每年农历三月廿三妈祖诞辰日和九月初九妈祖升天日期间，成千上万的妈祖信众的拜谒则为这里赢来了"东方麦加"的美名。作为一个各种物质资源都极度贫乏的小岛，湄洲岛依托妈祖文化资源发展的旅游业却收益颇丰。数据显示，2019 年 1 月到 7 月间，湄洲岛吸引了高达 474 万人次的游客，同比往年增长 10.31%，带来了 28.6 亿元的旅游收入。不仅如此，即便放眼福建全省，湄洲岛的妈祖文化影响力独步福建，其他城市或地区无可堪匹。湄洲岛的妈祖文化是真正辐射全球的乡村文化，其带来的经济、文化效益更加难以估量。在这种强大的文化背景下，政府并没有放松对于这一传统文化的振兴，而是相应投入巨资去保护它。十几年来莆田的诸多妈祖庙均得到了精心修缮，尤其是位于湄洲岛的妈祖祖庙群，以始建于公元 987 年的妈祖祖庙为核心铺就的湄洲妈祖祖庙南轴线工程自 1997 年动工伊始就是为保护这一系列妈祖文化资源而生的，其后更是经过多次修缮与改善，如今已经相当成熟。除却对于旧有资源的保护，湄洲岛也同样致力于发展这一文化。2019 年 8 月 22 日林氏宗祠正式在湄洲岛上开工建设，而在宗祠之外的则是 2010 年开工建设。如今已落成大半的天妃故里遗迹公园，以它们为代表的湄洲岛妈祖文化资源新势力也将在文化振兴的道路上贡献力量。

正是这些厚重的文化资源，让一座普普通通的小岛变成了千万人心目中的圣地，湄洲岛用事实告诉我们，乡村传统文化从来都不只是乡村的美丽装饰而已，相反，它更能提升一座乡村的气质，从而改变一座乡村的命运。政府对于湄洲岛妈祖文化的开发值得我们充分肯定——既没有因为过度追求商业化而丢失乡村传统文化的精神内核，也最大限度实现了文化的振兴，让全中国乃至全世界得以接触到属于中国沿海乡民的古老信仰文化，并能让它被人们所认同、传承。

---

① 周丽妃.论妈祖文化在现代乡村治理中的特殊功能——基于湄洲岛地区的调查分析 [J].莆田学院学报，2018(1):8-12.

## 案例3-8　海南的妈祖文化振兴

海南，古称琼州府，妈祖文化在海南传播的时间可以追溯到宋元时期，而目前可考的第一座海南妈祖庙则兴建于元代。明清时期，妈祖文化开始兴盛发达，众多庙宇在这一时期被修建，香众亦甚多，这份繁荣一直持续到了近代。尽管对于当时庙宇的实际数量人们众说纷纭，但可以确定的是，海南的13个旧州县均有妈祖庙的分布，这可以充分体现出妈祖文化在海南的受众之广。到清末民初时，全岛的妈祖庙已逾百余座。然而民国时期科学技术的不断发展使社会开始滋生轻视迷信信仰的观念，尤其是新中国成立以后破除迷信和"文革"时期大破四旧等运动的进行，海南的妈祖文化受到了很大的冲击，呈现出衰败和断层的现象，岛上大量的妈祖庙被不同程度地破坏，数量急剧减少，珍贵的文化资源受到了威胁。改革开放以后，随着中央对传统文化资源的重视，妈祖文化在海南开始得到振兴，2009年妈祖信仰被联合国列入《人类非物质文化遗产代表作名录》后，更是达到了一个高峰。

不得不承认，诸多宝贵的文化资源如妈祖庙，在过去受到了毁灭性的破坏，令人痛心。而如今在海南政府的努力下，妈祖庙数量已恢复到数十座。海南历史最为悠久的海口白沙门天后宫在改革开放后经过三次修缮改造，尤其是2013年大修竣工后，接收了福建湄洲妈祖祖庙赠送的一尊翡翠妈祖神像，这种文化上的支援令白沙门天后宫的文化价值迅速上升，也反映了海南妈祖文化在国内的重要地位。现今白沙门天后宫早已完全恢复了它的全部功能，每年农历三月二十三妈祖诞辰和九月初九妈祖升天日都会有大型的祭祀活动在这里举办。与白沙门天后宫相似的还有海口中山路天后宫。原先它局促的布局只能容西厢一间耳房用以供奉妈祖，而随着2007年它在海口市五条老街保护改造计划中受到重点关照以及2009年5月天后宫这一妈祖文化载体被划为省级文物保护单位，中山路天后宫经过改造焕然一新，不仅庙宇的面积得到了扩大，更是将改造过程中发掘出的历史文物如石碑等一一向世人展示，反响热烈。

在对历史文化资源加以重视和保护的前提下，海南政府也没有忽视文化资源在新时代的发展。2017年，由海南鼎顶旅游文化股份有限公司与碧桂园筹建的省重点建设项目"南海妈祖世界和平岛"正式落地，计划投资达300亿元，届时106米四面妈祖神像将作为该项目的标志，同时妈祖和平广场、百家寻根广场、妈祖文化博物馆等一系列妈祖文化相关设施也会被一一建立以供游人深入了解妈祖文化。该项目旨在利用妈祖文化这一文化资源，改变海南的旅游格局，将海南由单纯风景旅游向文化旅游与风景旅游多元化发展。

海南妈祖文化经历过磨难，但随着政府对文化产业认识的加深与正确的调控，我们可以相信海南妈祖文化一定会更好地传承。

## 案例3-9 妈祖文化的北进——天津

妈祖文化的发祥地在闽南，天津位于华北，两地相距千里，然而宋元时期产生的妈祖文化几乎在同一时间传入了津沽大地。在交通极不发达的古代，本不会在如此短的时间内出现这种文化上的巨大交集，那么天津的妈祖文化究竟如何由来？据考证，妈祖文化的北迁与元代开始兴盛的海漕运输有着密不可分的联系。自忽必烈时期，由南向北的海运便是元朝不可或缺的海上动脉，而这种动辄跨海穿江的远航对于当时并不发达的航海技艺来说是一项巨大的考验，海难动辄发生，作为海员的主体——南人，自发地寻求妈祖信仰的庇护，而从客观上来看，也将妈祖文化带向了北方。"元代天津的妈祖信仰是伴随着漕运由来自江南的船工带入的，这些船工在'北风吹儿堕黑水，始知溟渤皆墓田'的恐惧中一路平安到达了直沽，下船第一件事当然就是要感谢妈祖的护佑，于是至元末（约1290），在临近东南入海口的大直沽建立了一座天妃宫，史称东庙，泰定年间（1324—1328）被火焚，至正五年（1345）由都漕万户府拨款重建；后又在至元年间（1278—1288）在旧三岔河口迤南，天津老城东门外迤北的海河西岸建起一座庙宇——天妃灵慈宫，其坐西向东，庙门正对着海河，俗称西店。于是就有了东、西两座天妃宫。"[①] 明永乐元年，西庙被重新建设，这也是唯一一座由皇帝

---

① 陈洁. 天津妈祖文化研究 [D]. 天津：天津师范大学，2012.

直接下令建设的天后宫，可见当时妈祖文化的影响力之盛。事实确实如此，民众的拥戴与官府的重视，加上明朝初期和中期海运依旧发达，妈祖文化在天津得到了巨大的发展，香火极盛。但需要注意的是，随着明后期海运逐渐衰落，妈祖文化不再仅仅是海员们的保护神，更是在天津分化出了多种功能，如求子、祈求和平等功能。元朝时，更是在职权上与观音菩萨开始逐渐结合，同时也成为天津地方的地区保护神，"虽今海运久废，神可端拱无为，而至于水旱刀兵疠疫，以及祈嗣保婴之属，士女至女虔祷，盖未尝不与兴化、临安诸庙同一响应"①，《天津皇会考》也说"天后不独为司海之神，抑亦保赤之神矣。是故往往人家小孩有灾病时，亦往祈祷。是则天后宫之香火又不独只享诸渔家矣"。可见妈祖文化在天津的发展轨迹与闽南之地并不尽相同，它与天津传统的民俗文化已经发生了结合，从而诞生了独具特色的天津妈祖文化。

尽管在明清时期，妈祖文化在天津依然兴盛，然而随着民国以后社会的高度发展，妈祖信仰被新传入的科学技术排挤而逐渐边缘化，尤其是对于天津这种大城市而言，从前作为民间信仰而受众广泛的它，却不是能为新市民所接受，在城市化浪潮对社会旧有结构不断冲击的时代中难以容身，丧失了它的群众基础，更在新文化运动中成为封建迷信的代表。幸运的是，天后宫在"废庙"运动中逃过一劫，文化资源得以保存，为日后的复兴做好了准备。

为了实现这一点，天津政府投入大量资金，制订多项举措。如天津滨海妈祖文化园，于 2009 年开始建造，占地 3.9 万平方米，投入资金达 40 亿元，文化园旨在体现津沽妈祖文化逾 700 年的厚重历史，重新唤起天津人对于妈祖文化的文化认同，已在 2016 年 9 月正式落成，且可免费进园参观。园内最引人注目的当属高达 42.3 米的全球最高妈祖像，此外还有妈祖庙、天后宫等传统建筑。它同时也是天津妈祖文化传播发展的大平台，兼具旅游、市场推广等多项功能，为妈祖文化的传播做出贡献。此外，妈祖文化旅游节也是天津妈祖文化链中的重要一环，以"弘扬妈祖精神 讲好天津故

---

① 王宗沐. 敬所王先生文集 [M]// 《四库全书存目丛书》编纂委员会. 四库全书存目丛书. 济南：齐鲁书社，1997.

事 坚定文化自信"为主旨的旅游文化节，至今已举行到了第九届。其中最具特色的便是葛沽宝辇会这一葛沽镇特有的妈祖祭祀文化遗产。兴起于明朝永乐年间的葛沽宝辇会是葛沽人民在长期劳动生活中所形成的祭祀活动，承载着天津人对于妈祖文化的信仰，如今已列入全国第四批非物质文化遗产名录，被誉为妈祖文化的活化石。"人们在长期的妈祖祭祀活动中，以宝辇会（辇是天后圣母即妈祖出巡、回銮乘坐的交通工具）为代表的几十道民间花会延揽于其中。每架宝辇重约千斤，由八人抬起，前有金銮仪仗、一杆伞罩旋转开道引领。跑辇讲究规则，步伐、号子平稳。行进的宝辇如驶在大海中平稳的大船。宝辇是妈祖出行时乘坐的交通工具，葛沽宝辇花会兴起于明代万历年间，兴盛于清代乾隆年间，到了民国时期基本上形成了八辇、两亭的格局，如今已发展成由八座辇和四座亭组成的辇会。"[①] 曾经的葛沽宝辇会是天津人民恭贺新春的重大活动，与人们的生活关系紧密，而如今这般传统的妈祖祭祀活动越来越不为人所知。为了重新唤起人们的记忆，文化旅游节对这项活动大力活化，代表着妈祖文化在天津的振兴之路已经徐徐铺开。

妈祖文化是天津的文化品牌，在漫长的历史演变中早就不只是仅仅供人回忆的过往，而是溶于天津人血脉之中的文化精神。尽管作为乡村文化的它看起来与天津城市化的现状不符合，但它深厚的文化底蕴与本土化的特质却可以反哺城市文化的建设。妈祖文化在天津的发展道路上不应当被置于末座，相反，应当利用城市资源与区位优势使其振兴，成为天津文化认同和文化自信的源泉。

## 案例3-10　台湾妈祖文化——台中县大甲妈祖文化节

相比于元代就已有妈祖文化落地生根的南方诸省，妈祖文化传入台湾的时间较晚，大致在明朝万历年间，澎湖马公依仿福建建筑的样式开始建造妈祖庙。由于荷兰殖民者在明末对于我国台湾的侵略，致使妈祖文化在台

---

① 　天下妈祖网: 天津市津南区葛沽宝辇会 [EB/OL].（2018-12-06）[2019-11-05]http://www.mazuworld.com/index.php?m=content&c=index&a=show&catid=45&id=10777.

湾长期难以传播，直到清朝时台湾统一，第一座官方天后宫才由施琅在台南鹿耳门建立起来。但同时，妈祖文化在台湾的发展也是迅速的。由于台湾四面环海的性质，再加上明清两代台湾战争不断，在战争中不断流传妈祖助战护民的神话传说。传说施琅收复台湾就受到了妈祖的庇佑，而清朝是台湾妈祖文化发展的高峰期，很大程度上是因为在清代，妈祖信仰受到了统治阶级的大力扶持。清代对妈祖授予的封号之多，升格之频繁，地位之尊贵都是此前难以企及的。据统计，清代共计对妈祖加封18次，封号66字，除此之外还有4次赐匾，其中最长的封号为"护国庇民妙灵昭应弘仁普济福佑群生诚感咸孚显神赞顺垂慈笃佑安澜利运泽覃海宇恬波宣惠导流衍庆靖洋锡祉恩周德溥卫漕保泰振武绥疆天后之神"，以至于同治年间妈祖的封号已经再无可加，"经礼部核议，以为封号字号过多，转不足以昭郑重，只加上'嘉祐'二字"，再以康熙十九年和康熙二十年的两次册封为例，因为收复台湾的功绩，妈祖先后被封为"护国庇民妙灵昭应宏仁普济天妃"和"照灵显应仁慈天后"。仅仅一年时间内，妈祖的地位就由"天妃"升为"天后"，可见当时政府对妈祖的推崇；同时，妈祖庙和妈祖祭祀活动等妈祖文化资源也得到了很大的发展，妈祖庙数量由1684年施琅在台湾修筑第一座官方妈祖庙时的10座暴增到清末的232座，妈祖祭祀则日趋规范。在这种情况下，妈祖信仰在台湾神速传播，对台湾的文化生活产生了巨大的影响。但是随着《马关条约》的签订，台湾进入了漫长的日占时期，而妈祖文化也受到了巨大的破坏，许多天后宫因为不符合市区改正计划而被严重地破坏。虽然台湾光复后国民政府致力于恢复饱受蹂躏的妈祖文化，但还是有许多宝贵的文化资源难以挽回。

日本战败，将台湾归还中国后，台湾的妈祖文化再次兴盛。作为一个信仰文化氛围浓厚的地区，台湾全岛约有五分之三的人信教，妈祖文化是台湾的三大信仰之一，在台湾人心目中的地位相当崇高。正因如此，无论是国民政府还是后来的民主党，对于妈祖一直都是大力推崇以争取民众的支持，"如台湾当局在建庙、庙办文化事业和慈善福利事业等方面，对有关土地取得许可证、执照、税收等，给予一定的通融和便利；重要官员巡视地方时，要到主要妈祖庙参拜，如蒋经国生前曾11次到北港朝天宫参拜；

政要们除了参拜，还不断向主要妈祖庙赠送匾额、题词、对联等"①，这些举措客观上又促进了妈祖文化的发展。与此同时，台湾官方对于妈祖文化的保护也可谓尽心尽力，自1981年台湾建立"行政院文化建设委员会"以来，多项旨在振兴妈祖文化的法案被实施，从1982年的《文化资产保护法》要求的对于传统民俗艺术的整理与保护，到近年来台湾当局推行的"台湾地区十二项大型民俗节庆活动"，在这些官方政策的引领下，台湾的妈祖文化不仅得到了保护，也在新时代的浪潮里逐步发展。

现如今台湾的妈祖庙总数据不完全统计达4000余座，有300多万户家庭供奉妈祖，此外台湾官方也积极参与民间妈祖文化的相关活动，每逢妈祖庙落成或有妈祖祭祀活动，都会有政府人员出面，而涉及选举等政治活动时，候选人也会来到妈祖庙烧香以争取选票。可以说，妈祖文化已经深深融入了台湾人民的生活之中，而关于妈祖的祭祀活动也成为台湾人一年中最重要的活动之一，其中最负盛名的就是大甲妈祖文化节。

大甲妈祖在台湾妈祖文化中有着非同寻常的地位，不仅仅由于它被美国 Discovery 杂志誉为世界三大宗教活动之一的"三月疯妈祖"，以及大甲镇澜宫作为台湾最负盛名的妈祖庙，有"妈庙之首"的称号，更是因为它曾在1987年不顾台湾当局的阻挠，强行回到妈祖文化发源地湄洲岛谒祖，此举为两岸紧张关系的缓和做出了巨大的贡献，同时也开创了近现代台湾妈祖文化与大陆交流的先河。大甲妈祖文化节的诞生是为了顺应台湾当局在1999年提出的"一乡一镇一文化节"的政策而由大甲镇澜宫和台中县政府合作，在传统妈祖进香活动的基础上改进而成的，包含"筊箸、竖旗、祈安、上轿、起驾、驻驾、祈福、祝寿、回驾、安座"十大典礼，在此后历经数年的政策变动，随着2003年文化节成为台中县民俗节庆代表和台湾观光行宣传内容，大甲妈祖文化节的内容日趋丰富，已经成为世界级的大型文化盛会。

在台湾，每年农历三月天上圣母进香是一年中最盛大的活动之一，而对于大甲妈祖更是如此。因为诸多的历史原因，大甲妈祖的进香现今已由回到湄洲岛进香转变为"绕境进香"，作为大甲妈祖文化节最重要的组成部分，"大甲镇澜宫于每年元宵节（正月十五）的晚间，掷筊决定该年度

---

① 刘启芳. 浅议台湾"女神"妈祖 [J]. 中华女子学院学报，2003(2):60-62.

天上圣母绕境进香之确切时日，同时接受'抢香'及各阵头服务人员之登记。大甲镇澜宫妈祖要八天七夜步行三百四十余公里，远赴新港奉天宫绕境进香活动。信徒捐赠的香油钱粗估达两千万元台币和还愿金牌超过千面，也都陆续创下惊人的数字。大甲妈祖进香队伍号称十万人，浩荡的阵容，当然是全台最大"①。除去这一传统项目之外，大甲妈祖文化节还新推出了诸多妈祖文化活动，旨在这一世界性的文化交流中传播妈祖文化。如台中县文化局牵头的"大甲妈祖美展"，以大型艺术展的形式展出由四十四位艺术家所绘数百幅"大甲妈祖"绕境艺术作品，此外还有旨在发展文化产业的"妈祖服装秀"以及妈祖文创产品的展览会等活动，它们使得妈祖文化更易为年轻的一代所接受，也为妈祖祭祀这一传统文化输入了顺应现代化的新鲜血液。

时至今日，"三月疯妈祖"早已不单是对妈祖信徒在圣母进香期间的写照，更已成了全台在妈祖文化带动下的一场大型文化狂欢。而以它为主轴的大甲妈祖文化节使得这一文化活动更加与时俱进，不仅仅为沿路许多贫困地区带来了可观的经济收入与就业岗位，也激发了诸多年轻人对妈祖文化的兴趣，在客观上促进了妈祖文化的发展。妈祖文化正在多方的努力推动下，成为台湾的文化现象与文化品牌。

## 四、饮食文化、服饰文化的传承与更新

每个民族都有其独特的饮食文化。不同的民族因其长期赖以生存的自然环境、气候条件、经济生活、生产经营的内容、生产力水平与技术的不同，以及人们所探索的食物对象和宗教信仰存在差别，从而形成了各自不同的饮食文化。

古人说，民以食为天。但是人类的饮食不仅仅是为了满足生理的需要，在果腹之余，人们还讲究吃的形式、吃的美感、吃的含义，把饮食作为整个生活方式的组成部分而赋予文化的形式和内涵。在漫长的社会发展过程中，人们形成了共同的饮食礼节、饮食禁忌、饮食风格、饮食制作方法，

---

① 高致华.三月"疯妈祖"——以台湾第九届大甲妈祖文化节为例[J].闽台文化交流，2007(4):64-72.

即形成了各自不同的饮食文化。从这个意义上讲，饮食已经超越了"饮食"本身，而获得了更为深刻的社会意义。人们借饮食及其活动表达自己丰富的心理内涵，寄托美好的愿望，它既有"饮和德食、万邦同乐"的哲学思想，又蕴涵了人们朴素的民族感情。

然而当前，人们在快节奏的生活下，传统饮食文化的传承正面临前所未有的危机。人们不再花大把的时间去研究饮食，大多数情况下都是在大大小小的饭店快速解决，这也使得一些具有地区特色的饮食文化正面临严重的传承危机。

## 案例3-11 茶文化的传承危机

福建闽南地区作为中国十大名茶之一——铁观音的发源地，其茶文化具有深厚的历史文化底蕴。过去，闽南饮茶风俗普及，几乎家家户户都有饮茶习惯。每当有客人到闽南人家家里，闽南人都会以茶相待，可以说品茶、赏茶、说茶在过去都是闽南人家的一大文化特色。

闽南产茶的文字记载，最早见于南安丰州古镇的莲花峰石上的摩崖石刻"莲花茶襟"（376），比陆羽《茶经》还要早300多年。乌龙茶于14世纪后期创制于武夷山，17世纪逐步流行并传到闽南。《安溪茶歌》记载，"安溪之山郁嵯峨，其阴长湿生丛茶。……迩来武夷漳人制，紫白二毫粟粒芽。……溪茶遂仿岩茶样，先炒后焙不争差。……"为了满足外销需要，闽南人仿照武夷茶制法，参与外销，这是铁观音茶产生的基础。

闽南铁观音茶的由来有"魏说"和"王说"两种传说，最早发现于清雍正年间（1725—1736）的安溪西坪，其发现、栽植、培育、创制至今约有300年的历史。安溪铁观音一经发现，便因独特的"观音韵"和"兰花香"闻名遐迩，名扬天下。闽南产制乌龙茶于清道光至光绪年间颇为兴盛，尤其鸦片战争后五口通商，闽南乌龙茶以铁观音打响名号，外销东南亚，是华侨的首选，奠定了侨销茶的地位。到光绪三十年（1904），仅安溪所产乌龙茶就达到1250吨。

清末民初（1896—1919），铁观音茶引种至永春等地种植推广，后传入中国台湾，经不断扩散，先后被漳平、华安、南安、三明、永安、沙县、长泰、平和、南靖、莆田、仙游、宁德、福安以及省外的云南、湖南、湖北、广东、浙江等地引进种植，形成中国乌龙茶中独特的一种。

至此，铁观音茶的制作工艺基本成熟，加工技术不断改进，品质标准渐趋完善，并在闽南地区的历史文化背景下，其种植、加工、销售、品饮都形成了特有的风格和方法，品茶艺术更加高雅，内涵更加丰富，还有大量与铁观音茶相关的诗歌、书画、影视等艺术表现形式，甚至与此相关的研究机构、博物馆、会展、休闲、旅游等文化现象纷纷涌现，而且地方政府、企业和茶商广泛通过文化包装、文化消费促进茶叶销售，促进铁观音茶的消费市场逐步稳定并不断扩大，从而形成了闽南特有的铁观音茶文化。

闽南地区早在东晋时期就有关于产茶的文字记载，唐后期至五代十国期间，由于北方战乱，大量人口南下移居，当时荆楚、江淮人入闽带来了茶叶生产技术。唐末就有描述闽南采茶姑娘边采茶叶、边唱茶歌的诗句："石崖觅芝叟，乡俗采茶歌。"始建于唐末的安溪名刹阆苑岩，还保留着创建之初的一副对联："白茶特产推无价，石笋孤峰别有天。"[①] 据詹敦仁《清隐集》（914—979）记述，五代时，泉州至安溪的官道就已设有供应茶水的茶亭，茶叶已成为一种礼品进行赠送。他还写诗赞叹安溪茶叶："泼乳浮花满盏倾，余香绕齿袭人清。宿醒未解惊窗午，战退降魔不用兵。"

宋代茶业生产和茶文化迅速传播时，闽南茶叶也有较大的发展，生产技术逐渐提高，还形成"斗茶"之风。安溪寺院道观种茶相当普及，不仅种植许多名优品种，生产出不少名茶，并且对泡茶器具、泡茶技艺都有相当的讲究。到明清时期，铁观音诞生，黄金桂、本山、毛蟹等名优品种相继问世，闽南茶业空前兴盛，畅销世界各地，成为海上茶叶之路的发祥地。

悠久的茶历史为铁观音茶文化的形成奠定了坚实的基础。

闽南属于亚热带海洋性季风气候，有着优越的宜茶气候和土壤条件，年平均气温17～21.3℃，年平均降水量为1500～2000mm，山地土壤以红壤、黄红壤为主，土层深厚，酸碱度适当，茶树的自然生长环境得天独厚。闽南是全国茶叶优势区域规划中的重要生态区，也是农业农村部确定的"东

---

① 苏少民.安溪铁观音茶文化 [M]// 文化部艺术服务中心.中国民间文化艺术之乡建设与发展初探.北京：中国民族摄影艺术出版社，2010.

南沿海名优乌龙茶"特色优势产业带的最主要产区。茶产业是闽南地区农村经济的优势产业和主导产业之一。

闽南还有丰富的茶资源。据统计，仅原产于安溪的茶树品种就有 54 个，在 1984 年审定的 30 个国家级良种中，安溪就占 6 个。目前闽南茶区的乌龙茶生产地主要栽植的名优茶树品种有铁观音、本山、黄旦、毛蟹、奇兰、梅占、水仙、佛手、肉桂、黄金桂、八仙茶、丹桂和金观音等，还有从中国台湾引进的金萱、翠玉、四季春等良种，无性系优良品种茶园的面积占总面积的 90% 以上。另外，闽南茶叶种植加工的基础良好、经验丰富，茶叶加工设备配套、机械先进、工艺科学，茶叶品质丰富多彩。丰富的茶资源是闽南铁观音茶文化兴盛的沃土。

闽南有颇具特色的饮茶习俗，世称功夫茶。《龙溪县志》（1736—1796）载，"五月至则斗茶，必以大彬之罐，必以若琛之杯，必以大壮之炉。……"施可斋《闽杂记》（1857）卷十"功夫茶"亦云："漳泉各属，俗尚工夫茶，器具精巧，壶小有如胡桃者名孟公壶，杯极小者名若琛杯。……饮必细吸久咀，否则相为嗤笑。……"闽南功夫茶沏茶器具之精巧，泡茶流程之讲究，品茶方式之独特，成为铁观音茶文化中最为显著的特点。

闽南的婚丧茶俗也是铁观音茶文化形成的重要基础。早在明清时期，茶就以一种特殊意义和特殊形式融入婚俗、葬礼和祭祀中，延续至今。在婚事中，礼单中有茶叶，婚宴中有新郎、新娘敬茶，新娘正式拜见公婆长辈要敬茶，婚后"对月"新婚夫妇返娘家要"带青"（茶苗）。在丧事中，丧主不会忘了给报丧者饮茶，以避邪气、讨个吉利。拜祭祖坟也要敬茶，如清末林鹤年（1846—1901）《福雅堂诗钞》中记述："特嘱弟侄于扫墓忌辰朔望时，作茶供，一如生时。"在佛事中，敬茶则更为讲究，从净身到选水都有特别之处，不少信奉佛教的人士日日以茶敬佛，经年不辍。

闽南繁荣的茶经济更是为铁观音茶文化的蓬勃发展注入生机。2009 年闽南茶区茶园面积约 120 多万亩，产茶 15 万吨，茶叶产值 80 亿元，茶产业综合产值 152 亿元，出口创汇 2500 万美元。[①] 茶产业企业龙头及品牌建设

---

① 林艺珊，周巨根，蔡烈伟，等. 闽南茶叶产业化发展关键问题探讨 [J]. 中国茶叶加工，2010(2): 9-11.

已达到全国先进水平，仅安溪就有7家企业入选全国茶叶行业百强企业，天福、八马、凤山这三个商标被评为中国驰名商标。而且，茶产业链逐渐延伸，茶具、茶食品开发初具成效。

闽南茶区茶叶市场体系日趋合理，茶业经济呈现繁荣景象。泉州、厦门、漳州等地大型茶叶批发市场、3万余家茶叶店以及产茶县（市）乡创办的中介组织、专业协会、茶叶集散地等组成了日臻完善的市、县、乡三级多元化市场网络，闽南已成为全国乃至世界乌龙茶生产、销售及出口中心。茶区各企业在全国设立办事处，开设茶庄，产品畅销各大城市，出口茶远销几十个国家和地区。茶叶市场逐步趋向信息化，各种交易会、文化节、新闻发布会、茶叶拍卖会等多种形式的茶业活动频繁，这都推动了闽南铁观音茶文化的发展。

## 案例3-12　关中印象体验地

陕西省的袁家村被人们亲切地称为"关中印象体验地"，距离西安78千米，本来是一个无名胜古迹、无独特山水资源的偏僻小山村，却凭借地道关中民俗美食，100家店铺，100种小吃，创新经营模式，成为乡村旅游"网红"，年游客人数达500万，日营业额200万，年营业额10亿，可见民俗美食对游客的吸引力极强。白嫩的豆花、醇香的粮食醋……各种鲜活的香气迎面扑来，仿佛一下子回到从前（如图3-8）。

图3-8　陕西省袁家村景区内比肩接踵的游客

从西安出发，驱车约一个小时的路程，便到了袁家村。袁家村坐落在礼泉县烟霞镇北面的九嵕山下。走进村子，首先映入人们眼帘的是一幅幅近似于原生态的农家生活画面，使游人恍惚中有种穿越时空之感，仿佛回到了19世纪五六十年代。

走进古朴典雅的小巷，两边店铺林立，作坊鳞次栉比。有油坊德瑞恒、醪糟坊稻香村、豆腐坊卢氏豆腐、辣子坊天一阁、面坊五福堂、茶坊童济功、醋坊五味斋、布坊永泰和、药坊同顺堂。醋坊中，一坛坛、一瓶瓶手工酿造的纯粮醋，散发着诱人的清香；面坊中，兴致勃勃的游人饶有趣味地推动着沉重的石磨，白白的面粉缓缓地溢出来；布坊里，神态安详的妈妈坐在古老的织布机前细心地织着漂亮的土布；油坊中，那巨大的老木制成的榨油器令人叹为观止；药坊中飘出的淡淡药香若有若无地在鼻间萦绕……踩着脚下仿古的青石板，欣赏着颇具关中风味的明清式建筑。

出了古巷，走进"现代巷"。只见宽敞的街道两旁，松树顶天立地，郁郁葱葱。松树后面是两排整齐的楼房。这些楼房既有现代气息，又有古代风格。一般门面都是仿古建筑，砖木结构，雕梁画栋，非常气派；里面则古今结合，设备齐全。家家都是农家乐，户户窗明几净、厨香萦绕。即使刚用过餐的游人此时都会食欲大增，忍不住继续尝一尝袁家村的绿色食品。

袁家村还是个长寿村。听说这里有十几位百岁老人，他们个个身体硬朗、精神矍铄。也许是这里的山水滋养人，也许是这里的空气更清新。

看到这样的袁家村，我们不禁要问：同样是农村，袁家村为什么这么繁荣？原来这里有一个大名鼎鼎的致富带头人——袁家村的老书记郭裕禄。20世纪70年代之前的袁家村，是当地出了名的贫困村。在改革开放初期，郭裕禄带领全村村民，大力发展集体经济和村办企业。他统筹全盘、废寝忘食，带领村民经过二十多年的努力成就了一个令人震惊的袁家村。到1993年，袁家村已经成立了农工贸为一体的集团型企业——袁家农工商联合总公司，下辖12个子公司，在西安还有个房地产公司。有400多口人的袁家村，家家生活得有滋有味。

如今，袁家村正朝着环保、绿色、生态的可持续发展观念转变，村委会一班人正带领全体村民大力开发无烟工业、旅游业，创建民俗、民风体验一条街。用民俗一条街来集中展示关中农村自明清以来村民生活的演变过程。这条街也就成了一本关中民俗演变的历史教科书。

## 案例3-13　白马藏族服饰

白马藏族聚居区山高坡陡，森林密布，对外交通极为不便，这是千百年来得以保存古老的传统文化的重要因素。同时，白马藏族聚居区优美的原始自然生态环境和丰富的动植物资源，又是一道魅力无穷的风景线。白马藏族俗称白马人，最初叫贝，贝不是藏族，贝就是贝，是氐人的后裔。据学者研究，新中国成立后白马人就被视为藏族分支，称白马藏族。白马人服饰以白、黑、花三种袍裙为主，色彩艳丽。白马女性胸前饰以白玉般的鱼骨牌，腰间围几匝金亮的古铜钱，穿上各色布料绘制的镶花袍裙，真是五彩斑斓、艳丽夺目。服饰反映着一个地区的民俗民风，是地方人民生活状态的写照。辛勤的劳动、简朴的生活孕育出白马人独特浓郁的传统习俗和文化艺术，犹如一枝深山奇葩。白马藏族服饰是白马藏族人民在生产、生活中创造出来的满足生活或者精神需求的一种自由质朴的艺术形式，凝聚着人民群众高超的生活智慧与乐观的生活态度，凝结着白马藏族人民一代代生存的技艺，也是情感的纽带，是极其珍贵的白马藏族文化宝库。（如图3-9、3-10）在文化全球化的背景下，我们不仅不能让白马藏族艺术走向没落，反而更应该珍视其宝贵价值，保护与传承白马藏族艺术，让文化多样化发展，才不至于被强势文化吞噬。

图3-9　羊毛白羽毡帽"沙嘎"

图 3-10　白马藏族服饰

　　白马藏族艺术与生活息息相关，兼具实用性和审美性。白马藏族服饰艺术作为乡土文化的精髓根植于一方土地，既是美化群众生活的实用物品，又是一种可以装点生活的艺术品，还表达了老百姓对幸福生活的祝愿。白马人服饰以白、黑、花各色面料绘制镶花袍裙，色彩艳丽，腰间围匝金亮的古铜钱，造型各异的白玉般的鱼骨牌栩栩如生，让每天都充满着节日的气氛，而且表达了人民驱灾避祸、祈福祝愿的美好心愿。与高高在上的现代艺术不同，白马藏族艺术从来都没有脱离过生活，也没有脱离大众，其所有的创作体现的都是尊重人、关爱人、以人为本的宗旨①。

　　白马藏族服饰、木雕面具艺术的传承方式主要有血缘传承、地域传承、师徒传承。"传承性是民间艺术的基本特征，民间艺术传承不仅表现为通过口头或非言语的事物形象传递民俗事象，更重要的是传承本身就构成了一种民间习俗，即传的习俗。"② 当血缘传承、师徒传承无法得到比较好的传承人时，白马藏族服饰、木雕面具艺术就会面临断代。同时由于服饰、木雕面具的技艺靠的是口传心授，无法用文字记录和保存下来，因而大量局限于口口相传的有历史、文化价值的精巧技艺将随时间的流逝而遭到毁

① 尚竑，杨江涛.全球化语境下民间艺术的现代价值 [J]. 兰州大学学报，2013(6):165-168.
② 吕政轩.陕北民间艺术的一声叹息 [J]. 西部大开发，2007(9):66-67.

弃或流失。

白马藏族艺术的传承，首先要突出白马藏族艺术传承人的主体地位。长期以来，白马藏族艺术传承人保存了优秀灿烂的白马藏族艺术，然而主体地位并没有得到应有的体现，由于从事白马藏族艺术不再能够获得足够的收益以维持生计，白马藏族艺术传承人迫于生计不得不放弃老一辈艺术家留下的白马服饰、木雕、面具技艺，转而从事其他的工作。传统文化得不到重视，宝贵的白马藏族文化艺术面临流失。把优秀的白马藏族艺术传承、保护下去，首先要让白马藏族艺术传承人有一定生活保障，才能要求传承人学习、传承、保护我们的白马藏族艺术瑰宝。在新农村文化建设和城镇化的发展过程中，首先要突出白马藏族艺术家的主体地位，保证白马藏族艺术传承人的基本收益，让他们认识到自身的重要性，然后积极举办民间传统文化活动，例如白马服饰、白马木雕面具、白马十二相舞等文艺活动，在传统文化活动的不断熏陶下，逐渐增强白马人参与白马藏族艺术创作的积极性，从而营造白马藏族艺术的文化传承氛围。

其次，要创新白马藏族艺术传承机制。艺术传承机制是艺术传承的基本保障。受多种因素的影响，很多白马藏族艺术都是在白马藏族传承人的家族内部流传，且在传承中恪守种种规矩，譬如传男不传女，有的是传女不传男，有不少白马藏族艺术的崇拜者或者爱好者，因无血缘关系或地缘关系无法接触到向往的白马藏族文化。这种传承的局限性，越来越限制阻碍了优秀的白马藏族文化的传承与保护。为了保证优秀的白马藏族艺术能够后继有人、代代相传，政府或民间社会团体应该牵头，采取切实可行的措施，号召白马艺人抛弃固有观念，开门收徒，让白马藏族艺术能在广大的爱好者中传播。在政策上鼓励支持的同时，在经济上给予一定的补贴，鼓励老一辈白马艺人，让他们更乐于分享白马藏族艺术精湛的技艺；补贴从事白马藏族艺术学习的人，提高他们主动参与白马藏族艺术活动的积极性，组织他们定期参加艺术技能培训，提高自身艺术水平。

再次，要融入新时代元素，找到新的发展方向。在社会主义市场经济体制下，政府应该积极引导和帮助白马藏族艺术走向市场，鼓励当地群众消费优秀的白马藏族艺术作品。面对现代艺术和各种不同文化的挑战，白马藏族艺术要想满足大众的需求，必须要融合、吸收大众艺术的一些流行元素，进行加工改造和创新，使白马藏族艺术不仅在内容上同时在形式上能够有所突破，符合新时代人们的欣赏观念，让优秀的白马藏族艺术能够和时尚的现代生活融为一体。白马藏族艺术在注入新思想、新活力的同时，也要保证内容与形式的统一，以特定的内容表现特定的形式，不能丢失其原有的精神和技巧，如果改造后的白马藏族艺术失去了传统的精髓，变得不伦不类，那么也就失去了原本传承传统文化的意义。

最后，要发展与白马藏族艺术相关的文化产业。政府应加强与白马藏族艺术相关的文化产业队伍的建设，将白马藏族艺术旅游与消费文化结合起来。白马藏族艺术直接旅游商品化与白马藏族艺术间接旅游商品化，前者是将白马藏族艺术自身作为旅游商品进行商品化开发；后者则是将白马藏族艺术蕴含的图案纹样、色彩等具有普遍民众心理认同性的艺术符号提炼出来，通过艺术创意附加到相关旅游商品之上，提升其文化附加值，促进旅游商品销售。[①] 结合旅游的形式发展白马藏族艺术，向游客展示原汁原味的民俗民风，吸引更多的游客前来感受白马藏族艺术的魅力，获得了良好的社会效益和经济效益。[②]

中国幅员辽阔，历史悠久，民族众多，民间艺术类型丰富多彩。民间艺术源于五千年的中华文明，是我国非物质文化遗产，它深深根植于各族民间，是中华民族身份的象征，其传承机制及保护力度都会影响到社会的整体状况，是培养中华民族文化认同感的宝贵资源，是凝聚各民族力量的重要源泉。保护好、利用好白马藏族艺术，是对民族精神的凝聚和延续，对于当代文化创新，对于实现中华民族伟大复兴，都具有不可估量的作用。

① 张中波.周武忠民间艺术旅游商品化的路径 [J].民族艺术研究，2012(10):115-122.
② 王文章.非物质文化遗产概论 [M].北京：教育科学出版社，2014：303.

# 第二节　少数民族乡村的特色文化资源

岁时节令是中国最重要的社会生活民俗，特别是春节、中秋这种阖家团圆的日子，随着城市化的进程和人口的迁徙变得淡化了，而乡村则较好地保留了这些民俗活动。于是去乡村过大年这种民俗旅游产品就盛行了起来，游客可观看杀年猪，吃杀猪饭，参与写春联、放鞭炮等活动，体验地地道道的乡村春节，寻找失去的中国年味。

## 案例 3-14　傣族泼水节

泼水节最早起源于公元 5 世纪的波斯，当时命名为"泼寒胡戏"，由波斯经印度传入缅甸、泰国和中国云南西双版纳等地，约在公元 12 世纪末至 13 世纪初经缅甸随佛教传入中国云南傣族地区。随着佛教在傣族地区影响的加深，泼水节成为一种民族习俗流传下来。

《中国大百科全书·民族卷》列出的泼水节起源时，提到其"与小乘佛教的传入有密切关系，其活动包含许多宗教内容。但就其以泼水为主要活动的原始意义来说，也反映出人们征服干旱、火灾等自然力的朴素愿望"。上海辞书出版社于 1990 年出版的《中国风俗辞典·泼水节》写道："此节日起源于印度，后随小乘佛教传播，经缅甸、泰国和老挝传入我国傣族地区，故又称——浴佛节。"

泼水节是展现傣族水文化、音乐舞蹈文化、饮食文化、服饰文化和民间崇尚等传统文化的综合舞台，是研究傣族历史的重要窗口，具有较高的学术价值。泼水节展示的章哈、白象舞等艺术表演有助于了解傣族感悟自然、爱水敬佛、温婉沉静的民族特性。节日期间，人们互相泼水祝福，有着"洗去过去一年的不顺，带来好运"的祈愿（如图 3-11）。

图 3-11　云南省西双版纳的"泼水节"

泼水节历时三日，第一天为"麦日"，类似于农历除夕，傣语叫"宛多尚罕"，意思是送旧。此时人们要收拾房屋，打扫卫生，准备年饭和节间的划龙舟、放高升、文艺表演等各种活动。第二天称为"恼日"，"恼"意为"空"，按习惯这一日既不属前一年，亦不属后一年，故为"空日"，这天通常要举行泼水活动，纪念为民除害的天女，以圣洁之水消灾免难，互祝平安幸福。第三天叫"麦帕雅晚玛"，据称此麦帕雅晚玛的英灵带着新历返回人间之日，人们习惯将这一天视为"日子之王来临"，是傣历的元旦。泼水节来临，傣家人便忙着杀猪、杀鸡、酿酒，还要做许多"毫诺索"（年糕）以及用糯米做成的粑粑，在节日期间食用。

## 案例 3-15　傈僳族刀杆节

傈僳族在世界上总人口数有 120 万，中国的傈僳族有 73 万，其中云南傈僳族有 57.8 万，主要分布在怒江、丽江、腾冲。相传在明朝，王骥将军尊重少数民族，对傈僳族人民更加亲和，如同兄弟姐妹一般，结下了深厚的友谊。王骥与他的将士们克服各种困难，勇敢作战，刀山敢上，火海敢闯，又在边境建筑了一些炮台和关卡，训练当地民兵驻守边关的本领，使得人们过上了安居乐业的生活。后来，人们为了纪念王骥将军和那些将士们，便创造出了刀杆艺术，人们把刀杆和火塘比作王骥将军的战场，学习他勇上刀山下火海的精神。刀杆节是傈僳族人民心中一门神圣的艺术，上刀山这种艺术传男不传女，看传承是否顺利就看"开香路"是否顺利（就是看有没有被香烧伤），还要看上刀山是否顺利（有没有被刀子划伤），上刀山下火海从祭祀转变成节日，仪式的转变也是非常的明显。以前，作为祭祀仪式的上刀山下火海，主要以祛病消灾为主要功能，时间也是不确定的。据历史记载，腾冲市的傈僳族是在明代由汉族迁居至此，后来规模越来越大，就开始举办一些集体的娱乐活动，刀杆节也是由此发展而来的。

随着时间的推移，各种制度建立起来，于是也确定了刀杆节的时间。彝族与傈僳族之间文化相互借鉴，他们祭拜神灵，共创一种宗教文化，于是傈僳族的刀杆节也被彝族共享，后来慢慢转变成在固定的时间表演，使节日更加有意义。

"上刀山"是刀杆节最重要的一部分了，它不仅为了纪念王骥将军，也是在引领着一种精神。在上刀山之前先祭拜，祭拜也有他们自己的规矩和程序，祖宗牌位—左方—南方—右方—祖宗牌位，然后就到了开香路环节。开香路的时候要先上左脚，再上右脚，首先要将香摆成一个刀杆的样子放在地上，不管是在数量上还是造型上都是一模一样的。香摆成的刀子形状也是一样的，一炷香代表一把刀。到了第二步就开始跳地皮，意思就是在地上跳舞，左脚在前，右脚在后，对着锣鼓声跳错了或者脚步错了，老香通就会抽打他们，这个得一直跳到第八炷交叉的香时就算作第一轮，然后开始第二轮，直到跳到第36炷香时才算完了，意思也是把36道坎走完。

"下火海"是刀杆节的另一部分，是为了纪念亡灵而举行的仪式（如图3-12）。在下火海的前三天，人们就要到庙里烧香拜佛，祈祷平安。几天前香通就要洗澡、祭祀，祭祀的时候用的是鸡、猪、鹅，由香通先吃，因为怕有毒，然后再由神灵吃，代表不受伤，为人民祈福，保平安，收获丰硕的果实。下火海时要先"洗脸"，人们将火炭烧得通红，然后在火炭最灼热的时候，将火炭放到脸上，这也是对火的一种尊敬。下火海也称作"洗火澡"，是一个洁净仪式。香通在非常入神的状态下，赤脚走在烧得通红的火炭上，表演打斗的场面和在火中打滚，还要用烧得通红的铁链缠绕在手上，铁链差不多有三米长，非常牢固，也很重，首先将铁链在火中烧，然后将铁链放在手上，玩弄一些花样，虽然都是一些危险的项目，但是香通是不会受伤的，这些道具在我们平常的生活中是见不到的。

图 3-12 傈僳族刀杆节

三弦舞是一种集体歌舞，节奏很有力，脚的动作比手的动作多。常言道：三弦一响，脚板就痒。可以看出傈僳族对舞蹈情有独钟。三弦舞动作主要在脚，除了弹奏三弦以外，伴舞的人几乎没有什么特别的动作，很自然地随着身体摆动，舞姿还是非常的优美，极具民族特色。可以根据不同地域、不同状态编成一个舞蹈，其有八条动作大纲：一是引入步调，基本动作起步，转为"水池里滴水滴溜溜"；二是喜气洋洋，选用了"柔中丛中打漂玩"；三是群情振奋；四是欢呼雀跃，其中加上吼声"唔唔唔"表现了热烈粗犷的情绪；五是勇敢顽强，采用了"上起坡来我想念"；六是战胜强暴，采用了三弦调"哪里去求哪里去"；七是你追我逐，加上喊声"诺尼诺来、撒谷打来"，意思就是你和我来喝同心酒，表现阿妹爱上勇敢的阿哥，你追我逐的场面；八是永结同心，一个别具一格的喝同心酒造型结束。它来源于生活，反映了他们的生活日常，所以也非常受欢迎，得到了很多人的认可。

傈僳族刀杆节由原来的祭祀仪式演变到现在的舞台表演和艺术，这是一种文化进步的象征，也是改革开放的重要进步，民族文化间互动的增强。这些民族文化都有悠久的历史，我们更加有义务宣传和保护这些民族文化。少数民族文化是国家的一笔宝贵的财富，反映了民族之间自强不息、团结一致、热爱生活的品质，正如一句歌词唱道："56 个民族，56 枝花，56 个兄弟姐妹是一家。"我们都是一家人，所以更加有责任和义务去宣传少数民族文化，使傈僳族刀杆文化在祖国阳光的照耀下茁壮成长，成为一朵璀璨艳丽的花。

## 案例3-16　藏族雪顿节

　　藏族世居青藏高原，具有悠久的历史和文化传统。历史上，由于藏族普遍信奉藏传佛教，许多传统节日都与佛教有着千丝万缕的联系。丰富众多的节日也是藏族宗教文化的主要表现，雪顿节是众多节日中历史悠久且影响广泛的传统节日之一（如图3-13）。"雪"是酸奶的意思，"顿"是"吃""宴"的意思，"雪顿"就是吃酸奶或酸奶宴的意思。

**图3-13　藏族雪顿节**

　　关于雪顿节的起源众说纷纭，目前学界比较公认的说法：夏季来临，万物复苏，为避免踩伤小生灵，藏传佛教格鲁派创始人宗喀巴大师[①]制定了许多严规戒律，规定每年百虫惊蛰的藏历四月至六月三个月期间，各寺院的僧侣们要行"三事"，即长净、说戒和夏令安居[②]。其中夏令安居期间，僧侣们要在室内专心念经修行，严禁踏出寺门，到夏令安居解禁后，僧侣们纷纷下山化缘行善。这时正值牛羊产奶的季节，当地百姓拿着新鲜的酸奶施舍，而寺庙也为僧人举办奶酪宴会，年复一年，这种习俗就固定并延续下来。学术界已经就这一问题达成一致，雪顿节最初只是僧人吃酸奶的节日，缘起于藏传佛教格鲁派夏令安居仪轨，有着浓烈的宗教意味。[③]

　　在雪顿节的发展过程中，历代达赖喇嘛的支持发挥了重要的作用。1622

---

[①]　格鲁派是1409年由宗喀巴大师创建，提倡严守戒律。历史上又称格鲁派为"黄教"。
[②]　夏令安居，藏语称之为"亚乃"，意为"坐夏""安居"。哲蚌寺规定藏历六月十五至三十日为夏安居日。
[③]　查斌.从神圣走向世俗——雪顿节世俗化与藏戏研究[D].武汉：华中师范大学，2011：12.

年，五世达赖喇嘛阿旺·罗桑嘉措在哲蚌寺①坐床，成为格鲁派领袖，之后格鲁派势力逐渐扩大。②哲蚌寺一度成为西藏的政教中心，每年的雪顿节来临，具有浓重宗教意味的展佛也是必不可少的，成为拉开雪顿节序幕的一项神圣的宗教仪式并一直延续下来，因此，民间百姓也称为"晒佛节"。因五世达赖喇嘛喜欢藏戏，于是每年夏令安居解禁后的奶酪宴会上，引进各地的藏戏班子为宴会助兴表演。对于藏戏的引入，查斌对此已有论述，认为"藏戏"虽然有着古老的源头和久远的历史，但真正被容纳进一个固定的表演场所和表演时间要晚于雪顿节，而雪顿节的起源可以追溯到格鲁派的夏令安居仪轨，藏戏表演则始于五世达赖喇嘛时期。相对于17世纪之前，这时的雪顿节崭露出世俗化的头角，宗教活动中虽然融入了藏戏表演这种文娱活动，但表演范围仍局限于哲蚌寺，所以又叫"哲蚌雪顿"。

1653年，五世达赖喇嘛从哲蚌寺迁至布达拉宫，雪顿节的藏戏表演也随之迁往布达拉宫，由此形成"哲蚌雪顿"和"布达拉雪顿"共存的局面。1720年，七世达赖喇嘛格桑嘉措执掌西藏政教大权后，修建了夏宫罗布林卡③，雪顿节的活动重心随着政权的迁移发生了表演空间转移。雪顿节期间，达赖喇嘛下令允许全民进入罗布林卡看藏戏、游园，其中包括朗生（农奴），甚至戴着脚镣的囚犯，男女老少共享雪顿之乐。雪顿节不再是僧侣贵族和上层权贵的专属，已经扩展到世俗的各个阶层，打上了世俗化娱乐的烙印。④由此可见，雪顿节彻底走下神坛，迈向世俗化。

进入20世纪十三世达赖喇嘛时期，雪顿节成为噶厦政府的一个官方假日，期间，噶厦政府各机构停止办公，放假5至6天。雪顿节也形成了初步的基本模式。雪顿节第一天，哲蚌寺和色拉寺展佛，12个不同风格、不同地区的藏戏团体和艺术团体到哲蚌寺举行"谐泼"仪式，向孜恰官员报到。第二天到布达拉宫进行简短的祈福表演，之后在罗布林卡向达赖喇嘛和贵族表演整本剧目。展佛、藏戏表演、游园成为这一时期的主要活动，一直

---

① 哲蚌寺全名是"吉祥米聚十方尊胜洲"，象征着繁荣昌盛，由宗喀巴的弟子降央曲吉扎西班丹于1416年主持修建而成，是格鲁派三大寺庙之一，其余两座寺庙是甘丹寺、色拉寺。
② 查斌.从神圣走向世俗——雪顿节世俗化与藏戏研究[D].武汉：华中师范大学，2011：13.
③ 罗布林卡，藏语意为"宝贝园林"，是七世达赖喇嘛以后历代达赖喇嘛的夏官。
④ 林继富.世俗化的动力机制[J].节日研究，2011（2）：157.

延续下来。

1959 年民主改革后，由于历史原因，雪顿节不再举行。1986 年在中央政府的支持下，西藏恢复了雪顿节，同时增设了藏戏表演场地龙王潭公园。2006 年雪顿节和藏戏入选第一批国家级非物质文化遗产名录。为了更好地保护和传承非物质文化遗产，雪顿节由拉萨市人民政府主办，以"政府引导、市场运作、社会参与"的模式运行，在传承展佛、藏戏会演、游园三大传统节日内容的基础上，加入现代化元素，与现代体育竞技、经贸洽谈、商品展销、招商引资、高峰论坛等结合起来，呈现给世界一个神圣与世俗、传统与现代并存的民俗盛宴，雪顿节也成为西藏文化旅游的重要名片。

# 第三节　休闲乡村与乡村文化改造

## 一、农耕文化与乡村文化空间的现代体验塑形

近年来，伴随着乡村振兴战略的推进，农村发展问题得到了越来越多的关注。传统文化空间如古建筑、古村落的复兴，不仅给蒙尘许久的古建筑、古村落注入生机，同时也为当地经济带来发展的可能。对传统乡村文化空间尝试进行适当的现代塑形，不仅继承发扬优秀的农耕文化传统，留住传统的记忆，更是给了优秀传统文化在现代社会焕发生机的机会。

### 案例 3-17　传统空间的复兴——向现代文化形式的转型

乡村空间在未被城市化影响之前，整体的人口流动性较差，相对处于较为封闭的状态。中原土地文化以它的沉淀与包容的特点迅速在整片中华大地上生长，依据地缘、空间特性的不同，先人因地制宜在不同的生活区域形成不同的区域特色。中华民族是典型的大河文明，依靠河流与土地聚集而居，肥沃的土地与充足的水源形成了自给自足的小农经济。自给自足的状态意味着交流性较差，空间较为封闭，因此一些传统的村落里，村民

原有的生活状态与生活习惯，以及特色的民居建筑等依旧保存良好，这种情况在一些边远地区或者山区尤为明显。特色的地方建筑是一座城或村落的记忆，早年的乡村规划是精英式的规划，大多处于一种探索的状态，人们对于乡村建设的理解简单停留在"拆除旧的，建立新的"上，所以梁漱溟先生在《乡村建设理论》一书中发出感慨，中国的近百年史其实是一部"乡村破坏史"。保护乡村文化，留住人们失落的记忆，是当前最应关注的问题。

永泰县是福州面积最大的县城，建县于唐朝永泰二年，因此得名永泰。庄寨是永泰县独具一格的民间传统民居建筑，被誉为"南方民居防御建筑的奇葩，农耕社会家族聚落生存的记忆，传统乡绅文化弥足珍贵的载体"。永泰庄寨最初建设于唐朝，在各个朝代都有不同程度的发展，到晚清，庄寨已经遍布永泰县的各个村镇（如图3-14）。这种将防御区与居住区归并于一处的建筑群，四周砌起高大坚固且耐用的围墙，以坚固的围墙来躲避战乱攻击，具有良好的军事防御功能。围墙的中间构筑普通的传统民居建筑群，这样一来，坚固的围墙不仅能够抵挡外来的侵犯，而且能够有效地保护村民的财产与生命安全。与福建永定土楼以居住性能为主、防御功能为辅的特点略不相同，永泰的庄寨具有居住和防御功能并重的特点。

图 3-14　永泰庄寨俯瞰图

2015 年对于永泰庄寨来说是一个具有里程碑意义的年份。在此之前永泰庄寨深藏于闽中地区的山间，未引起重视。直到 2015 年，有位摄影爱好者拍摄了一组关于永泰山水村落的组图，想要出版一组关于永泰古村落、古建筑的画册。当永泰古村落以照片与图画的形式呈现在大众眼前时，人们被这样古色古香的村落与建筑深深地震撼了。经过当地相关政府部门的探讨与研究，他们当即决定组织一笔专款用于保护永泰古村落建筑。至此，被历史尘土掩盖的永泰庄寨，终于守得云开见月明，重新活跃在人们的眼前。

2015年9月，永泰县村保办成立。政府组织拨款2000万元用于修缮庄寨，像这样大规模投入资金用于文物保护工作的例子，在政府资金并不充裕的情况下，是十分罕见的。县保办首先着手了解古村落建筑的现状。连日奔波下，他们在梳理中发现，古建筑的破损情况十分严重，整修事宜刻不容缓。现存较完整的、保护较为周全的庄寨仅152座，这意味着县保办小组的修缮工作将十分艰难。在梳理调查的过程中，县保办小组成员发现，当地许多民众丝毫没有意识到庄寨的重要性，在他们眼中，这些建筑不过是年代久远的危房。当地许多村民为了盖新房，甚至主动拆除庄寨，将庄寨中可以变卖的木质构件等拆掉变现的案例也比比皆是。工作小组成员苦口婆心地与当地一意拆除庄寨的群众进行沟通交流。他们四处奔波游走，开不成集体大会就挨家挨户做工作。

在县保办小组成员的共同努力下，修缮工作终于呈现出良好的局面。然而问题随之而来，古村落的破损程度十分严重，仅仅是修复一座庄寨就需要花费1000余万元，政府拨款的2000万元根本无法满足整个地区的村落修复与保护。工作小组意识到，要想修复村落，单凭政府的一腔热情是无法实现的。庄寨保护与修复是否能够做到可持续发展，需要得到当地群众的支持与响应，唯有如此，庄寨才能与群众共生共存，一同成长，一同发展。

永泰庄寨中大部分庄寨是同一宗族后代的共同财产，在几百年的繁衍生存中，同一宗族的后代人口已经遍布全国各地，产权情况十分复杂。在政府领导的研究下，县保办小组发动当地的宗亲力量创建了极富创造力的庄寨发展与保护理事会制度。该制度致力于在庄寨所属的同一宗族中公选出既有经济实力又有威望的人来担任理事，在修缮庄寨各项事业的问题上起到组织与领导的作用。宗族理事会乃全国首创，该理事会在整个修复与保护庄寨事项中起到至关重要的作用。它就像一座桥梁一样，一头牵连着血缘宗亲，一头联系着政府组织。既方便政府政策的实施与落实，也保证了民众之间的和谐与认同，减少了沟通不畅的情况，使得整个项目在高效率中完成。

几年来，在政府和群众的共同努力下，庄寨的拯救工作进行得有条不紊。乡村文化振兴是乡村振兴的铸魂工程。永泰县村保办面对现实，对有限的资源进行了最大限度的整合，希望能够吸引国内外学者前来挖掘庄寨的文化资源。当地主管部门经常邀请国内外学者前来庄寨，共同研究开发庄寨文化。许多高校还在此创建大学生课外实践基地。这样一来，永泰县可以借助学者和高校学生的力量，深度开发庄寨文化。永泰县村保办相信，乡贤文化是乡村振兴得以顺利进行的一大推力。乡贤文化植根于中华家园的母土文化之中，是中华民族优秀传统文化的重要组成部分，从历史悠久的农耕文明到如今的新时代，乡贤文化的积极作用不容忽视。永泰县村保办为此提出了一系列可行计划。县村保办大力实施"回归工程"，利用乡贤文化吸引更多乡贤回归村落、发展村落。在乡贤文化的滋养下，大力传颂老一辈乡贤精神与文化，与此同时，还在继承中创造，争取培养具有新时代精神的新乡贤。值得一提的是，永泰县设立了传统名匠传习所。利用永泰城乡建设职业中专学校的平台对传统名匠进行普查登记，力求传承本地名匠技艺，将传统工艺一并归入保护的队伍中。借助高校的力量深度发掘乡村文化内涵，修复乡村记忆，唤醒人们的乡愁，唤醒人们对乡土文化的思念。为此，永泰县还创建传统民俗文化主题的展览场所，设置了一系列博物馆，向前来的游客介绍永泰的专属回忆，打造公众文化空间。

如今，永泰庄寨正在为申遗做准备，希望能通过这个方式，让越来越多的人关注到永泰的古村落建筑，县村保办也希望通过这样的方式让庄寨得到更多更好的保护。

福建永泰庄寨的活化充分说明了传统建筑在今天依旧极有生命力。永泰庄寨在现代社会中寻求自己的定位，使古庄寨得以在现代重现风采。

## 案例3-18　江苏省苏州市张家港市南丰镇永联村<br>——苏州江南农耕文化园

党的十九大提出实施乡村振兴战略，明确了"产业兴旺、生态宜居、乡风文明、治理有效、生活富裕"的总要求。2018年中央一号文件《中共中央国务院关于实施乡村振兴战略的意见》指出，要充分保护和挖掘农耕文化遗产，深入挖掘优秀农耕文化遗产中所蕴含的优秀思想观念、人文精神和道德规范，发挥农耕文化凝聚人心、教化群众的功能。

永联村——曾经的江苏省苏州市张家港市南丰镇内一个面积最小、人口最少、经济最落后的贫穷小村庄。近十年来，永联村投入数亿元用于新农村建设，不断以工业反哺农业，促进农业产业化经营，发展以农耕文化为主的休闲观光农业，形成了苏州江南农耕文化园等系列园区。该文化园是2010年苏州市文化产业重点项目之一。农耕文化园的建设思想是将本地打造为一个功能丰富的"缩小比例的江南水乡"。官方将其划分为9个农耕文化功能区。

一是农耕历史体验区。农耕历史体验区主要通过梳理我国土地制度的变化、耕作方式的演变以及历代农业著作等方式来展现农耕文化的传承。农耕历史文化体验区通过各种雕塑、碑刻以及实物多方面展示农耕文化底蕴，农耕文化的展示不再仅仅局限于文字的书写，它以一种更加直观、具体可感的方式出现在人们眼前。该体验区展示了中华民族由刀耕火种的原始社会如何变迁到使用石器锄耕的时代，又是如何从简单的石器工具演变到铁犁牛耕。用线性的脉络梳理耕作方式的历史，将中华民族的源流从古至今联系起来，再向未来缓缓流去。氏族公社的出现标志着人类进入原始社会的高级阶段，从土地氏族公社所有制到商周时期已经发展成熟的奴隶主贵族土地国有制的井田制，展现土地从氏族成员共有到所谓"普天之下，莫非王土"的社会，由于铁器农耕的出现，井田制开始崩坏，后来的屯田制、均田制相继出现。该体验区通过展示土地制度沿革，梳理时代变化和社会的更迭。虽然朝代和社会在不断更迭变化，但是农耕文化却以它的强大生命力将中华民族的历史串成紧密的珍珠。

二是农耕谚语区。农耕谚语区更多地展示农民们在劳作过程中积累起来的经验。他们用最简单朴实的语言将劳动过程中得出的经验歌谣化、谚语化，将耕种的原理、庄稼收成等内容通过谚语的形式保存并流传。江南农耕文化园的农耕谚语区，采用实物实景展现的形式或用雕塑、日晷以及八卦田的表现形式生动形象地展示出农耕谚语中所蕴含的极富天时、地利、人和的文化内涵。同时，采用石柱雕刻的方式将谚语展出，58根石柱拔地而起，如同一片巨石森林耸立在园区内，极为震撼（如图3-15）。园区邀请了86位苏州籍全国书法家协会会员参与设计与书写，汇聚成171条极富文化内涵与审美价值的谚语展示。这种活化能够带动传统的乡村文化重新走进人们的视野。

图 3-15　农家谚语区碑林

　　三是十二生肖区。生肖区同样采取雕塑的方式按照"子鼠、丑牛、寅虎、卯兔、辰龙、巳蛇、午马、未羊、申猴、酉鸡、戌犬、亥猪"的十二生肖排列方式，将生肖所关联的成语与故事融合在一起进行展示。雕塑的生肖形象根据生肖动物各自不同的性格特色而有所变化，灵活的猴子、机灵的兔子、安静温顺的羊……同时，生肖园区还展示不同生肖的图片以及文字资料，让前来参观学习的游客能够通过生肖区的展示，对我国传统的生肖文化有更加深入的了解。

　　四是农户设施区。农户设施区采用江南农家小院的呈现形式，将江南农户生活劳作中所需要用到的各种灌溉工具、耕作工具、运输工具、收割脱粒工具以及捕捞工具、编织工具等具有江南农耕特色的用具进行展示，相应的工具还配备文字及图片解说，让观者能够更加快速地了解工具的演变历史及功能与使用操作方法（如图 3-16）。

图 3-16　农户设施区农家用具

小院中央放置的是木制的桌椅，墙上挂着斗笠与蓑衣，将江南农家小院的生活气息以实景重现的方式展现给大众，实景化的体验更有利于游客了解农家生活。

五是土地利用区。土地利用区主要是以植物种植利用为主对畲田、梯田、涂田以及桑基鱼塘等多种土地利用形式进行展示。走进土地利用区就像走进了一个微观的生态养殖园，各种土地利用形式的展现充分说明了中华民族劳动人民的创造力与智慧，他们能够根据土地的肌理，对土地做出适当的利用和安排，让前来参观学习的游客亲身体验中华民族源远流长的农耕土地利用历史的演进过程。

六是动物养殖区。动物养殖区位于整个园区的中心。通过各具风格特点的桥梁与其他园区连接，形成一个具有流动性的园区观光系统。动物养殖区内养殖了许多家禽家畜，方便游客在观看江南农家动物的同时，有机会与动物进行近距离的接触。家禽家畜的饲养在农村并不少见，但在城市里却是不常见的。园区的开设秉着"自然、开放、亲切"的理念，让更多的城市游客感受乡土农家的生活。园区内还设有许多形象生动逼真的动物雕塑，有根据动物习性进行展示的，如孔雀开屏等；有根据中国人耳熟能详的一些故事进行展示的，如鲤鱼跳龙门等；还有紧跟时代潮流，根据一些动漫形象塑造的动物角色，如喜羊羊与灰太狼等。风格差异较大的展示区适合不同年龄层的游客游玩。

七是江南作坊区。江南水乡民间传统手工艺在这里可以得到体验。祖辈上常常听闻的弹棉花、磨豆腐在这里可以参观学习与制作，还有如何制作布鞋，如何拉风箱打铁器，如何酿酒榨油等都可以在江南作坊区得到答案。江南作坊区把人们失落的记忆重新捡拾起来，手工作坊体验的模式更有助于游客体验坊间生活与农活的滋味。

八是乡村能源区。乡村能源区同样以乡村能源发展演变的历史为主线进行展示。以文字和图片解析介绍自然能源的使用原理，游客可以了解风能、水能、太阳能以及生物能等乡村能源的使用。乡村能源的发展可以看出乡村的发展，乡村能源的使用历史是乡村经济发展的小小缩影。

九是农家休闲区。在农家休闲区中，人们可以尽情感受"小桥流水人家"式的江南水乡生活。园区内有传统的船、马车、牛车等交通工具，也有现代化的电瓶观光车。江南农耕文化园是与现代相结合的园区，为游客提供一个休闲放松的环境。

通过打造农耕文化区，将农耕文化融入现代城市生活中，用体验的方式将农耕文化传承下来。江南农耕文化园的成功之处就在于它在园区建设中加入了许多历史文化元素，形成了一个文化氛围浓郁的体验式农园。这样的农园不仅可以创造出巨大的经济效益，推动产业链的持续运转，而且可以收获较大的社会效益。

## 案例3-19 上海市松江区泖港镇——"新江南田园"

松江区泖港镇地处上海市松江区南部、黄浦江南岸，是松江浦南地区三镇的中心。泖港镇有着得天独厚的自然优势，城镇位于太湖流域蝶形洼地底部，因此小镇境内有着一大片低洼地，整体地势比较低平，适合开垦耕地、发展农业。与此同时，城镇内水网密布，池塘和沟渠较多，是典型的江南水网地带。泖港镇不但拥有发展农业所需的水、地条件，连其本身所在地区的母质土壤也是难得的江海沿积和江湖沉积，土地的肥沃程度很高，后逐渐发育成为水稻土等主要土种，加上本地的气候为海洋性季风湿润气候，使得该地的气温、降水等条件都非常宜人，种种条件都表明该地是一个发展种植业和农业的好地方（如图3-17）。

图3-17 泖港镇俯瞰图

20世纪90年代以来，生态旅游的概念逐渐深入人心，随之而来的生态旅游业以其迅猛的姿态在旅游业中迅速壮大。生态旅游是一种能够较好地适应市场机制且以自然环境风光为基础的旅游形式，能够实现旅游业盈利与保护当地环境相结合的双赢发展目标。同时也是国家政府机构用来实现可持续发展战略与绿色发展的一项有效工具。随着收入的增加，生活水平的提高，现代人们对娱乐休闲的要求逐渐提高，旅游成为大多数都市人放松身心的方式。但普通的旅游已经无法满足现代人的需求，人们需要的是远离城市喧嚣与压力的返璞归真式的旅游。长期的工作压力致使现代人染上越来越多的职业病，患病的年龄也越来越偏于年轻化，由此可见城市快节奏的生活给人们带来的压力与负担。泖港镇借着自己独特的农业文化，就地发展了生态农业观光，这是农业与旅游业交叉的新型产业。人们渴望多样化的旅游，特别是在山清水秀的自然农村环境中释放自己的压力，放松身心，于是泖港镇的农业生态休闲观光园应运而生。

泖港镇在 2007 年对农业发展模式进行改变，走上以家庭农场为主要经营模式的发展道路。在新模式的经营下，泖港镇土地产出效率和人均收入都有了很大提高，当地人的生产积极性被大大激发。有了家庭农场模式经营和生态园建设的成功先例，政府部门在原先生态园的基础上，发掘总结生态园的休闲特点，充分利用生态园的自然景观和生态场景来发展体验式农业与观光式农业相结合的特色生态文化旅游。因为泖港镇临近上海，小镇周围经济发展水平较高，公共设施和基础设备也相对比较完善，在交通上有着极大的优势与便捷，泖港镇成为周围城市的"菜篮子"，源源不断为周围的大中城市输出新鲜优质的蔬菜瓜果。随着泖港镇的出名，政府一方面努力营造自己城镇的品牌优势，另一方面便是将农业引入生态旅游建设的范围。泖港镇充分整合了自身所拥有的各类乡村旅游资源，将休闲产业的功能集聚起来，发挥它的优势最大值。发展生态文化旅游给泖港镇开辟了一片崭新的奋斗天地，原先一些落后的工业产能逐渐在小镇发展过程中被淘汰，从而退出了时代舞台。泖港镇以节能环保为标准，一手抓环保农业，延续其"菜篮子"的美名，一手抓卫生与生态保护，对村庄原有的基础设施进行修缮修建，开启了全面改造村庄计划。在这样的环境中，泖港镇全镇的环境焕然一新，卫生状况显著改善。生态文化旅游不仅成为泖港镇经济发展新的增长点，还美化了小镇的环境，达到双赢的效果。

泖港镇黄桥村是在党的引领下打造出来的"新江南田园"，在推进社会主义新农村建设的过程中，黄桥村逐步完善自身，整个乡村呈现出鸟语花香的新气象，为村民们营造出良好舒适的生活环境，打造美丽和谐的家园。2017 年 11 月，素有"浦江第一村"美名的黄桥村更是获评为第五届全国文明村镇。黄桥村位于黄浦江源头处，这里水清岸绿、交通便捷。绿色农业模式下，这里的瓜果蔬菜农产品都使用有机肥料或者生物化肥来培育，村庄内有专门的中心检测食品，以保证其绿色无公害。在这样的生态园基础下，黄桥村开发出一个休闲安逸的"QQ 农场"。在浦江源农庄内，游客们可以在认种的菜园里播种耕种，待到蔬菜成熟时，可以自己亲手采摘绿色安全且新鲜的蔬菜。不仅可以让一家人在休闲时光聚在一起，还可以让年幼的孩子了解一些相关的农业知识，感受田园生活的乐趣。"养成"类的菜园经营模式吸引了很多游客前来体验，成为黄桥村经济发展的又一重大推力。

在农业发展上，黄桥村有着自己的独特经验。同时，黄桥村还大力发展和推广古老的民俗文化，并将民俗文化与生态旅游相结合，开创出上海"楹联第一村"。楹联是中华文化独有的文学形式之一。黄桥村利用生态旅游的基础，大力挖掘中华传统民俗文化，成立黄桥楹联沙龙，将社会主义新农村建设与古老的民俗文化相结合，不仅为古老的民俗文化注入新活力，而且还使得乡村的发展更加扎实、有根基，打造出具有黄桥特色的文化村落品牌，深受大家喜爱。黄桥村先后开展了"迎奥运抒豪情"楹联展、"五五普法进农村"法制联展等一系列活动，以楹联文化吸引文化旅游、促进法制宣传等，做到了真正的文化继承与发展。

## 案例 3-20　厦门市同安区汀溪镇顶上村（顶村）
### ——"顶上人家"文化生态旅游

顶上村（也称顶村）位于厦门经济特区的西北部，属于厦门市同安区汀溪镇管辖，全村面积 6.67 平方千米，平均海拔在 450 米左右。地理位置偏向山区地带，与泉州南安市和安溪县接壤。顶上村也叫"山顶洋"，在闽南语方言中，"山顶洋"读作"山猪洋"。村民们说这是由于村子处于偏僻的山区地带，以前交通多有不便，极少与外界相通，村庄的状态相对比较封闭，因此常有山猪在村庄出没，这才有这个名字。顶上村环境优美，森林覆盖率高达 84%，有一万多亩生态公益林，水资源充沛，林地资源丰富，同时有 600 多亩的天然茭白湿地公园，山清水秀（如图 3-18）。

图 3-18　顶上村闽南民居

　　跟所有偏僻的山村一样，顶上村交通不便、信息闭塞、观念落后，经济发展停滞不前。全村的温饱基本只靠着小梯田的单季稻维持，村民人均收入低，村庄债台高筑。加上山高路陡，进出村庄走的都是泥土道路，非常不便捷。为了改变这样贫困的处境，村党支部呼吁村民一起齐心协力创新思路进行改革。在多次商讨之后，顶上村首先邀请专家来村庄进行实地调研。专家调研团多次实地考察，结合顶上村的自然条件以及地缘优势等特点进行综合考虑，终于探索开发出绿色生态旅游的新路子。由于本地资金匮乏、负债累累，原始资金无处筹集，但是顶上村打破传统的思维，采取招商合作经营的模式开发生态旅游。一番努力之下，2008 年，顶上村成功引入香港"劲美林业股份有限公司"到村里投资"顶上人家"生态旅行项目。凭借得天独厚的生态环境优势，顶上村还开发出"森呼吸"等项目，充分利用山地"天然氧吧"的优势，成为倍受厦门地区及周边地区市民喜爱的旅游度假休闲胜地。顶上村的经济得到了巨大的改善，政府部门带领村民一鼓作气，重组完善村庄的旅游资源，办起农家乐与民宿，不仅促进村集体经济的收入增长，还解决了顶上村富余劳动力的就业问题，更是将本地的农副产品销售渠道大大拓展开来，创造了巨大空间。以"顶上人家"项目为发展核心，大力推广绿色乡村生态旅游，推动民宿与农家乐的发展，打造"一村一品"的支柱型产业，建设茭白生产基地，带动全村村民共同发家致富。在特色农业与乡村生态旅游相结合的发展模式下，顶上村村民的人均收入由原先2000年的2 200元增长到2015年的22 000元。村庄的集体收入也由原本负债累累实现了质的改变，顶上村不但将自己原先的债务清还完毕，还有了76万元的村集体收入，全村的固定集体资产增长至700多万元。顶上村脱贫致富的经验给许多正处于新农村建设中的乡村提供了有效借鉴。

旅游业总是与节假日紧密相关，顶上村的客流量在旅游淡季明显下滑，工作日几乎无人前来。于是顶上村党支部经过商讨研究，决定联系厦门市旅游服务中心，创办了"海峡乡村旅游建设与培训示范基地"。培训基地的建设将迎来许多团队在此开展户外拓展项目，淡季无人的问题便迎刃而解。2016年，顶上村迎来了一些单位的年末户外拓展活动。在两天时间内，员工们放空自己，成为一个家庭生活在一起。在顶上村美丽的环境中，增强了团队的归属感，同时也增进了团队之间的协作能力与沟通能力。为了更好地统筹全村旅游管理，顶上村成立"厦门顶上乡村农家乐专业合作社"，采用科学营销打造特色农业和乡村旅游相结合的绿色生态产业链。

顶上村还致力于丰富自身的内涵，在发展建设的过程中积极学习、倾听意见与建议，经常邀请各大高校的学者和学子前来交流讨论。厦门大学艺术学院就在顶上村建立写生基地，将顶上村特色生态环境用画笔的方式记录下来，为学子们提供了一个舒适惬意的写生空间，在山水中更好地享受大自然带来的艺术美感。顶上村也吸引了一些艺术研修班在"顶上人家"进行采风活动，顶上风光成为广大绘画爱好者笔下的优美画卷。

家乡的迅速发展也吸引着许多年轻人才返乡，许多青年回乡创业，更有返乡青年建立起"顶上乡村户外拓展基地"，顶上村的建设真真正正成为全村人的事业。政府与民众互相信任，共同谋求发展，正是在这样的环境中，顶上村从原来的贫困小山村成功蜕变成一个美丽富饶的"富美乡村"，成为许多新农村建设的榜样和示范。2014年，厦门顶上村被农业部评选为"中国最美休闲农村"，紧接着在2015年顶上村被国家旅游局评选为"中国乡村旅游模范村"。顶上村的成功给予许多正在建设中的乡村一个良好的借鉴——以农业生态旅游为主，打造村庄特色农副产品进行产业链售卖，形成一个良好的运营空间。

## 案例3-21　厦门市同安区莲花镇军营村——高山农家文化生态旅游

厦门市军营村是同安区莲花镇的一个下辖村，位于厦门市第二高峰状元尖脚下，地处厦门、漳州、泉州的交界处，有着特殊的地理位置。军营村海拔千米以上，因此这里的植被被保护得很好，环境优美，周围均属于茶田，光害很小，此地茶叶素有"莲花高山茶"的美称。2018年7月3日，军营村入选农业农村部公布的"前六批全国一村一品示范村镇监测合格名单"。但军营村的成功并非一朝一夕实现的，它的发展是无数的干部和群众齐心协力造就的。

明末清初，郑成功曾在东南沿海多地修筑城寨，其中厦门和金门成为其重要基地。郑成功在厦门、金门修筑了多处城寨，以此作为军队训练和驻扎的营地。比较出名的有集美寨、高崎寨等。军营村有个远近闻名的"战地古堡"，官方称谓是"防空哨所"。防空哨所位于军营村四斗仑山顶上，这里地势险要、风光秀丽，登上远眺，许多美景尽收眼底。一直到中华人民共和国成立初期，这里仍然是一个重要的战略要地。1969年，中央军委、毛主席同志授予厦门军营村防空哨所以优秀哨所的称号。1978年，改革开放的春风吹遍神州大地，中国进入了经济发展推进期，厦门军营村军事驻地和防空哨所撤销。到1986年和1988年，当时任厦门市副市长和福建省委副书记的习近平同志两次到革命老区军营村和防空哨所视察工作。到2013年和2014年，福建省委及相关部门领导先后多次来军营村实地考察，做出了重修防空哨所的重大决定。厦门市军营村防空哨所作为中国海西厦门革命老区国防、人防、爱国主义和红色旅游教育基地，在新的时代焕发出勃勃生机，成为厦门市军营村红色文化的重要组成部分。原先古老的"战地古堡"，在新时代被赋予新的文化内涵，建设成为富含爱国情怀的教育基地，成为当地标志性旅游景观。此外，军营村还设有高山党校，是同安区委"两学一做"的教育基地。该教育基地的建设不仅有利于干部深入基层、到群众中去，而且有利于宣传军营村，一定程度上带动军营村的红色旅游与自然生态旅游。

走进村庄，四处可见农家人在制地瓜干，自己炒茶、焙茶。军营村的"莲花高山茶"尤为出名。由于军营村地势较高，这里的茶田是小规模成片划分出来的。加上高山水质较优，因此高山茶口感干净纯冽、清香扑鼻。在继承传统优势产业的基础上，军营村还与企业公司合作开发蓝莓种植基地、番茄种植基地等水果基地，充分发挥其自然条件的优势。军营村在开发其生态旅游资源的同时，重视文化资源的结合，充分发挥自身的优势。

摆脱贫困并没有捷径可以走，唯有坚持不懈地攻坚克难，水滴终有一天会穿石。习近平同志在考察福鼎时曾说过："抓山也能致富，把山管住，坚持10年、15年、20年，我们的山上就是'银行'了。"这样的"银行"在白交祠村和军营村也有一座。20世纪80年代末，军营村和白交祠村两个村庄开始植树造林和封山育林，时间的积淀带来了绿色的家园。现如今，两个村加起来共有生态公益林6800亩，2万亩的山地更是绿意盎然。千米的高山，纯净的空气，天然的"吸氧吧"，蓝蓝的天空，清清的水，以及成片绿油油的梯田式茶园构成了一幅美丽的世外桃源之景。对于长期生活在忙碌的城市中的人而言，钢筋水泥、喧哗吵闹是家常便饭，而这样纯净清新的田园生活对于他们是十分具有吸引力的。2012年，厦门市旅游部门发布的信息显示，农业观光游已经成为厦门"城市人"周末休闲的新方式。军营村和白交祠村的带头人这才发现，培育多年、付出心血的绿水青山，有一天竟然也可以变成金山银山。这座"银行"带给了白交祠村和军营村村民们一份宝贵的财富。2013年，小有成就的军营村和白交祠村被列为厦门市"五位一体"建设的试点村，两个村面对机遇，毫不懈怠，搭上幸运的列车，在市、区、镇各级政府和相关部门的大力支持下，不断推进基础设施的完善和旅游景点的打造。七彩池、高山哨所、百丈崖、光明顶等一批特色景点先后被开发出来。七彩池被誉为"闽南小九寨"，以月牙形状环绕着小山，似水晶莹剔透，湖边的芦苇在微风的吹拂下摇曳生姿，在风中飞舞。这样清澈的湖水并不是常见的"绿"，而是像翠玉一般的颜色，仿佛是镶嵌在这深山中的宝石，是一片难得的高山湖。许多人慕名而来。2015年，军营村更是获评"中国最美休闲乡村"。

## 案例3-22 敦化市雁鸣湖小山村——"雁鸣湖休闲谷"生态休闲旅游

小山村坐落在美丽的雁鸣湖湖畔，这里绿水青山、风景如画，处于吉林省与黑龙江省的交界处，位于雁鸣湖镇的东北端，三面环水，背靠青山，素有"北国水乡""塞上江南"的美称（如图 3-19）。但与其他村庄相比，小山村的地理位置相对比较偏僻，距离城镇镇区约 20 千米，距离敦化市市区约 70 千米。小山村的地理位置僻静，但也正是如此，才造就了它美丽的风景。小山村邻近国家级湿地保护区——雁鸣湖湿地园区。西边是佛国圣地敦化，东边是镜泊湖，它不仅是向西游览六鼎山的必经之地，还是长白山镜泊湖旅游线路的关键经过点。但在 2010 年之前，小山村还是雁鸣湖镇的落后村，这里出行不便，村路是泥泞的山路、土路，一到下雨天就满路的泥水，晴天车辆来往飞尘四起，出行极度不便。村内工业基础薄弱，村民生态保护意识较差，生活水平低下。在新政策的帮扶与村领导班子的带领下，雁鸣湖小山村走上了全国生态村、中国最美休闲乡村的道路，村民的生活发生了翻天覆地的变化。2018 年，村民人均收入高达 16 500 元，成了远近闻名的文化村、富裕村。

图 3-19　雁鸣湖小山村

　　小山村按照"支部当先锋，党员作表率，建和谐农村"的要求，结合村庄的实际，加强自身的建设。邀请专家学者前来开展工作、进行培训，抓好党员干部的发展工作。通过发布招聘，吸收新鲜血液，加入了一批年轻有为、思想活跃的干部新成员。在一系列改革中，小山村的管理部门能力和服务水平有了很大的提高。

村干部走访乡村，询问征求了许多村民的意见和建议，多次召开党支部会议进行讨论，最终根据小山村的条件制订了一套适合自身发展的计划。小山村村党支部认为，小山村依山傍水，风景秀丽，应该充分利用这一条件，结合国家相关政策，将小山村发展成为一个发展生态旅游产业的村子。村民不知道生态旅游区是否能够打造成功，对于这样一个他们从来没有接触过的发展模式，许多人表示疑惑。村干部多次利用村内报告栏等宣传通道宣传科普生态旅游的好处，以及建设生态旅游以后，村民们可以得到绿色可持续发展的好处。村干部用自己的行动说话，以入股的形式创建了小山众友合作社，希望能够吸引广大村民加入合作社，建设小山村生态旅游。一些村民在干部的鼓励下积极参与进来。小山村筹集到了村民干部的资金，建设了一大批基础设施，改善了村民的生活，提高了村民生活的舒适度和便捷度。在村集体经济紧缺的情况下，村"两委"领导班子向上级争取到了 2000 多万元的资金对乡村进行美化和建设。2010 年以来，小山村的农村建设投入高达 3000 万元，修建改造村庄中的公共厕所、安装围栏、硬化道路、修建文化广场等，获得了省级基层组织建设"三项工程"先进村的称号。

2015 年，小山村被中国农业部评为"中国最美休闲乡村"。2017 年开始，小山村正式发展乡村旅游，建设了"雁鸣湖休闲谷"和"雁鸣湖渔港"。雁鸣湖休闲谷面积高达 12 公顷，主要用于种植各种瓜果蔬菜以及花卉植物，整个休闲谷主要由花卉观赏区、特种经济作物玫瑰园、果蔬采摘区三个区域模块构成。休闲谷园区内还设有木栈道、景观风车等供游客拍照停歇，配备凉亭、休闲长廊供游客休息。特种经济作物玫瑰园中的玫瑰，不仅有观赏性，还具有经济效益，一举两得。园区内还设有 DIY 制作区，游客可以将采来的玫瑰花束包装好带回家，也可以在采摘玫瑰花后对花瓣进行加工，制作成玫瑰花酱、鲜花饼以及玫瑰花茶等，让游客在体验农家田园生活的过程中，享受收获的快乐。新建的雁鸣湖渔港主要从事的是服务餐饮业，为游客提供舒适的民宿。小山村修建了 19 座木质特色的房屋，其中有 751 平方米用作木屋民宿，还有 225 平方米用作餐厅。游客可以体验当地人冬季捕鱼活动，不但能够在农业活动中体验并参与农业生产活动、增长农业知识，而且还能在休闲农庄餐厅中享受野生鱼类大餐，品尝农村土鸡、鱼肉水饺、铁锅炖鱼等特色农家菜，真正实现了休闲、度假、调养身心、餐饮住宿为一体的农家生态旅游。在小山村体验的游客，还可以到小山村的"特产"店逛逛，将具有本地特色风味的鱼肉水饺、黏豆包等产品带回家，也可自行选购小山村绿色种植的野菜、大米等。小山村充分利用农业观光旅游，拓展农产品的产业链，拓宽产品销售渠道。小山村的积极探索，走出了一条旅游兴村的发展新途径。同时，小山村挖掘自己特有的民俗文化资源，结合当地的生态优势与资源优势，恢复了萨满冬捕猎文化，使该文化成为小山村的文化品牌。

村庄的经济稳步增长，村党支部对村民的精神文化生活也越来越重视。村庄内部评选各种模范家庭供大家学习，有"富道模范家庭""善道模范家庭""孝道模范家庭"等各种文明牌匾。村民之间互相学习、互相监督，相处和谐，展现了社会主义新农村建设的风采。

小山村一直坚持与自然和谐相处的原则，坚持将休闲和有机农业并重与协调。努力打造出具有乡村原汁原味风貌的生态文化体验园的文化氛围，以休闲旅游农业促进当地经济发展，建立农业循环的产业链，解决当地人劳动就业问题，同时打造更加吸引游客的生态旅游文化园。

## 案例3-23　台湾省台东县池上乡——"米文化"的延伸

池上乡位于台湾台东县，地处花东纵谷中部偏南方向，是由新武吕溪冲积而成的肥沃平原（如图3-20）。肥沃的优质土加上热带季风气候带来的充沛的雨量，成就了闻名全台湾的优质池上米。池上乡作为传统的稻米产区，其稻米还有一个别称——"皇帝米"，因为所产的稻米在日治时代就是用来进贡日本天皇的御用米，日本人喜爱吃米饭、制作寿司、制作便当以及一些米制的糕点，如和果子等。制作这些精致美味的食物需要用到优质的大米，大米的质量影响着食物的成品口味，所以池上乡的大米从日据时代以来就是被作为极其优质的大米来对待的。池上乡虽然风景还算不错，但是除了大米，并没有其他任何有特色的产业，同时地处偏远，与市区有一定的距离。想要吸引更多的人前来池上乡，就必须借助池上乡优质大米作为主线，打造一个"稻米首都"战略，再去发展相关的文化产业链和文化旅游消费产业链。于是池上乡在"一心做好米"的口号下，再打造出几条支线产业，形成自己独特的乡村发展道路。专家学者根据池上乡传统农家作息习惯，讨论提出"四季活动"主题活动，用农家四季生活与作息的习惯作为背景，欣赏池上四季更迭的景色，甚至可以在池上多停歇几日，细细发掘池上居民的热情和人文。

图 3-20　池上乡

池上乡最初的尝试是在秋季金黄的田野上举办"池上秋收音乐会"。2009 年，池上乡邀请了钢琴家在稻田中演奏。悠扬的音乐与金黄色丰收稻田的互相映衬下，高雅艺术融入了农家生活，艺术回归了生活。这一次的尝试被广大媒体争相报道，池上乡因此成了许多艺人向往的表演圣地，每年都有不同的艺人来到当地进行表演。秋色映衬之下的艺术氛围与农家闲适的渲染，让来到池上乡的人对这里的美景与安逸的生活留下深刻印象，不知不觉中与池上乡建立起微妙的心灵连接。但"池上秋收音乐会"每年仅举办一次，在带动旅游发展方面显得力不从心，于是池上乡尝试打造新节日，用"节日"庆祝"四季活动"的方式将人们聚集到池上乡。富有当地特色的"池上春耕野餐节"应运而生。池上乡吸引来自各地的游客到大坡池畔的草地上庆祝春耕野餐。大坡池畔，人们在湖面上搭建舞台组织艺术团进行表演，以湖面为舞台，欣赏乐团演奏。在忙碌的都市生活间隙，享受难得的轻松午后。池上乡选用当地优质的黄金池上米，将其进行加工，制成一系列的米食糕点供食客们享用。夏季，池上乡提出了极有创意的"池上夏耘米之飨宴"。采用五星级饭店主厨的创意，加上池上乡当地的老手艺加工，举办与众不同的特色"办桌"，用不同的形式吸引各地游客前来体验当地美食。除了打造以美食为主线的食文化，池上村还欢迎到池上乡驻乡的艺术家们，并且举办"池上秋收音乐会"等一系列艺术品鉴活动。池上乡的四季活动是以池上之美为出发点，希望让更多人知道池上。池上乡的"驻村艺术家"计划，就是池上乡联系生活与艺术文化的具体举措。池上乡的人们希望可以与来到这里的艺术家互相学习，了解彼此的生活态度，让艺术家深刻体会乡镇的美好，也让池上居民感受艺术家的创意。小村子成了文艺的聚集地，池上乡真正做到了文化融入生活，并带来稳定的经济效益，成为许多乡村学习借鉴的案例。

一直以来，当地的池上米都是通过各个中间商的收购、包装，然后流入市场。市场上池上米的售价一直处于较高的位置，但是当地种植户从中赚取的并不多，米农将池上米售给中间商的时候，收取的价格并不高。当地居民了解到相关情况以后，决定发展属于自己的产业销售链，将池上米种植与销售一体化集中在当地人手中，用更加低廉的价格将池上米送到更多人的饭桌上。米农要想提升自己的收益，最好的办法就是"从田间到餐桌"，绕过中间商，让消费者直接品尝到真正的池上米。而要实现这个目标，首先要打通与消费者之间的通道和原产地建立强链接。因此当地的一系列"四季活动"是非常有必要开展的，它成为连接当地农业文化与消费者之间的桥梁。

不仅如此，池上乡在发展上尤为关注当地"稻米文化"的展示与宣传，围绕着村庄的优势农作物进行文化创意开发。池上乡碾米厂是台湾第一家稻米观光工厂，工厂更像是一个稻米的文化馆。游客在工厂内可以了解稻米种植与生长的农业知识，同时也可以体验碾米加工过程，亲自动手制作爆米花、米饼等食物。工厂内还设有稻米周边文化创意产品，如小花布缝的袋装婚嫁米、稻米礼盒等等，精致的设计吸引了许多游客的注意。2002年，池上乡设置了一个"池上饭包文化故事馆"，饭包就是便当。故事馆内设有多个分区对饭包文化、稻米文化以及一些农具等进行介绍。饭包在火车上流行开来，是许多乘客行程中的美味。在故事馆外设置了两节火车餐厅，一方面给游客提供用餐地点，另一方面是为了重拾饭包文化的时代记忆。

池上乡的成功，来自对自身优势的重视与挖掘，在乡村建设发展的过程中，自身优势的挖掘是至关重要的，将优势发展成特色，才能够打造出适合乡村发展的最优计划，才能更好地推动乡村建设与发展。

## 案例 3-24　台湾省南投县溪头——"妖怪村"创意 IP

妖怪村位于台湾省南投县溪头，原本是明山森林会馆规划的用以服务自然教育园的小商圈（如图 3-21）。作为一个森林风景区旁的小商圈，这里通常接待的是前来休养漫步的老年人，很少能够看到年轻人在此活动。怎么样才能让一个沉寂的小村子重新注入新鲜活力，吸引更多年轻人，让它为广泛的年龄层游客提供服务？妖怪村的创始团队表示，他们把妖怪村当成一部电影来创作，需要大量的演员一起努力，才能在游客的脑海中留下难以磨灭的印象。所谓当成"电影"、需要"演员"，其实创始人就是希望能够打造出一个主题，吸引许多志同道合的朋友一起到妖怪村经营。2008 年，他们第一次进行尝试，到了 2009 年的春天，第一站"松林町"正式完工了，但妖怪村的生意依旧冷冷清清，创始团队为此特地请来明山森林会馆的老董事长——松林胜一。松林胜一年轻的时候在森林中工作，在山中遇到了一只小云豹和一只小黑熊，看它们瘦瘦小小着实可怜，就把它们带回去养，并给它们取名"八豆"和"枯麻"，后来松林胜一在夜里遇到危险，是"八豆"和"枯麻"救了他。现在在进村沿途还可以看到许多"小心枯麻出没"的标牌。这些小小的森林故事颇有乐趣，富有童真。于是创始团队征得松林胜一先生的同意，将他的故事引入松林町，越发引起了一些人的关注。

图 3-21　妖怪村天狗图

妖怪村的主题被确立下来，创始团队想要吸引更多年轻人来到这里，于是他们决定将妖怪村免费向游客开放，进入妖怪村是不需要收取任何费用的。他们打算打造一个以妖怪为主题的创新IP，借助村里的一些"妖怪传说"打造创意园。虽然名为"妖怪村"，但是"妖怪村"一点也不恐怖，他们的个性定位是搞怪的"KUSO"。"KUSO"一词是由日本传来的，在日文中是"可恶"的意思。但是后来慢慢在台湾年轻人群体中演变成"搞怪""无厘头"的意思。为了践行这个主题，坚持不收取门票，那么创始团队的盈利必须另谋他路。他们打算延续之前的小商圈模式，售卖一些小吃与文创作品，以及一些动漫的衍生周边等。在松林町稍有起色的时候，创始团队打算建设一个专门售卖热狗的小店。他们打造了一只巨大的长鼻子"天狗"，用以作为热狗小店铺的特色招牌。因为其可爱的创意，"天狗"意外成为溪头当地的地标建筑，吸引了更多有趣的年轻人前来合作，也吸引许多游客前来游玩。从此，这里陆陆续续建起许多有意思的小店铺。

久保田面包坊的"咬人猫面包"特别火，单是面包的名字就吸引了许多人（如图3-22）。原来"咬人猫"是一种植物，听名字就知道是一种有"脾气"的植物。"咬人猫"全身都是刺毛，不小心碰到的话就像是被针刺到了一样，得过一两天以后，这种疼痛才会消失。溪头有很多"咬人猫"，它们生长在潮湿阴凉的山间，下雨过后，山中湿滑，被剐蹭到的可能性也就变大了。但是"咬人猫"的新鲜叶片捣成汁，是可以解毒的，而且还可以食用。面包坊的店主一次无意间喝到厨师朋友做的汤，听说这种汤可以治疗风湿，对筋骨特别好。店主问这汤叫什么名字，那位厨师说叫"咬人猫"鸡汤。店主觉得这个名字很有猎奇性，加上"咬人猫"鸡汤的味道非常美味，于是就开始有了制作"咬人猫面包"的念头。"咬人猫"生长在中低海拔的山上，登山的时候若是碰到了，就会奇痒无比，难受一整天，它是野生惯了的植物，不容易进行人工繁殖，所以面包坊的成员只能去山上采摘。等到每年秋冬交替的时候，"咬人猫"因为气候变化的原因，生长速度逐渐变得缓慢，叶子也慢慢变少了，所以每年到这个时候，面包坊的成员就会前往更深的山里去采摘，在深山中采摘的难度也会变得更大。面包坊的成员有一次在深山中采摘，不小心滑倒，坐在一堆"咬人猫"中，全身被划破了好多伤口，一整天坐立难安。但是为了千里迢迢来到妖怪村想体验"咬人猫面包"的顾客，面包坊工作人员还是坚持每天上山采摘最新鲜的"咬人猫"叶子。"咬人猫面包"的迅速走红，与它有趣的名字有关，但更重要的是"咬人猫面包"结合了当地食用"咬人猫"植物的特色，将其融入面包制作，从而成为妖怪村的一个非常热销的特产。将当地的特色与文化创意相结合，造就了久保田面包坊的成功，这给许多正在建设发展中的乡村提了一个醒：文化创意如何与传统文化相结合，并且通过商业化进行收益，这是所有文化创意产业工作者都应该思考的问题。

图 3-22　妖怪村久保田面包坊

　　值得一提的是妖怪村内有许多简单清新的日式建筑，创始团队将原有的建筑进行改造，以最不破坏建筑和大自然的原则进行扩建和整改。因为此地许多建筑都颇有日式建筑的样貌，于是整个妖怪村的建筑风格都采用较为清新的日式建筑。现在妖怪村的建筑都是原木系的建筑风格，在屋檐上还挂着许多红色的灯笼，色彩的搭配和建筑的风格完美地融为一体，使得整个妖怪村透露出日式小清新。团队成员将原有的咖啡厅加以改造，打造出全新的"利元居酒屋"（如图 3-23）。居酒屋常年在餐厅外挂着一幅布招，印着小店特有的"地狱拉面图"。菜单上印着"菊花、脱肛、往生"，三个词语代表三种不同程度的辣味体验。工作人员指出，地狱拉面顾名思义是辣味拉面的小挑战。拉面的汤底是用新鲜的猪大骨和脊骨熬制的，将所需要的蔬菜提前炒熟，加入已经备好的汤头中，再加入溪头山泉水进行熬煮。等到汤的颜色有所变化，这时再加入店里特制的辣酱和辣椒油调制，配上劲道的拉面，汤汁里的每一口浓香都锁在面条里，一口下去，咀嚼面条的过程中，汤汁的鲜美也在口腔中四溅，味道非常鲜美。拉面的配菜采用当地特色食材地笋干和卤排骨，一道具有妖怪村特色的地狱拉面就完成了。

图 3-23　妖怪村利元居酒屋外景图

美味又可爱的枯麻烧（一种小甜点），是游客来到妖怪村必吃的小点心。枯麻烧的口感类似华夫饼，里面包着奶油制成的馅料，咬下一口，面包的松软加上奶油的香甜，口感与日本的"吊钟烧"差不多。为了售卖枯麻烧，创始团队做了一辆妖怪公交车，公交车像长出手臂的"妖怪"一样，非常可爱。"枯麻"其实是台湾黑熊的意思，在松林胜一先生80岁大寿那年，收到远在日本的久保田先生的来信，久保田先生表示，他请人在日本雕刻了一个"枯麻"的木雕，想要赠送给松林胜一先生，但是两位老先生因为身体的原因，见面的行程一直被耽误，没想到竟等来了久保田先生去世的消息。松林胜一先生内心充满遗憾，在去世之前交代自己的孩子们，一定要把代表久保田先生心意的"枯麻"带回台湾。2009年，两位老先生的后代取得了联系，并在多方认证的基础上，进行了"枯麻"的转交仪式。正好久保田先生是日本鸟取人，在鸟取当地也有一个"鬼太郎妖怪村"，松林胜一先生的后代也常去往鸟取妖怪村参观学习，加上年轻人的文化创意，于是就在溪头尝试建设妖怪村，将两位老先生的友情通过建立妖怪村的方式，让更多人了解。

为了卖包子，他们甚至创作了以包子为人物的小漫画书，受到许多年轻人的喜爱。妖怪村处处都在向人们展示着可爱的小妖怪，将这个本来冷冷清清的山中小村打造成了一个台湾必游的景点。以包子为原型创造的漫画人物被打造出来，放在包子铺门口进行宣传，但是常常因为太多游客过于热情与激动，不小心会将小包子漫画人的手臂折断，于是包子铺打出了一条"敬告人类"的警示语："拍照请不要太靠近我，你们比妖怪还可怕！

我的手已经被人类搞断过好几次！拜托！"这样的警示标语，不仅生动可爱，而且还能有效地引起游客的同情心，让整个妖怪村的形象都获得了生命，仿佛他们就是在现实生活中存在的人物一样。

妖怪村的建立是一个从"无"到"有"的过程，天马行空的想象与创造力也成为乡村改造灵感的重要来源。村庄的历史背景、名人故事、民间传说等都可以成为创意延伸的底色。村庄在打造当地特色产品时，可以尝试注入文化创意，赋予产品活力。妖怪村的商铺大多都非常具有创意，这些商铺聚集在一起形成了一个小型的文化商业圈，更有利于彼此相互交流，是创意开发的成功案例。

## 二、农村传统与商业化改造——现代技术与传统文化演出的结合

文化需要通过适当的媒介传达，视听结合式的演出是最为直观的传播方式。近年来，一些传统的表演尝试吸收现代技术，对传统舞蹈、歌曲等民间特色进行创意编排，给传统的民俗文化注入活力。"印象"系列制作团队从自然、历史、人文、现代等多个不同维度对所选取的"印象地"进行呈现，结合当地原生态人文习俗与风光进行展示。在作品中既保留了传统的民俗文化元素，又运用现代新的创作理念以及现代技术加以呈现与演绎，给传统表演注入现代活力，使其得以重获新生，重新走进人们的文化生活中，给予观众更直观与震撼的文化体验。

### 案例3-25 "印象"系列演出之《印象·刘三姐》

张艺谋是中国知名导演，不仅在电影方面颇具声誉，在歌剧、芭蕾舞蹈剧以及一些大型的实景演出中也颇具才华。张艺谋的"印象"系列是他与王潮歌、樊跃"铁三角"共同打造的作品。运用现代技术进行舞台灯光布置，以"印象刘三姐"为主题，运用大写意的画笔将刘三姐留在人们印象中的漓江渔火和民俗风情重新结合，将整个工程建设与大自然融为一体，展现了美轮美奂的舞台，充分带动了一个区域的文化生态旅游发展。《印象·刘三姐》是张艺谋"印象"系列的开端，国家一级编剧梅帅元也参与创

作。在广西美丽的漓江水上，将十二座山峰作为舞台巨幕背景，以桂林山水为映衬，"印象"团队搭建起巨大的水上舞台。《印象·刘三姐》是全国第一场"山水实景演出"，总投资超过一亿元人民币，从 2004 年 3 月 20 日开始公映，每年的观众席都在不断增加座位。它将广西壮族自治区两个最具代表性的文化旅游资源进行巧妙的结合，把"甲天下"的桂林山水与刘三姐的故事有机融合在一起，展现阳朔的自然风光，同时诉说阳朔的人文精神，将广西的风景、民俗风情以及文化背景内涵完美融为一体，通过这样一场大型演出，让前来观赏的游客领略广西风情。《印象·刘三姐》成为广西文化生态旅游的一张活名片，它将艺术与视觉结合，打造出兼具民族特色与地域特色的大型山水演出，成为文化开发的一个重要典型（如图 3-24）。

图 3-24　《印象·刘三姐》演出照

　　《印象·刘三姐》作为"印象"系列的开端，是将民间文化、传统的表演形式与现代化技术相结合的尝试，此后各地陆续上演了"印象"系列作品。但归根究底，运用现代化技术来诠释民俗特色是为其注入活力的手段与途径，民族文化以及当地的特色民俗风情才是重点，二者不可本末倒置。

### 案例 3-26　"印象"系列演出之《印象·西湖》

　　《印象·刘三姐》的推出得到了各界广泛赞誉，于是更多的"印象"系列城市走上了开发的路子。2007 年 3 月 30 日，整体投资超过一亿元的《印象·西湖》正式公演。团队在西湖水域中搭建一个可升降的菱形舞台，同样是利用自然的山水景致和天然的景观为背景舞台进行演出（如图 3-25）。《印象·西湖》以西湖边上深厚且富有底蕴的历史人文素材和西湖秀丽的风光为创作的基础，将杭州从古到今的民间故事、传说进行收集整理，融入许多传统元素，同时借助高科技手法再现西湖景致，将自然西湖与科技西湖完美结合。《印象·西湖》全剧共有五个篇章。第一篇章讲述的是"相见"。在美丽的西湖边上，雨雾朦胧中，书生化身为一只白鹤，另外一只白鹤也停留在此幻化成美丽的女子。西湖细雨，湖边胜景，年轻男女的爱情正在上演。这一幕想要传达的是人与人之间的缘分。第二篇章讲述的是"相爱"。第三篇章讲述的是"离别"。有些快乐的故事就像烟花一样短暂绚丽，在整个剧本中，磨难的来临利用鼓声的紧促来传达，预示着两个年轻人之间将要有一种不可抗力出现，而这种力量将要带来的正是分别。第四篇章讲述的是"追忆"。当年轻书生再次回到与女子初识的地方，一时间所有的思绪涌上心头。纵使眼前美景万般好，爱人却已不在，所有的思念都凝聚成了悔恨与无奈。第五篇章讲述的是"印象"。那对年轻男女在梦中再次相遇，踏水而去，也像西湖的水一般，缓缓流淌而生生不息。特别的"西湖实景演出"，不像一般的剧场有着规定好的一切，它是特别的水上剧场，随着一年四季气候和天气的不同，展现出不同的舞台实景效果，给观众的感受也不相同，这正是实景舞台的魅力所在。

图 3-25 《印象·西湖》演出照

## 案例 3-27  "印象"系列演出之《印象·丽江》

2008 年 7 月 23 日,《印象·丽江》第一次公演成功。这个演出有着世界上海拔最高的舞台,背后是雪山,蓝天白云下,这个独特的舞台将丽江的古朴展现得淋漓尽致(如图 3-26)。参加演出的演员并不是专业的舞蹈演员,他们是来自不同民族的非专业人士,在《印象·丽江》的舞台上,他们用最淳朴无邪的歌声,最原生、最具有生命力的动作将自己融入这个舞台、这片大地,与自然进行生命的对话。《印象·丽江》的舞台采用的是环形露天设计,红色且立体的舞台给人以视觉上的极大冲击,雪山的白映衬着舞台的红,加上此处的日光、蓝天与白云,在演出尚未开始之前,这样的场景已经足够赏心悦目,吸引许多游客前来观看。富有节奏的舞步和旋律,加上舞台背景与灯光设计的打造,表现出完美的天人合一的境界。《印象·丽江》每场演出有 6 个部分,每一部分的故事情节都紧凑饱满,浓缩了当地群众的生活,故事与故事之间环环相扣,将整个篇章联系为一个有机的整体。从《印象·丽江》第一部分的表演中,游客可以感受到纳西族妇女的勤劳善良,体会到妇女的辛劳与男性的英姿。第二部分是"对话雪山"。结束一天劳动回到家中的男人,聚在一起边喝酒边划拳,展现丽江人民的豪爽好客,这同时也是对当地人纯朴而又豪爽的原生性格进行歌颂与谱写。第三部分是"天上人间"。玉龙雪山是纳西族群众心目中象征爱情的永恒的山。这里流传着一个凄美的爱情故事:美丽勇敢的纳西族女孩开美久命金与男孩朱补羽勒盘两情相悦,但男孩的父母却极力反对这段感情,他们不认同开美久命金,伤心的女孩为此殉情。男孩闻讯赶来,眼前只有已经冰冷的女孩的尸体,他悲痛欲绝,点燃烈火,抱着自己心爱的女孩,一起投身火海。据说开美久命金死后化为风神,她在玉龙雪山之巅构筑起一个情人的天堂。在这里,情人们可以抛开人世间的悲伤,自由恋爱,无所拘束,无所负担。后来,民间逐渐流传起"一米阳光"的故事。每年秋分,万丈阳光从天际洒落,在这一天被阳光照耀到的人们都会收获美好的爱情和幸福的生活。但是这样的美好,却遭到了风神的嫉妒,她招来了黑压压的乌云,想要挡住美好的阳光。但是风神那善良的女儿,看到渴望拥有美好生活的人们,产生了极大的同情。于是,她偷偷地把乌云剪下一个小角,让一米阳光得以在悬崖峭壁上的一个山洞中洒落。那些不怕困难、对爱情拥有执着定力的人，历经困难到达山洞去沐浴这一米阳光的人，就能够过上幸福美满的生活。怀抱着这种美好的愿望和传说，《印象·丽江》的第三章显示出一种纯洁的美好和期待。第四部分是组歌。演员们用热情的歌舞，表达出对远方好友的欢迎，展示纳西族会走路就会打跳的民族特色。第五部分是打鼓祭天。当演员们的鼓声混合着唱经声，纳西族对天的崇拜和敬仰，对自然的崇拜和亲近都在声声悦耳的歌声和阵阵激动人心的鼓声中传达出来。善良虔诚的人们甚至会在这个过程中留下泪水，那种对大自然与天地的爱和崇敬，在这一刻显露无遗。演出的最后一部分是集体祈福仪式。在神圣的玉龙雪山山脚下，将双手交叉放至额头，向着玉龙雪山的方向，许下自己的愿望。张艺谋团队的打造，让纳西族的民俗风情通过这种现代化的技术舞台展现给更多不同民族、不同国家的人们，将丽江的魅力从一个现代化的角度重新挖掘塑造，带动丽江的文化生态旅游业朝着更加良好的态势发展。

图 3-26　《印象·丽江》演出照

## 案例 3-28　"印象"系列演出之《印象·海南岛》

2009 年 4 月 4 日，《印象·海南岛》正式公演。海南岛本身就是一个具有浪漫休闲风格的海岛，"印象"团队将演出设置在这里，主要是希望依托海南岛本身的海岛文化，通过现代技术与科技将海南岛的风情、文化和多元的艺术形式融合在一起，碰撞出奇妙的火花。演出舞台设置在海南省海口市西海岸原水世界和周边海域沙滩，剧场的造型创意来源于海胆的形状，采用半开放半封闭的形式结构，坐落在陆地与海洋之间成为海南岛的一个旅游新地标。同样是利用灯光和水域特色进行开发，视觉上有着奇幻的效果，但是《印象·海南岛》却越来越萧条。海口接待的游客本身就不如三亚，只能提供滨海娱乐。《印象·海南岛》的剧情相对而言比较单一，缺乏文化内涵和深度，缺乏当地传统文化和民俗风情的注入，《印象·海南岛》只能是一场披着华丽外衣的落幕演出。因此，如何将现代科技与传统文化和民俗风情相结合，创造更多的文化收益，这是建设中应该思考的大问题。无论是《印象·刘三姐》还是《印象·西湖》，抑或是《印象·丽江》，其实都是作为区域旅游的一个次要项目来拉动文化旅游，唯独《印象·海南岛》是一开始就被寄予厚望的，规划中是希望通过打造《印象·海南岛》的演出形象，以此带动海南岛北部城市的文化旅游，但是结果却令人大失所望。这样的教训充分说明类似的文化展演必须注入充足的地域特色和民俗风情，缺少文化内涵的作品是无法抵挡时代洪流的拍打的，最终都会像一座沙制的城堡一样，在海浪过后成为一地的散沙。

## 案例3-29　"印象"系列演出之《印象·大红袍》

在一系列"印象"作品推出以后，"印象"团队积累了许多经验和教训。他们在2010年3月29日推出了《印象·大红袍》第一次公演。《印象·大红袍》是福建省南平市着力打造的文化旅游项目，福建省的茶文化历史底蕴深厚，南平市尤为明显。当"印象"团队把茶文化打造成可以用视觉感受到的文化时，也就做好了将茶文化与自然山水茶园等融为一体的准备。借助舞台技术和故事全方位展示福建武夷山文化，将和谐生活的文化特色通过饮茶文化传达给观众，让更多人能够啜饮香茗，享受美好的生活。1999年，武夷山申报世界文化和自然遗产成功，武夷山的旅游业在这一年有了质的飞跃。但是大部分游客到达武夷山后，他们的旅游仅仅是白天观看风景，晚上无处可去，在酒店中玩游戏、看电视等。政府相关部门意识到，这样单纯的观光旅游是不持续的、没有生命力的旅游模式。他们正在为此苦恼的时候，"印象"系列的成功案例浮现在眼前，武夷山当地相关部门下定决心要塑造一个文化的灵魂来更好地引领武夷山的文化生态旅游。借鉴了许多案例之后，终于在"印象"团队的帮助下，打造出《印象·大红袍》。

《印象·大红袍》的出现，很好地弥补了高山夜晚娱乐项目的空缺，为了等待夜晚的演出，游客们会在此停留起码一个晚上，这也在不知不觉中带动了当地的住宿、餐饮以及一些购物行业的发展。武夷山茶文化本身就是当地的一大特色和支柱产业。《印象·大红袍》作为全国唯一的以茶文化为主体的山水实景演出，是一种新的方向与热度。在武夷山大红袍景区，增加了不少慕名而来的游客，很大一个原因就是游客在观看完《印象·大红袍》的实景演出之后，对武夷山的茶文化产生了浓厚的兴趣，都希望能够借此机会看看武夷山茶园的真实样貌。到当地买茶的游客也越来越多，一些景点还尝试做起体验式的服务，让前来游玩的游客都能够有机会亲身体验如何采茶、做茶。《印象·大红袍》让更多的人感受到了武夷茶文化的魅力，也让武夷茶文化的传播有了新的渠道和方式，将武夷茶文化化为看得见、摸得着的方式推广出去。武夷山此番茶文化和"印象"系列的结合，是当地支柱型产业与演出相结合的良好案例，武夷山的茶文化在本身具有优势和市场的情况下，缺少的是一种旅游的驻足点和吸引点，《印象·大红袍》的演出将武夷山茶产业变得更加具有文化性和内容性，使得武夷山一带不再仅仅只是一个"盛产茶叶"的地方，更多地成为一个"具有浓厚茶文化"的地方。福建由于其地缘特点，紧密联系海峡两岸。《印象·大红袍》的展演，用舞蹈的艺术呈现方式将茶文化变为立体的可以观看与感受的作品，打造具有民族文化的形象，用高水准的视听表演深化海峡两岸艺术文化交流，推动两岸同胞共同发展，促进两岸人民心灵契合，联系海峡两岸同胞的感情，促进海峡两岸的联系更加紧密。

## 三、传统民居的改造与开发

我国幅员辽阔，古村落资源丰富，无论是在内陆丘陵山区还是在沿海地区，均有分布。而这些村域内拥有较为丰富的历史文化遗存，村落传统肌理尚存，环境自然质朴。如名宅大院、寺庙宗祠等，它们是中国悠久农耕文化的结晶，体现了和谐、多元、具有强烈区域特色的传统建筑文化。如今必须重视的是，依附着这些古村落而存在的乡村文化，是中华文化多元化的庞大载体，也是中华文明的记忆贮存器。建筑和人是地域文化与历史的主要承载者，一个区域的民居可以看出当地人独特的生活方式与生活习惯,透过建筑可以清晰地看到其中紧紧包裹着的民族的、区域的独特文化。赵园在《城与人》一书中提到,北京作为一座城市,文化与建筑之间有着紧密的联系。四合院是北京的代表性建筑,它的房间安排颇有讲究,赵园认为这种颇有讲究的房间排列方式将伦理秩序建筑形式化,院子不再仅仅只具备简单的居住功能,这里渗透出来的文化意识与传统的权力话语息息相关。四合院的高墙将每家每户独立成一个具体的空间,打造出北京四合院独特的封闭静态美。因此,建筑是可以"说话"的,透过传统的建筑空间把握文化,将文化的呈现立体化,更有助于我们挖掘其内涵。

### 案例3-30　山东省荣成地区海草房改造

在我国胶东半岛的威海、青岛、烟台等沿海地带,特别是荣城地区的沿海渔村,有着极具沿海地域特色的生态民居——海草房。海草房以石块砌成墙体,用野生的海草作为屋顶。这种海草是浅海围内的野生藻类,海风和海浪较强的时候,这些藻类就会一团一团地被推到岸边,当地人将这些藻类收集起来晒干制成屋顶。这种藻类含有大量的胶质成分,不易腐烂且不易燃烧,用来做屋顶是非常合适的。荣成地处沿海,夏季多雨,冬季多雪,人们既要考虑冬天保暖也要考虑夏季防晒避雨这几个因素来建造民居,于是在长期生活经验积累中,当地居民因地制宜,将海草晒干作为建筑材料,用以铺盖屋顶,用厚厚的石头砌墙,建造出海草房。海草房被认为是世界上最具代表性的生态民居之一。渔村现存的海草房大多都是祖辈世世代代留下来的,一间房子承载着几代人的记忆,它不仅述说当地的独特风情,还用它厚重的历史感向后人述说先人的故事。但随着时代的发展,城市文化强势入侵,许多传统的海草房慢慢地退出了时代舞台,消失在人们的视野中。即便有一些正在建造的海草房,也只是经过改良以后的保留一些海草房特点的新式民居。传统的海草房正在退出时代的舞台,被越来越多的新式建筑所取代。2013年湖南卫视《爸爸去哪儿》节目组来到山东荣成市的鸡鸣岛取景,在节目中,有个任务就是让爸爸们齐心协力帮助当地老乡一起修屋顶,他们所居住的正是当地特色民居——海草房。借助媒体的力量,海草房得到了许多专家学者的关注,有关部门也开始对其投入资金,对海草房进行保护、继承与发展。山东省工艺美术学院制订了一套"废弃村落"保护计划，将废弃的村落、典型的民居等具有当地特色的建筑引入旅游文化企业项目，将古村落中的不可再生资源与当地旅游、演艺等产业相互结合，向古老的传统注入新鲜的血液，使其焕发新的生机。一些人将海草房的内在结构加以改造，使其更加符合现代人的居住习惯与生活需要，既继承了传统的建筑特点，又符合现代人生活的需求，适应了时代的发展。同济大学建筑规划学院和荣城尖锥设计院联手进行设计，不断创新，赋予海草房新的生命力。荣城郊区的"北斗山庄"是七座改造后的海草房按照北斗七星的布局依次排开的一个山庄，室内布置成星级标准的宾馆，吸引游客前来旅游，成为富有当地特色的现代建筑群。许多高校的学者和学子们也经常来到此处，用文字和镜头及时记录下海草房的面貌，并且对海草房背后的建筑理论，村民的生活习惯、生活观念等进行全面系统的梳理和记录。地方政府也正在尽自己最大的努力，对保留完整的海草房进行保护和开发，申报文化遗产，更好地传承。海草房与旅游业的结合，不仅带动了当地经济增长，而且还能引起当地群众、政府以及社会各界对于海草房文化，以及本地区文化与经济发展的关心与重视，越来越多的人意识到保护传统文化是件大事。在传承的过程中带动当地的经济效益，海草房的阶段性成功给予乡村文化发展许多启示，提振乡村文化振兴工作者信心，也给乡村文化的发展指明了方向。

## 案例 3-31　莫干山民宿改造

莫干山是国家 4A 级景区，坐落于浙江省湖州市德清县，被称为"江南第一山"，是中国四大避暑胜地之一。据说，春秋末年，吴王阖闾曾经派遣两位出色的工匠：干将、镆铘二人，在这里铸成了举世无双的雌雄双剑，此地因此得名莫干山。许多传说故事为莫干山留下了文化气息，加上此地风景绝好，自古以来闻名遐迩。近年来，莫干山却凭借着民宿，以一种全新的姿态，闯进了大众视野。

2006 年，英国人马克来到了莫干山。他是一个中国文化爱好者，早在英国读大学时，他学的就是中文专业，平时喜爱的书籍与研究的方向也都与中国的历史和民俗文化有关。马克从英国皇家护卫队退役以后到中国生活多年，2006 年来到莫干山，和妻子在这里租住了一间房子，改造成了一间舒适温馨的咖啡馆。马克原是在上海做生意的，因生意失败，拿着仅有的几万块钱来到莫干山，想着开一家咖啡馆过活，但是苦于没有客人，马克便利用自己曾经在上海编辑英文杂志的资源，将广告打到上海去，吸引了许多外国人来莫干山放松度假。马克的生意由此越来越红火，但是问题也随之而来：从上海市区到莫干山至少要有三个小时的车程，当天往返困难很大。于是夏雨清当时在莫干山的颐园就成了许多外国人借宿的地方，这也就是莫干山民宿文化发展起来的第一步。当时许多外国人慕名来到马克的咖啡馆，2007 年，有一个叫高天成的南非人也来到这儿，他非常喜欢莫干山的景色，于是在半山腰找了一个几乎废弃的小庄子，租下几栋土房子，花了几十万元改造土屋，将其打造成了高端度假村"裸心谷"，后来又被称为"莫干山 395"，莫干山的"洋家乐"随之一炮而红（如图 3-27）。

图 3-27 "裸心谷"图

与此同时，一位名叫司徒夫的法国人也在莫干山脚下找了一处废弃的茶厂，把这里改造成一座玫瑰园山居。在"法国山居"民宿，拥有 20 多个种类的玫瑰，每年 5 月和 9 月，山坡上的玫瑰就会一起开放，整个山坡都弥漫着玫瑰香气。每天清晨，法国山居都会为宾客采摘新鲜的玫瑰用以装饰，在客人离开民宿时，也会奉上一小束玫瑰花作为礼物。司徒夫把自己的法式乡村生活搬到莫干山的一次勇敢尝试，没想到却异常成功，这里甚至被游客们称为莫干山最浪漫的民宿。到 2013 年，有一个上海人在莫干山新开了一家民宿，命名为"大乐之野"。大乐之野的民宿设计采用风景内化策略，借用大面积的玻璃窗将风景与室内的界限变得模糊，外部的风景透过玻璃完整清晰地呈现在人们眼前，居住在大乐之野的民宿当中，确实能够体会到这种"野"的乐趣。正是从大乐之野这个民宿建立之后，莫干山开始从"洋家乐"的路线转向了文艺路线。2013年，全国的民宿行业都出现了爆发点，旅游业的飞速发展让民宿一房难求。

莫干山地区民宿行业的大发展便由此走上正轨。莫干山的民宿经济在如今乡村振兴的大背景下无疑是积极有效的一个策略。随着民宿经济的快速发展，当地民宿的同质化发展以及民宿市场的饱和，一系列的问题又被提出来。当区域开发民宿经济到达一定程度的时候，是什么在继续推动民宿的建立？于是当地政府在尊重市场的前提下，配合民宿经济的发展，在莫干山开发了一系列项目活动，以此扩充莫干山旅游的内核，将莫干山原有的名人效应与避暑胜地招牌发挥到极致。一方面继续发展民宿经济，一方面却也在挖掘当地的历史名人文化，两方面相互促进，既满足了游客前来放松身心的舒适旅游的要求，也让旅程的内容更加充实饱满。

2012年前后，台湾文创精英清境团队来到这里，对当地废旧的蚕种场进行改造，打造出一个梦想的文化市集。在设计师的规划中，这里不仅有充满醇香的咖啡厅，还有充满艺术气息的青年旅社、造型独特口感美味的特烤面包等，营造出一种村中小市集的模样。目前庾村的建设还比较单一，项目体验不够多元化，小市集的规模还较小，不足以成为当地的支柱型旅游项目，但是品牌的打造在这个过程中却愈发凸显其重要性。以民宿为主要产业的庾村建设，正在慢慢向着文化市集、文化创意产业靠拢，这种相互促进的产业交流，能够更好地促进庾村的经济发展，促进乡村的建设与改造。

日本的民宿业有着较为悠久的历史，充分借鉴他们的一些民宿经济发展经验，可以对我国区域民宿经济的发展做出更好的规划与设计。民宿不同于品牌化的酒店，有着一系列成为规章制度的标准，民宿更加看重的是民宿主人的个性和个人审美特征。这并不意味着只有艺术家、设计师才能成为民宿的主人，广大民众在发展民宿经济中也可以打造出属于自己的民宿文化。民宿是民宿主人自己生活理想的一个展现，布置、设计、主题和园林设计等都与主人自身的喜好与审美相关，这样的民宿意在吸引那些与民宿主人有着共同审美趣味与生活追求的顾客前来体验，这不仅是个交易过程，更是一种交流与交友过程。当许多有故事、有独特性的民宿聚集在一起，形成一个民宿村落的时候，不同的民宿之间会形成交流，对于整个村落文化的良性发展是非常有促进作用的，而且不同的文化在这里碰撞，不同需求的顾客到这里也能够体验除自己需求外的从未体验过的一些生活方式，整个旅途会变得更加有趣、更加有意义。同时，借助互联网，民宿的宣传已经变得简单明了，只要打造出的氛围和服务的态度能吸引到第一批顾客，这些顾客在相关平台上发表游记或者旅游攻略，民宿借助这种介绍，就能够吸引更多的游客前来体验。

## 案例3-32　新疆民宿改造

新疆地处祖国边塞，独具风情的边塞风光吸引着许多游客前来感受自然之美与人文之美。体验一个地方最好的方式，就是将自己融入当地居民之中去感受生活。这也就意味着，到一个地方旅游，若是想要获得比较高质量的旅游体验，感受当地的文化与美食是必不可少的。新疆的民宿多种多样且各具特色，民宿产业由于新疆居民的加入而呈现出缤纷的色彩。当地人对于新疆的民俗风情与生活方式是最熟悉、最有发言权的。将当地人引入文化旅游产业链，通过经营民宿等方式融入乡村建设与文化旅游事业中，不但能让游客感受最直接的新疆风土人情，而且能更好地调动每个人对于乡村建设与发展事业的积极性和参与感，让乡村的发展真正落实到每家每户甚至每个人的身上，使乡村发展更加具有持续发展的可能。游客想要深度体验新疆的文化，选择一家适合自己的民宿是很关键的。民宿营造出来的氛围，很容易感染到来这里的每一个游客，甚至许多人足不出户就能够感受到当地的文化特色和浓郁的民族风情。新疆的民宿主要有维吾尔族农家小院、毡房、小木屋三种，各有特色。这些民宿不仅能够为当地增加旅游收入，而且能够打造一张拉动新疆文化旅游的名片，为新疆文化旅游添上绚烂的一笔。

小木屋民宿大多处在喀纳斯景区内，用来搭建小木屋的木材基本上取材自本地原木。这些木头搭建起来的小屋子，不仅散发着阵阵木香，还给人一种居住于田园中的体验。木屋冬暖夏凉，不仅防潮，还能够保暖。外观上像极了欧洲田园牧歌式的小木屋，室内却独具特色。新疆当地人家中大多色彩斑斓，墙上挂着有民族特色的刺绣，地上铺着毯子。因为保持着较好的生态，清晨时分，小木屋在云雾中若隐若现，一种与世隔绝的世外桃源图景便展现出来。等到傍晚黄昏，整个村落在落日的余晖中更显一番韵味，被映衬得犹如仙境。

达坂城古城和南疆地区的维吾尔族农家小院同样受到许多游客的喜爱。农家小院基本上以土坯、砖块、木料为主要材料进行搭建，小院内通常会种上葡萄和杏等果木，葡萄藤会顺着搭好的架子爬满整个院子。当地的维吾尔族居民会在房门口的两边搭起小土台，并在上面铺好小毯子，夏天便可以在这里乘凉、睡午觉，极具当地特色。入住农家小院的游客可以在院里的葡萄架下吃着农家自己晾晒制成的葡萄干、杏干等果品，制作一些点心和饼干搭配着民宿主人自己熬制的果酱，享受美好的假期。到了晚上，可以出门观看着巴郎子和姑娘跳的民族舞，在曼妙的舞步中感受维吾尔族的民族风采，切身体会最独特的民俗风情。

毡房多见于天山天池景区、赛里木湖景区、喀纳斯景区、那拉提草原等地，主要由架木、苫毡、绳带三大部分组成。游客入住毡房，白天可以出门欣赏一望无垠的绿色草原，感受牛羊成群的牧民生活。夜色降临，抬头就可以看见广袤无垠的星空。由于新疆地势较高，远离城市的光污染，因此成为许多人观星摄影的好去处。在毡房外，还可以与三五好友一起品尝奶酒，感受地道新疆肉串的魅力。

这些带有浓厚地域特色的民宿，每一间都像一个小型的民俗文化博物馆。在民宿中，游客可以看到各种具有民族特色的装饰品、服饰等，还有一些当地特有的生活器具。有些民宿主人还会跟游客谈起当地的民俗典故，游客在入住民宿享受惬意假期的时候，还能够学习到许多有趣的知识。

大部分牧民在未开设民宿之前，还是较为单一的从最基本的劳作中获得经济收入。但是，在政府相关部门的引导和帮助下，他们逐渐发展起民宿经济，开启了"牧家乐"，把具有当地特色的烤肉、锅盔、手抓饭等美食都纳入创造经济收入的范围。来到当地旅游的游客，最喜欢的便是体验当地独具特色的美食，品尝酥油、奶茶，喝点酸奶，感受最原汁原味的牧家生活。这种经营将可利用的牧家资源都发挥到了最大的限度，牧民们自家制作的农副产品可以提供给住在自家院子里的游客，也可以售卖给他们，为牧民售卖农副产品打开了一条新渠道。

处在新疆阿勒泰的布尔津县，给人的第一感觉就是安静。在布尔津人母亲河——额尔齐斯河的附近，有一座以文化主题走红的民宿，它就是金山书院文化主题民宿（如图3-28）。每年都会有许多爱好读书的人特意前来小住几日，书院内有许多藏书，还设有专门的公共阅读空间，阅读爱好者可以在这里找到许多志同道合的伙伴。最难得也最有特色的是，游客可以在金山书院聆听本土作家的讲座，与作家面对面交流能对当地文化有更进一步的了解和认识。金山书院文化主题民宿是金山书院文化综合体的组成部分，入住金山书院文化主题民宿可以同时享受一系列文化优惠。游客可以参加金山书院举办的油画摄影展览、一些艺术交流沙龙等。将当地文化作为一个重要元素融入民宿建设中，既能使民宿更具有地域性特点，又能宣传不同的地域文化，达到双赢的效果。在不同地域文化熏陶下的民宿，具有不同的气质，一方面可以吸引与之气质相似、趣味相同的游客，另一方面也会吸引那些涉猎较广、想要广泛了解各种不同地域文化的游客。书院式的文化主题民宿在目前的市场上还不常见，因此该方面有着极大的市场潜力可以去深入挖掘。

图3-28　金山书院

2018年1月，新疆国际会展中心召开了一场主题为"中国民宿的新起点和新征程"的大会，许多民宿业内的专家都来到这里，为如何更好开发新疆民宿出谋献策。新疆大学资源与环境科学学院党委书记、副院长李晓东说："住宿要安全舒适，美食要做得好吃，民俗节目有特点够精彩，购物出行要便利……真正的民宿，是一种新的生活方式和出行体验。"在最大限度保留原生生活模式的基础上，引入现代观念，将民宿生活打造成一种世外桃源式的新的生活方式与体验，才能够达到消费者与当地居民的双赢。

# 第四节 红色乡村文化案例分析

如果说乡村文化的形成与乡村一路走来的经历有着密不可分的关系，那么它的呈现形式中或多或少也包含关于它们的痕迹。自从共产主义的星星之火在乡村萌发的第一天起，红色精神就在乡村的血管里流淌。传统的乡村文化存在着相对比较封闭、抗拒新事物、不思进取等种种缺点，这种精神是它们被长久地拘束在土地上所慢慢滋生的；红色文化却是乐于奉献而勇于开拓的，充满着活力和热忱，这种精神如野火一般快速烧遍中国的乡村，从延安到西柏坡，从遵义到沂蒙，从井冈山到大别山，它从根本上撼动了久未变迁的乡村文化传统，这种撼动绝不止于纯粹的精神感召，它是翻天覆地的改变，挑战着乡村的根本。对于中国共产党而言，乡村不仅仅是战略上根据地的所在，还是"农村包围城市"的理论依托。自1923年弓仲韬建立中国共产党第一个农村党支部以来，农村便成为在中国哺育社会主义的土壤，它所受到的也是社会主义最深刻、最广泛的影响。早在建党前后，农民运动先行者如彭湃、沈定一等人便已认识到旧乡村文化积重的问题，他们将社会主义的新思潮带进了中国的农村，尽管一开始面临着水土不服的难题，但这股潮流并没有因此被遏止下来。随着党中央越来越认识到乡村对于中国革命的重要性，社会主义便越来越将它的根深植于乡村之中，对于乡村的改造也就越来越彻底。毛泽东发表《国民革命与农民运动》一文指出，"农民问题乃国民革命的中心问题"，其后的土地革命就如同火山喷发一般，关于乡村的每一块土地都被重新犁成崭新的模样，红色的血液被注入乡村的血管，取代了陈旧的血液，剥削制度被废除，沉重的租息被减免，文化建设被重新提起，中国共产党"紧紧依靠着农民"，乡村也因此焕然一新。在其后的抗日战争中，这种依靠的关系更加紧密，在敌如黑云压城的态势下，我党军民同心度过了最为艰难的时刻，在这一时期发生了许多流传至今、感人肺腑的故事，无数像放牛英雄王二小这样的人物典型在全国的乡村涌现。也就是在那个时期，有别于传统乡村的红色乡村，作为时代的独特产物正式成为中国乡村的一个分类。

中华人民共和国成立以后，这些革命老区或多或少都陷入了贫困的泥沼中。其实这种情况是可以预见的。在敌人四面环伺、境况极为凶险的时期，山高路险、地理环境复杂的山区可以用来或与敌人周旋，或凭险而守，是敌强我弱之时的天然屏障，也正因此，人们充满着对革命老区的感激之情。然而随着和平时代的到来，这些战争时期地理上的优势又反过来制约着它们赖以生存的农业发展，使得革命老区发展缓慢。但它们同时也拥有历史所给予它们的"宝物"去解决这一困扰着人们的问题，而那份独有的红色文化资源正是革命老区走向乡村振兴的"金钥匙"。

在倡导乡村振兴的当下，红色文化不是只属于过往的精神与记忆，它是引导乡村振兴的内驱力，具有提高乡民思想政治觉悟、综合素质和乡村文明建设的独特教育价值，能够唤起人们对乡村过往的追忆和强烈的文化归属感。此外，红色文化资源在乡村的开发也能为乡村带来就业岗位和创收，针对就业岗位的培训则更能让参与的村民认识到红色文化的内涵，深化了红色文化对于村民的影响。近年来，越来越多的乡村认识到了这一点，它们将红色文化资源作为自身的独特品牌，将它们充分地利用起来，并凭借它们脱下了贫困的帽子，这值得其他革命老区学习，也为我国的乡村振兴提供了一个新的思考方向。

## 案例 3-33 "一堂课带富了一村人"——井冈山坝上村

井冈山在土地革命乃至中国革命历史上都有着举足轻重的作用。南昌起义和秋收起义相继失败后，井冈山根据地作为中国共产党建立最早、最有生命力的一块根据地，保存了两次起义残留的成果，是驱逐长期萦绕在党内的城市中心论的观点和"农村包围城市"理论的先驱，它照亮了在黑暗中陷入低潮的革命，使得革命顺利向着下一个阶段过渡。除此之外，它还与"井冈山精神"的形成密切相关，"坚定信念、艰苦奋斗、实事求是、敢闯新路、依靠群众、勇于胜利"二十四个大字至今还在引领着中国共产党前进的道路。井冈山的红色是最耀眼的红色之一，对于我国的红色乡村文化而言，它也是意义非凡的存在。

井冈山的过去是辉煌的，也被永远记录到了历史书中，而它也同样不止步于历史。在红色文化所引领的乡村振兴中，井冈山也起到了排头兵的作用，一如它在九十年前的壮举。作为革命老区的井冈山"辖21个乡镇场、街道办事处、106个村民委员会。现有人口16.8万人，国土面积1 297.5平方公里，其中林地168万亩，耕地仅15.26万亩。在2014年初，还有16 934人没有迈过贫困线，贫困发生率高达13.8%"①。井冈山的地理环境决定了其不适合以传统的农业来引领乡村振兴，并且又缺乏支撑现代农业的资金与技术。面临着重重困难的革命老区是否能够顺应当今城市化的趋势，再一次为自身发展注入鲜活的血液呢？这是人们所忧虑的问题。但是井冈山用它的第三产业使质疑它的人们叹为观止。到2017年2月，井冈山通过一系列的红色文化政策如红色旅游等措施实现创收，终于在2017年2月16日在全国率先宣布"脱贫摘帽"，它的"贫困发生率从2014年初的13.8%降至2017年的0.42%，农村居民人均可支配收入达9606元人民币"②。井冈山用事实证明了红色文化绝不是乡村的陪衬，它既能在过去引导人民，亦能在乡村振兴的大环境下身先士卒，发挥作用。

坝上村作为井冈山上的一个不起眼的小山村，村庄零星地散布在偏僻的深山之中，耕地面积仅有396亩，是典型的山区村（如图3-31）。但就是这样一个贫困的农村，却成为整个井冈山率先脱贫的第一村，它有着"红军村"的别名，在井冈山根据地时期，这里是红军集结、练兵的地方，也是红四军军部的存在，是红军的"安家之地"，也因此饱受红色文化的洗礼。过去这份红色的文化没有得到重视，再加上农民受教育水平低、资金匮乏等因素，坝上村一直深陷贫困的泥沼之中，一如井冈山的众多山村一样。然而如今随着对红色文化资源的重视与日俱增以及对它的充分利用，坝上

---

① 打赢脱贫攻坚战 井冈山迈过的十道坎 [EB/OL].（2018-05-02）[2019-06-19]. 新华网，http://m.xinhuanet.com/jx/2018-05/02/c_1122772339.htm.

② 江西井冈山坝上村：小表格反映出的扶贫大成果 [EB/OL].（2018-07-18）[2019-06-19]. 新华网，http://www.xinhuanet.com/2018-07/18/c_1123144656.htm.

村也由此走上了它的脱困脱贫之路。

图 3-29　坝上村

2009 年，坝上村的改变开始悄然发生，在新的政策引领下"全副武装"，重拾背后深厚的红色文化。对于坝上村的乡民而言，他们从小深受红色文化的耳濡目染，红色文化熏陶着人们的思想，这也正是红色文化反哺乡村的体现之一。基于这样的背景和当地历史背景，坝上村开发出属于自己的文化特色活动：红军的一天，旨在全面开发坝上村作为曾经的"红军村"的文化潜力，"红军文化"成为坝上村结合红色文化和自身特质形成的特色乡村文化。为了利用好乡村文化资源，再一次地将红军的一天重现，那些曾经被红军士兵们使用过，或荒废或损坏的历史房屋焕发了新的生机，历史物品得到了妥善的安置，而每家每户关于红军的记忆都被收集起来共同组成了这"一天"。"红军的一天"一经推出就广受好评，作为坝上村的特色招牌得到了社会各界的高度关注，也因此使得坝上村走进了大众的视野。与此同时，立足于"红军的一天"项目，坝上村积极寻求政府的财政支持，用资金去开发更多的项目：住红军房，吃红军饭，走红军路……围绕着红军的主题开展的这些项目帮助"红军的一天"打响了它的名声，越来越多的游客来到这个偏僻山村，只为一睹当年红军驻足的地方，走红军走过的路。随着坝上村被评为全国青少年井冈山革命传统教育基地，有了政策的支持，大众的关注以及作为特色文化招牌对于招商引资的吸引力，它脱贫的羊肠小道也就正式拓宽成了阳关大道。

如今的坝上村，早已不再是十年前的模样，迎接着来访者的也早已不是扬着灰尘的土路，而是崭新的柏油马路。"红军的一天"依然红红火火，大批的青年人在这里换上红军的装束，学习关于革命先贤的历史，而受到教育的人不仅仅是他们，村民们也在长期的熏陶中潜移默化地提高了自身的文化修养和思想觉悟，为进一步振兴坝下村做好了准备。事实上，到了每年的寒暑假，坝上村已不只是"红军的一天"这一枝独秀。2018 年 5 月，一所废弃小学被改造成红色夏令营的基地，来到这里感受红色文化的学生也愈来愈多，他们也为坝上村带来了新的资金收入和工作岗位。"坝上村不久要与南昌天阁教育集团签订合作协议，以研学基地为基础带动少儿夏令营、拓展训练。届时坝上村每天可以多接待 200 位学员住宿"。除此之外，红色文化产业还开辟了村民土特产的销路，"2008 年，坝上村仅有 8 户农民参与其中，每年接待游客 3 000 余人，到 2017 年，发展到 52 户农民参与，年接待游客突破 4 万人，仅此一项就可以让农民增收 1.8 万元，有效带动了村民的脱贫致富"①，土特产能够卖得出去，村民也就有了生产的热情。与坝上村红色渊源相关的文创产品链也在如火如荼地进行着，利用重庆大学学子的技术介入，用 3D 打印技术实现了相较于以往文旅产品更为环保的新型文化产品。

可以说，红色文化对于坝上村振兴的影响是全方位的，"一堂课带富了一个村"的褒奖绝不是徒有虚名，正是因为"红军的一天"的存在，使得坝上村所有的产业都因此得到了活化，从根本上将一个深陷在贫困中的山村"救活了"。坝上村不仅实现了经济层面上的脱贫致富，更有力地塑造了人民的精神面貌。就如烈士李筱甫之孙李祖芳所说，"我们不要忘记今天的生活是怎么来的，要把红色基因传承下去"。对于坝上村的村民来说，他们也一定会世世代代将这份红色记忆传承下去，并把它作为立身的根本来教化自己，这才是红色文化有别于其他乡村文化的地方。

## 案例 3-34 文化振兴挺进大别山——大别山新县

大别山的红色文化历史源远流长，1921 年的中共一大就有董必武、陈潭秋和包惠僧三位代表来自大别山区。而从大革命到土地革命，再从抗日

---

① 毛思远，邱烨.井冈山坝上村：一堂课带活了一个村 [EB/OL].（2018-07-17）[2019-06-10]. http://jx.people.com.cn/n2/2018/0717/c190260-31826775.html.

战争到解放战争，它走过了自 1927 年黄麻起义的柴山保根据地开始到新中国成立这一段漫长的路途，所谓"四重四地"就是对它最好的注脚，即"中国人民革命武装斗争的重要发祥地，中国工农红军的重要诞生地，土地革命战争时期的重要根据地，中国共产党培养治党治国治军杰出人才的重要基地"。作为最先对反动势力吹响进攻号角的根据地，1947 年刘邓大军挺进大别山，为日后的战略反击做好了准备。在这期间大别山的民众对于解放军的立足起到了举足轻重的作用，如果没有他们的各种援助，晋冀鲁豫野战军与大量国民党军队周旋的难度将扶摇直上，更遑论日后攻占宿县实现对徐州的战略合围。可以说，大别山对中国革命的胜利做出了巨大的贡献，而大别山的红色文化特质也被大别山红色文化研究所特邀研究员梁家贵博士归类为三个大点，分别是"坚忍不拔的英雄主义特质，万众一心的集体主义特质和充满理想和信念的乐观主义特质"①。

作为长期翼庇革命的摇篮和天然屏障，大别山身处皖鄂豫三省交界处，自身的地理环境十分复杂，山高势险，这诚然有助于军事上的固守，却也对于农业的发展有很大的妨害。交通的不便、基础设施的缺失和耕地的贫乏使大别山的乡村难以发展，然而直到 2010 年，农业还依然是大别山片区的支柱产业，这种矛盾使得大别山的贫困积日持久："2010 年，农民人均纯收入 4061.1 元，仅相当于当年全国平均水平的 68.4%，农民人均纯收入低于2300 元的农村贫困人口 109.12 万人，贫困发生率 22.6 %，比全国高 12.32个百分点。据调查统计，每年因灾、因病等原因返贫人口约 5.6 万人，贫困人口有持续扩大的趋势。"随着 2011 年国务院发布《中国农村扶贫开发纲要（2011—2020 年）》，大别山区被列入了国家连片特殊困难片区，如何使这块革命红土脱贫成为摆在国家面前的难题。

对于 70 多年前经由刘邓首长的签批得名为新县的这块土地来说，关于红色的记忆是浓厚的。作为鄂豫皖苏区首府的所在地，矗立在英雄山的新县标志性雕塑——红旗飘飘代表着诞生于此的八支红军，而在这小小的不足十万人的新县，在历次斗争中牺牲人数达到了五万五千多人（如图 3-32）。为了记录下新县在革命史上的丰功伟绩，1984 年由国家在新县投资建设了

① 梁家贵 . 略论大别山红色文化 [J]. 理论建设，2014（3）：90-93.

鄂豫皖苏区首府革命博物馆，以供后来人了解这里的红色文化。然而，当时的新县与"首府"二字却完全沾不上边，1983年新县人均收入只有少得可怜的86元，高达82%的人口处于贫困线之下，交通不便、房屋破损、信息闭塞……直到2014年精准扶贫政策开始实行之时，多年的休养生息依然没有让新县走出贫困的低谷，只是勉强解决了温饱的问题而已。

图 3-30　新县红色雕塑

　　为了解决新县的贫困问题，县政府付诸了巨大的努力，不仅仅立足于本地的羚锐集团，利用其资源优势发展特色农业，以带动新县的经济收入，更着眼于历史，发掘新县的红色文化资源并将它最大化。正如新县人所说的，红色是新县的底色，更是新县的特色，这份根植于血脉中的传统应当被拾起，并被新县人乃至大众重新认识到。在红色乡村文化活化的大潮中，新县的365座革命遗迹打了头阵，它们或被妥善保存用作参观，或加以修缮让游客近距离接触，它们红色的历史与革命的意义被重新发掘，而不是像过去一样在村庄的角落里无人问津。与此同时，大别山的红歌作为非物质文化资源也再度在新县得到关注，越来越多的红歌会演在新县举办。"八月桂花遍地开，鲜红的旗帜竖呀竖起来"，这样经久不衰的歌声又一次响彻了大别山。红色文化资源的活化为新县脱离贫困迈出了坚实的一步，同时在它们的基础上，新县利用资源优势，确立了"山水红城，健康新县"的产业定位，并于2013年协同中国古村落保护与发展专业委员会、北京绿十字和中国扶贫基金会三个社会组织开展了"英雄梦·新县梦"的乡村公益规划活动，邀请了数百名专业规划设计师与诸多名校来到新县，编绘了许多红色景点和传统村落的保护方案，将新县内星罗棋布的诸多红色遗迹统合起来，融入新县这一红色文化的大景点中。至此，新县的红色文化资源优势被彻底地激活，作为新县整体发展"一城三线"即红色文化、绿色生态、古色乡村中最具特色的那一条线，每年能够吸引旅客达 200 余万人次来到这块革命圣地接受红色教育。

如今的新县老区焕发出新颜，贫困的帽子早已在 2018 年 8 月 8 日被摘下，成为大别山两个最早实现脱贫的地区之一，引发央视、人民日报以及普罗大众的关注与振奋。对于饱受战争创伤的革命老区而言，他们的贫困与落后是每一个了解那段历史的中国人都不愿看见的，正如习总书记所说，"全面建成小康社会，一个不能少，特别是不能忘了老区"。而新县再一次用事实向大别山和全国的老区乡村证明了，只要善加利用历史给予的红色文化资源，就一定能实现乡村振兴的理想。

## 案例 3-35　红色文化点亮鲁南——枣庄市山亭区（抱犊崮山区）

抱犊崮山区的红色文化历史可以追溯到土地革命时期，当时为了响应鲁南党领袖郭子化同志将党的工作由城市转移到乡村，中共苏鲁豫皖边区临时特委就迁至此处，鲁南党也在山区中得到了发展与加强。抗日战争时期，中央就对抱犊崮山区给予了高度重视。1938 年毛主席与党中央制定山东抗日战略时说过："派兵去山东，以鲁南山地为指挥根据地。"当时日军主要进攻都在南方发起，对于山东的设防并不严密，只在主要城镇和要道设立了关卡，为我军的渗透提供了便利。但在抱犊崮周围，各方势力犬牙交错，除却苏鲁支队以大炉为中心建立的根据地之外，山区大部分地区都被地主武装及惯匪刘桂堂占据着，不久还有后来的一支东北军进入了山区。在山区，鲁南人民抗日义勇总队（番号国民党张里元部保安二旅十九团）遭受着日伪军的封锁围困，形势十分严峻，为了实现敌后战场的战略目标，东进部队与日伪军展开了一系列激战，最终在抱犊崮成功立足。抱犊崮山区成为东进部队在山东腹地最先建立的根据地，为日后山东抗战起到了重要的作用。鲁南区作为连接华东、华中的交通枢纽，在抗战中始终坚持作战，罗荣桓、陈毅元帅都曾在这里战斗过，而抱犊崮人民也为抗战胜利付出了巨大的牺牲，为了支援处在日伪扫荡中物资极度匮乏的八路军，人们甘愿捐出家产，与军队共命运；在日伪扫荡的时候，民众自发站岗放哨，掩护军队的行踪，使得日军对山中的八路军无从下手，始终未能将其消灭。可以说，如果没有根据地人民的全力支援，就没有鲁南区这把插在敌后的尖刀，为了铭记这段历史，1978 年抱犊崮山区枣庄辖区的所有公社都被认定为革命老区，1983 年 11 月枣庄市山亭区成立。

然而与大多数革命老区相似，山亭区遭遇了贫困问题。这里有着复杂多变的地形，多丘陵而少平原，山头林立致使农民难以在此开辟耕地。更为严重的问题是，由于大部分地区属于石灰岩山地，地下水极难停留，极易发生旱情。尽管拥有账面上的人均 1.2 亩耕地，但实际上大多土地都是梯田坡地，亩产量难以提高，农业受到严重制约，山区经济因此萎靡。1985 年，成立不久的山亭区立刻就被划分进全国和全省重点扶贫区，2003 年又被省委列入 30 个经济欠发达重点扶持县，足见这 18 年来山亭区的经济都没有得到什么改善，脱贫任务困难重重。尽管自 2005 年开始到 2007 年为止，省政府连续三年对山亭区展开扶持，投入资金达到 699 万元，使得山亭区的贫困问题得到了初步改善，但终究不是长远之计，如何使山亭区自身的经济活化成为摆在枣庄市政府面前的一道难题。

2014 年 10 月 23 日，山东省委党校相关干部成员来到山亭区进行实地调研，他们有意在此建立山亭区红色革命教育基地，想要借助红色资源发展山亭区的经济。至此，山亭区乡村振兴的图景也缓缓展开在了世人的面前。近年来，山亭区越来越注重红色文化的发掘，为了传承好红色的基因，山亭区政府将自身定位为"文化强区"，实施专为红色资源保护开发的《"十个一"工程》，旨在充分利用好区内的红色资源。以王家湾为例。曾经的王家湾是鲁南第一个红色政权峄县民主政府的所在地，有"照亮鲁南的一座灯塔"之称，它和山亭区一样，在几年前还深陷贫困之中默默无闻，更遑论让世人了解到它的光辉历史。然而在最近几年，随着山亭区对红色资源的重视，王家湾开始焕发出新的生机。为了引导王家湾发扬红色文化，山亭区政府投资了 5000 余万元的款项用以修缮潘振武旧居、朱道南旧居、财政科等革命旧址。作为 2016 年山亭区重点工程的王家湾峄县抗日民主政权建设纪念园也已经落成使用，并被批准为国家 3A 级旅游景区。"俺王家湾号称'长寿红村'，现在是 3A 级景区，还是市级爱国主义教育基地，每天来游玩的人很多，俺村的发展也有了新希望。"老党员刘成义在接受采访时如是说，事实也确实如此。王家湾只是山亭区红色资源利用的一个缩影,作为山亭区"十个一"工程的最后一项,八路军抱犊崮抗日纪念园已在 2014 年开园,重走 115 师革命路线,重温入党誓词,在纪念园里上一节党课已经成为山亭区的一大招牌,吸引了诸多游客来此参观学习。不仅如此,山亭区还与作家叶炜合作,出版了一本以抱犊崮为背景的长篇小说《福地》,将属于这里的红色底蕴以书籍故事的形式呈现在大众面前。该书在 2017 年荣获第十二届精神文明建设"文艺精品工程"奖,以该书为基础改编的电视剧也已提上日程。

从这些举措中,我们可以瞥见山亭区对使用红色文化资源的坚决态度。虽然如今山亭区的经济在枣庄仍然居于较后的位置,但发展的趋势在红色文化产业的带动下已然有了很大的提升。根据 2018 年山亭区国民经济和社会发展统计公报的数据来看,山亭区的第二、第三产业相比 2017 年大有提高,旅游业更是蓬勃发展,带来产业结构的不断优化,而人均收入也得到了很大的改善,"2018 年山亭区全体居民人均可支配收入达到 16067 元,增长 10.9%,增幅居全省第一位,比全省平均增幅高 2.5 个百分点,比全市平均增幅高 2.4 个百分点。农村居民人均可支配收入达到 13115 元,增长 8.7%,增幅居全市第二位,比全市平均增幅高 0.4 个百分点"[①]。对于身处大山里既没有资源优势也无交通区位优势的山亭区而言,这种发展的成果是弥足宝贵的,相信不远的未来,坚持红色资源开发的山亭区可以摘下贫困的帽子,走向光明的未来。

## 案例 3-36 革命源泉当代新解——延安康坪村

"百年积弱叹华夏,八载干戈仗延安。试问九州谁做主,万众瞩目清凉山。"从 1935 年 10 月中央红军抵达陕北,到 1948 年中共中央离开陕北,延安都是中国共产党的心脏所在,这被称为"延安时期"的十三年间,曾经默默无闻的延安在政治、经济、文化上都达到了它的顶峰,成为令无数革命青年为之神往的圣地,哪怕放眼整个革命史,它的历史都是最为璀璨夺目的。

---

① 山亭区统计局.2018 年山亭区国民经济和社会发展统计公报 [R/OL].（2019-04-23)[2019-06-19]. http://www.shanting.gov.cn/zwgk/xxgkml/qzbm/qtjj/201904/t20190423_751671.html

而这份夺目是延安这座城市用它的付出换得的，它交出了所能交出的一切，作为第一座党没有付出任何牺牲就进入的城市，它与中国共产党身心一体，荣辱与共。当红军经历了两万五千里长征，以一副衣衫褴褛的疲敝之师的状态进入延安时，前是荒无人烟的沙漠，后有数以百万的追兵威胁着革命的生命；而离开延安的时候，中共已经在这十三年里难以想象地成长起来，不再是被追得抱头鼠窜的"流寇"，而是真正成熟的钢铁之师，具备了和国民党一较高下的资本。在这漫长的十三年里，延安将中共从瘦弱哺育为强大，它见证了中国的历史在这里开始发生的转折。在这十三年中，中国共产党得到了属于它的至宝，毛泽东思想的形成与成熟，马克思主义在这里不再是空中楼阁而是与这块黄土地相结合，成为以中国国情为基准的蜕变。从1939年《〈共产党人〉发刊词》中所说的"马克思列宁主义的理论和中国革命的实践相结合"，到1945年七大将毛泽东思想写进党章，延安见证了一个党和他的思想的成熟。正因如此，与大多数军事意义大过其他意义的根据地相比，延安不仅仅在物质层面维系着共产党的生存，它的精神文化也是最为充盈的。在这一时期，独属于延安的文化艺术逐步形成，随着革命之火在中国大地越燃越旺，1942年的延安文艺座谈会则确立了文艺服务于大众的观点，越来越多的文人奔赴延安，其中不乏丁玲、冼星海这样为我们所熟知的作家、艺术家。而经由他们的手创作出如《我在霞村的时候》《黄河大合唱》这样脍炙人口的经典之篇。文化在这片黄土地上硕果累累。正因为这些原因，延安相比于其他根据地，有着更加深厚的红色政治和文化的积累，也就是更加优渥的红色资源。

　　但是与优秀的文化资源相对应的是，延安依然在漫长的时期中饱受贫困的袭扰。早在中共进入延安之前，这里就面临着连年的自然灾害，其后更是遭受了国民党意图饿死根据地军民的封锁。尽管有王震将军等人带领的屯兵垦荒在一定程度上缓解了延安农业的困局，但这些情况从侧面便可反映出延安在农业上历来不是一个可以自给自足的地区，毕竟延安位于黄土高原，水土流失严重的地貌并不适宜农业的发展。直到20世纪70年代，延安的老百姓还过着靠天吃饭的日子，以至于1978年中央批准对延安的粮食征购减少55%，还给予了每年5000万元的无偿援助长达九年，以此来改善延安人民的生活。即便如此，因为自然条件的局限，许多工作无法开展，延安还是没能完成脱贫脱困。直到 1999 年延安实行退耕还林，改善了黄沙漫天的生态环境，才得以走上振兴的车道。如延安市林业局局长王占金所说的，"退耕还林 20 年，不仅解决了延安水土流失问题，还改善了延安生态环境，更重要的是为脱贫攻坚工作打下了坚实的基础，把农民从传统农业产业中解放出来"①。

将农民从传统农业中解放出来，那农民又该何去何从呢？延安的乡村不是一无所有，它们拥有延安 2025 座革命遗迹的 90%，而这些革命遗迹涵盖了中国革命史的绝大部分时期，是宝贵的红色资源，若能利用好这份资源，势必对乡村的振兴有着非同寻常的意义。近来的"春风又拂面／乡村振兴正当时——让世界倾听陕西声音"主题宣传活动就让我们看见了延安乡村和红色文化资源的潜力。

以宝塔区康坪村为例。尽管康坪村登记在册的人口在 2018 年时仅有 114 户 323 人，是一座不折不扣的小村庄，农业也并不发达，但恰恰就是这样一座小村庄，它的在册贫困人口却仅仅只有一户三人，其中绝大部分村民都已经脱离了贫困，过上了好日子，其主要原因便是康坪村成功地利用了它的红色资源。陕北的窑洞是本地区的传统民居，由于中国共产党的入驻，为延安地区的窑洞带来了红色的气息，而如今随着人们越来越多地移到新居，窑洞被大量地闲置在村庄里，而康坪村发现了这一有待开发的资源，确立了"陕北印象、历史记忆、乡村味道、现代生活"的基本思路，将这些窑洞打造为一座座独具特色的民宿作为康坪村红色旅游的基础。自 2017 年起，延安德耀旅游开发公司便开始了对康坪村窑洞的改造，成立了"康坪民宿"。这一改变的效果立竿见影，康坪村从一个默默无闻的小乡村转变为延安必去的旅游景点。2018 年康坪村接待游客 3.2 万余人次，红色窑洞的改造功不可没。民宿的兴旺也促进了康坪村其他产业的兴旺，农特产品、小商品不需要再辛辛苦苦拉到城里去卖，在本地就可以卖出好价钱。在这样的基础上，康坪村独具特色的甜瓜产业也一并发展起来，又为村民们带来了额外的收入。这样一年下来，除去窑洞的分红，村民自己的生意也变

---

① 孟瑶婷，白宇. 延安告别绝对贫困 [EB/OL]. （2019-05-08）[2020-06-10].http://society.people.com.cn/GB/nl/2019/0508/c1008-31073112.html.

得红红火火，收入较之以前增加了许多。村民的生活变好了，之前出走打拼的年轻人也大多选择返乡就业，乡村人口外流的状况得到了很大的改善。

如今的康坪村，原先为了生活而沉默寡言只顾着奔波的人们早已消失不见，取而代之的是如织的游人和由村民自发组织的秧歌队，将这座黄土地上的小乡村终日装点得热热闹闹，一切恍若回到了延安最光辉的那十三年。一座座不起眼却饱积着厚重历史的土窑洞在今天更换新颜，振兴了康坪村的经济，更令它为世人所瞩目，中国农业农村部将它誉为"中国最美休闲乡村"，陕西省住建厅等四部门则将它评为"全省美丽宜居示范村"，康坪村民宿的模式得到了全国的认可。康坪村能像这样振兴起来，它的一切成绩都和红色资源有着密不可分的关系，也是诸多革命老区学习的榜样。由康坪村我们可以发现，在资源贫瘠的情况下，依托红色资源成为乡村振兴的钥匙，在实行精准扶贫的当下，我们应更多地看到、认识到这一点，去促进具有红色文化底蕴的乡村的振兴。

# 第五节　国外乡村文化案例分析

在当今的世界，乡村振兴绝不仅仅是我国需要面对的一大考验。事实上随着人类社会的发展，即便是经济高度发达、乡村收入账面上看来节节攀高的西方世界，他们的乡村一样等待着振兴，尤其是在如今城市化浪潮不可阻挡的趋势下，振兴乡村以达到城乡协调融合发展的诉求也就更为强烈。乡村收入的提高绝不是乡村完成振兴的标志，它只是其中的一步而已，过度轻视城乡平衡发展的重要性，便会落入"中等收入陷阱"之中。乡村振兴是人类社会的大战略，在没有完成它所带来的历史任务之前，全社会都应为了实现这个目标而奋斗。而要解决乡村振兴这个根本性问题，乡村文化的振兴又是重中之重，这样说绝不是空穴来风，无论是从各国历史乃至当下而言，乡村文化振兴一直都被放在一个很靠前的顺位上，受到高度的关注。无论是里昂斯提出的19世纪"旧法国"乡民口口相传是乡村文化传承的重要媒介这一理论，还是英国在《英格兰和威士乡村保护法》中设立的"支持乡村文化和传统文物的保护建设活动"这一条目，抑或是我们的近邻韩国，凭借文化建设相关的"新村运动"来引导乡村的文化振兴，这些国家的举措都是用文化建设来振奋乡村人民，以此达到振兴乡村的目的。这些例子无一不证实着乡村文化振兴在各国举足轻重的地位，乡村文化振兴的重要性被广泛地认可。若是忽视乡村文化，便绝不能振兴乡村，尤其是在这个城市化、全球化浪潮席卷的时代，坚挺的乡村文化就愈发显示出它的重要性。就算是乡村经济发达，貌似离乡村振兴只有一步之遥的美国，也因为在如今的特朗普时代忽视了乡村传统文化而遭到人民的强烈抵制，以执政党为代表的华盛顿方面在不尊重乡村文化的基础上以城市文化强行介入，并最终促生了美国乡民对中央的"道德愤慨"，"乡村居民眼中的这种文化分歧促使他们一再表示，华盛顿的'崩坏'是美国面临的最严重的道德问题之一"①，美国乡村振兴又一次陷入进退两难的局势中。现实告诉我们，乡村文化振兴一事绝不能轻率对待，它在乡村振兴进程上具有举足轻重的地位；同时，我们的目光不应当只局限于国内，既然它作为一个全世界都在关注并研究的问题，那么就应当以全人类的智慧来解决。我们更应该将目光投射到那些在乡村文化振兴中卓有成效的国家，学习它们处理乡村文化的方法，从中得到宝贵的启发，以此来加速我国自身的振兴进程。

### 案例 3-37　日本造町（村）运动——日本古川町

　　20 世纪 70 年代末，造町运动在日本开始兴起。在此之前，日本还没有从二战的阴云中走出，二战带来的经济上的沉重打击使得日本长期以来将国家的战略重心置于城市的修复重建上，为了重塑满目疮痍的东京、大阪，乡村中大量的人力资源流入了这些大城市。在 1955 年到 1973 年的 16 年间，日本工业及第三产业工作人数大幅上升，占就业总人数的 85%，而此时农业的劳动力却几乎减半，农业生产几乎停滞，乡村面临着解体的危机，城市

---

① 王悠然. 乡村文化被忽视 美国乡村民众对华盛顿不满 [N/OL]. 中国社会科学网 - 中国社会科学报，（2018-03-09）[2019-12-09]. http://www.cssn.cn/kxk/dt/201803/t20180309_3871637_1.shtml.

则如同蚁窝一样聚集着巨量的人口。随着20世纪70年代石油危机的到来，世界经济受到了严重的打击，极端的国策所带来的恶果也终于不可避免地爆发出来，日本经济陷入了停滞，城市建设优先的模式受到了广泛的质疑，大型工业也被波及。在这个艰难的时刻，日本将目光放到了对财政和能源需求较小的乡村上，把乡村的振兴作为日本走出阴云的寄托。在这种情势下，造町运动应运而生，而造町运动的急先锋平松守彦则提出了将乡村人口留在本地的"磁场理论"，即乡村要开发出属于本地区的特色产业，要"一村一品"。从我们今天的视角来看，造町运动无疑是具有前瞻性的，它使得乡村有了适合自身的发展方向，本质上与我们如今所说的"精准扶贫"存在着相似之处。造町运动确实起到了很大的成效，将日本农村从人迹罕至的贫瘠之地改造成今天鸟语花香的现代性乡村，有太多东西值得我们借鉴。

造町运动的一个重要作用，就是它对于日本乡村文化的振兴做出了巨大的贡献。造町运动中，日本传统的大量乡村文化被重新拾起、重视起来，尤其是随着1979年平松守彦的"一村一品"运动被提出之后，越来越多的日本乡村开始将自身的特色乡村文化作为"一品"来推出，古川町就是一个很好的例子。在造町运动之前，日本的工业高速发展对这座位于日本中部地区的小町带来了巨大的打击，无论是环境的破坏还是青壮年人力的外流，都是摆在当地政府面前的问题。然而，"一村一品"运动的开展为这座乡村带来了一线生机。古川町所在地区林业十分发达，而古川町自古就有"木匠之乡"的美称，拥有全日本知名的木匠文化，如何重现这份乡村文化的宝贵资源，成为古川町振兴乡村的一把钥匙。

为了达到这一步，古川町做了许多努力。作为传统文化的具现，古川町的房屋一律不允许使用反传统的建筑风格，更遑论奇形怪状的现代风格，而是全部以古法制造，所有结构皆通过榫头衔接，不使用铁钉，而在房屋的建设高度追求统一性的前提下，古川町又拥有另一独具特色的传统建筑文化——云饰，云饰允许变通的特性可以将每位工匠与众不同的风格个性化地表现出来。因此，每一座木屋乍一看都是一模一样的，细看却有着各自的风味，而这样兼具精妙与严谨的古川町木屋排列在一起又有了独特的文化美感。如果说，古川町的每一座房屋都是木匠文化展示的舞台，那么为了保存好这份文化而兴建的文化馆就是提醒人们古川町的工匠文化气息有多深厚。为了兴建这座文化馆，古川町三分之二的木匠都被动员起来，而将要呈现的展品都由他们随心所欲地创造，他们用自己精湛的技艺将属于这座小町的传统文化变成了名震日本的艺术文化。每年文化馆都能吸引大量的日本匠人前来参观学习，古川町的"品"不仅借此成为日本造町运动的典范，更使得以匠文化为代表的古川町传统文化再度振兴。

## 案例3-38　韩国的乡村文化振兴之道——韩国新村运动

韩国新村运动的背景与日本造町运动高度相似，都是因为过度重视城市与大工业发展所造成的城乡发展极度不平衡，这种情况通常被经济学家称为"中等收入陷阱"，意为经过一段时间的高速经济发展后所达到的瓶颈期。造成这种瓶颈期的原因有很多，而对于彼时的日韩而言，问题就出在乡村与城市发展的巨大差异上，最终影响了社会整体发展水平，使得日韩都进入了一段十分迷惘的社会转型期。为了度过这段时期，日本推出了造町运动，而韩国应变的举措则是1970年由总统朴正熙提出的"新村运动"。凭借"新村运动"，韩国不仅跳出了中等收入陷阱，更是只用30年就赶上了西方的工业化道路，创造了"汉江奇迹"。

"新村运动"的实质与"造町运动"又有所不同，区别就体现在新村运动具有政府主导和民间主导两个阶段。在1970年到1980年这十年里，涵盖了韩国政府为新村运动制定的五个规划中的四个，政府在此期间完全主导了乡村建设，并且在这一时期为新村运动的成功奠定了物质基础；而新村运动的灵魂则体现在1981年到1988年这最后七年民众主导的时期。在这一时期，韩国对乡村文化振兴的重视达到了整个运动的最高峰，也为新村运动带来了最终的成功。

有学者认为，新村运动最大的功绩就在于它对于乡村文化的建设。它具有一种"精神启蒙"的作用，而这种作用在1981年之后尤为凸显。从某种意义上来说，它重塑了朝鲜战争之后韩国乡村凋敝的精神文化，将农民从对生活的淡漠情感转变为对美好生活的向往，也赋予了韩国乡村发展的灵魂——一份健康的乡村文化。这种乡村文化在当时即被广泛认为是新村运动的核心。事实上，早在新村运动之前，韩国就极度重视乡村教化，经由 1953 年到 1958 年的五次"扫盲教育计划",韩国文盲率从日本手中光复时(1945)的 78% 骤降至 4.1%,而新村运动更为韩国乡村文化建设提供了契机。在这一时间段韩国乡村所经历的教育形式不仅有正规的课程教育,在这一基础上又增加了农村振兴厅的农业知识教育和民间团体的社会文化教育,旨在建设、振兴乡村文化的村民会馆被大量地建设起来,用以加强村民的文化教育。事实证明这些举措绝不是白费的——新村建设为韩国带来了经济上的腾飞,韩国从人们口中"没有希望的国家"摇身一变成了创造"汉江奇迹"的"亚洲四小龙"。韩国乡村文化举措有太多值得我们学习,它对于我们的乡村文化建设有着多样化的启发。

首先,新村运动所带来的文化建设成果在很大程度上是由政府主导,政府在基础设施和政策上的帮助对于文化建设有着显著的作用,而我国农村长期文化发展滞后,与政府甚少涉足乡村文化建设有着很大的关系;其次,韩国政府在新村运动中充分认识到了乡村文化的重要性,开始重视文化对于农民乃至农业的重要性,在很大程度上将加速乡村生产力的发展,从而缩小城乡差距,以帮助国家跳出"中等收入陷阱";最后,对于乡村文化建设,我们应当开扩思路,加大投入,将乡村文化建设当作值得重视的问题来看待,创新出属于不同乡村的不同建设道路。如果只是重复单调的文化建设,即把注意力放在兴建图书馆、阅读室或直接发放补助资金,既不考察清楚当地的情况与需求,也没有落实精准扶贫的精神,则对于乡村文化建设毫无裨益。

乡村文化经过四十余年的发展,韩国已经逐步实现着国内城乡的协调发展和经济的提高,其经验也得到了联合国有关组织的高度认可。而我国如今也正在大力推进"精准扶贫",韩国乡村文化建设成功的案例对当下的我们有着很高的借鉴意义,值得我们去深入学习和吸取其中的经验。

## 案例 3-39  不列颠文化乡村——最美乡村库姆堡

英国的乡村文化源远流长,凯尔特文化、罗马文化和日耳曼文化在这里交融、演变,从中世纪到维多利亚时代,从日不落帝国再到现代英国,不列颠漫长的文化史溶于乡村的一草一木中。华盛顿·欧文说:"英国景物的最大迷人之处在于浸润其中的一种道德美感。"英国乡村如同桃花源一般美得让人窒息，成为令英国人民乃至全世界为之倾心的地方，但是这种乡村文化绝不是一朝一夕形成的，它的振兴经历了同样漫长的迷惘期和阵痛期，和所有发展迅速的国家相同，英国在其黄金时代的高速发展是以牺牲乡村的利益为代价的，无论是更早的圈地运动，抑或是 1750 年的私人议会法案，都是对农业人口的沉重打击。到 20 世纪中叶为止，英国只有不足十分之一的人从事农业劳动，乡村在这一时期受到了严重的破坏，其凋敝与现今引人入胜的美景大相径庭。然而随着英国的经济节节攀高，成为"世界工厂"，社会文化的缺失反而致使人们追忆起乡村文化，尤其是浪漫主义文学对于往昔美好乡村的大力描写和眼下文化贫瘠的抨击，更让人对当时过度城市化的利欲熏心产生严重不满，因为他们相信乡村中寄存着英国人文化的根基。而随着学者对于乡村文化保护的呼声越来越强烈以及农民组织——全国农业工人工会和全国农民联合会的形成，乡村的舆论力量也越来越强大，一些远见卓识的人率先认识到如果放任乡村资源受到城市化浪潮的过度冲击，乡村将永久性地被破坏，因此像名胜古迹国民信托这样的乡村文化保护组织在英国雨后春笋一般地涌现。学术组织也纷纷成立，为文化保存献计献策，众多组织协力保护珍贵的文化资源，乡村文化在这一时期开始受到重视和保护。此后直到 1986 年，英国政府开始逐步介入乡村文化保护，农业法的颁布确定了乡村保护的法律支持，传统乡村建筑得到了立法的保障而免于遭受破坏，同时政府也加大了对乡村的资金援助，以宏观战略和政策的制定推进乡村文化发展。至此，英国乡村走过伤痕累累的历史，终于成为如今被世界推崇的美好乡村。

有"世界最美乡村"之称的库姆堡便是英国乡村文化振兴的最好亲历者（如图 3-33）。库姆堡历史十分悠久，早在古罗马时期就被视为交通要道福斯路上的重要集镇，之后更是作为英国羊毛生产的重镇而异常活跃。即便如此，在后来的英国乡村危机中库姆堡同样受到了很大的波及，一度默默无闻地衰败下去，直到 20 世纪才再度被人们所发掘，如今已经成为自然保护区。值得注意的是，为了最大限度地重现乡村古朴的传统风貌，库姆堡甚至没有一盏电灯，点缀夜晚的库姆堡的只有烛火与漫天的繁星，最经典的英式建筑风格在这里被表现得淋漓尽致。库姆堡能够成为《泰晤士报》评选的英国最美村庄，它吸引游客的原因从来不是什么壮美的风光，抑或是一两个名震世界的景点，它只是一座小得不能再小、总人口不超过350人的小村庄而已，真正让游客愿意在这里驻足的是它经数世纪不变的风貌。在库姆堡，英国人几百年前的田园生活被原原本本地呈现出来，抛却了一切现代的修饰，供游客品尝的只剩下最醇厚的乡村文化。在学者看来，库姆堡本身就是英国乡村文化的具现，它很好地体现了英国乡村的所有特点，同时包含着古典英国乡村的所有基础构造，居民区、教堂、贵族庄园……在库姆堡的街边，整齐地排列着古朴的英式小石屋，路面也都是用石头砌成的，石面上的藤蔓则见证着这一切的古老，而村中心的左侧就是村里的教堂——圣安德鲁教堂，建于13世纪却被完好地保存着，和它古老的壁画一道，至今仍接受着村民的朝拜。同样流传下来的还有距教堂不远的贵族庄园，和英剧里古朴的城堡如出一辙地展现在游人面前，将属于贵族的过往一笔一画地记录下来。与我国许多古建筑已经如危房一般摇摇欲坠不同，这些建筑的结构和它们所承载的文化一样坚实，而这之中英国对乡村文化的保护同样功不可没。据统计，英国建筑平均寿命高达132年，是我国建筑的10倍。这些充满魅力的人文景观比一切矫揉造作的乡村改造都更让人心驰神往。正是这许许多多的一切构成了库姆堡的美好，而无数个库姆堡构成了英国如今的乡村。

图 3-31　库姆堡

　　虽然英国正式将重视乡村提上国家战略层面也只是四五十年间的事，

但是依托自身乡村本就丰厚的文化底蕴、长期以来人们自发的保护以及政府卓有成效的管理，不仅乡村文化资源得到了极大的重视，乡村所必需的自然环境也得到了保护。在此基础上，凭借英国的乡村人文与自然融合的特色和诸多法律的加持，那份独属于不列颠岛的乡村文化又一次得以振兴。英国的乡村已经在与城市均衡共存的道路上前行了一大步，尽管英国乡村和我国的文化背景不同，底蕴差异更是巨大，但是英国对于乡村文化的极度重视一样值得我们学习。即便发达如英国也没有轻视乡村的作用，我国乡村历史同样悠久，文化底蕴同样深厚，何况乡村文化也是我国文化的根基，我们更没有轻视乡村文化的理由。在这个乡村面临城市化浪潮冲击的语境下，我们应当学习英国保存、弘扬乡村文化的精神，让英国经验成为我们宝贵的借鉴。

## 案例3-40　美国高度发达乡村文化的标志——乡村音乐

美国作为世界上最发达的国家，一直是人们所瞩目的现代化标杆，像洛杉矶、纽约这样先进的大都市便是这片繁荣之地的最好佐证。美国也是文化输出大国，好莱坞无时无刻不向世界各地辐射着美国文化。然而如果想当然地将繁华的都市视为美国文化的核心与灵魂无疑是谬误的，"美国文化的精神内核根本不在纽约、华盛顿、华尔街，而是在农村"可能并非危言耸听。美国文化植根于美国的乡村之中，对于许多美国人而言，中西部一望无垠的玉米田还有属于西部牛仔的浪漫传说对他们在文化层面的影响不亚于大城市的文化输出，这块至今仍然由农业主导的地块与西海岸夜夜笙歌的繁华显得如此的格格不入，却依然坚守着它的传统。美国人会在自我介绍中自信地说，"I grew up on a farm（我在农场长大）"。他们在潜移默化中已经将乡村文化视为他们灵魂中的一部分，而中西部独特的气质文化吸引他们定居在此地，让他们魂牵梦萦。但是，仅仅因为气质相投就得出美国人倾心乡村文化的结论显然是不可取的。事实上美国独特的乡村文化与世界上任何一个国家都不尽相同，它无法被简单诠释。美国无论是作为一个移民国家，不同移民为不同地区带来的文化差异，抑或是美国寻金热与拓荒时代所带来的与传统乡村封闭性大相径庭的开拓精神，都使得乡村文化的沃土成为耐人寻味的领域，同时正是这些种种的差异汇聚在一起才形成了美国乡村文化鸡尾酒一般的独特口感，令万千美国人甘之如饴。对于美国乡村文化而言，其最好的诠释就是美国乡村音乐。美国乡村音乐就是美国人乡村文化精神内核的体现，而美国乡村音乐也同时反哺了美国乡村文化，使它更加耀眼夺目。

乡村音乐顾名思义，指源于乡村的音乐，具体起源于美国东南部的民间音乐，有专家则认为它的起源可以追溯到英国民谣，总之其与乡村有着密不可分的联系，又或者如肯尼·罗杰斯所言，是"所有人喜欢购买的音乐"。尽管有失偏颇，却也能反映出乡村音乐为大量美国人所喜爱。既然被称为乡村音乐，就意味着它不仅淳朴，也保留着许多与乡村文化有关的特质，比如叙事性。作为乡村类文化，叙事性一直是一个必不可少的要素，早期的乡村音乐往往倾向于讲一段乡村内发生的故事；再比如乡村乐器的使用，同为乡村文化资源，乡村音乐使用乡村乐器早已成为心照不宣的规矩，即便如今乡村音乐不再纯粹局限于乡村的题材而是向更多元的方向发展，像班卓琴这样的典型乐器依然约束着乡村音乐类型的界定。从客观上而言，乡村音乐也在保护着传统乡村乐器不至于消亡；以及乡村音乐的着装风格，尊重古典的人们大多身着传统牛仔的装束演奏音乐，以此来致敬传统乡村音乐的演奏人群。尽管现在乡村音乐已经在它原有的基础上博采众长，超越了乡村的局限转而成为一类音乐的形式，但它仍然在坚守着属于它的许多传统。

如果说美国乡村音乐是乡村文化的标志，那么田纳西就是美国乡村音乐的乐土。作为一个农田占地 1240 万英亩的农业大州，田纳西州的乡村文化十分深厚，乡村音乐也自然而然地在此兴盛。田纳西州首府纳什维尔，素有美国乡村音乐之都的美称，也是美国诸多乡村音乐歌手心目中的圣地（如图 3-34）。一百多年前，移居此地的欧洲农民将来自异国他乡的苏格兰和爱尔兰民谣同美国黑人的民间音乐——布鲁斯音乐相结合，两种截然不同的乡村文化的碰撞与融合形成了美国乡村音乐的雏形，这其实也同样体现出美国乡村文化是作为多种文化杂糅而成的。不仅如此，在纳什维尔还诞生了"美国乡村音乐协会"和美国乡村音乐名人堂博物馆等诸多与乡村音乐文化关联的事物，乃至在马路上穿行的汽车都印着吉他的图案，从中可以看出乡村音乐和它所代表的乡村文化对美国人的影响之深。

图 3-32　乡村音乐之都纳什维尔

　　以乡村地区性乐种诞生的乡村音乐，在纳什维尔乃至整个美国被视作国宝保存起来，这种自发的全民性的行为是值得我们深思的。在这种行为中，美国人体现出的意识，更是体现出美国人对乡村文化的珍重。以 66 号公路为例。66 号公路作为 20 世纪 30 年代美国中西部破产农民逃荒的道路，被美国人称作美国的"母亲路"，农民们在超载的皮卡车上口口传唱着乡村音乐，而 66 号公路则被后来的音乐人视作乡村音乐的朝圣之路。如今的好莱坞电影对此也大有涉猎，从中我们可以看出美国人对于乡村音乐的热爱有多么强烈。乡村音乐展现了美国乡村不同时间段历史文化的表现形式，长期为美国人民所推崇，同时也反映出美国乡村有如今的振兴发达正是因为美国人民对于乡村音乐等许多传承至今的乡村文化资源的重视。美国乡村文化的高度发达其实也在启发我们：乡村文化如何才能真正激发人们的归属感，使人们自发去传颂与保护？倘若能做到这一点，我国乡村文化的振兴指日可待。

# 第四章
# 乡村文化振兴策略及建议

作为农耕开国的民族，乡村是中国文化生长的沃土和摇篮，也是中国传统文化的根基和家园。乡村是带有自然、社会、经济特征的地域综合体，兼具生产、生活、生态、文化等多重功能，与城镇互促互进、共生共存，共同构成人类活动的主要空间。著名社会学家、人类学家费孝通先生在《乡土中国》开篇就说："从基层看去，中国社会是乡土性的。"乡村是人们魂牵梦萦的故土，是人们落叶归根的所在。乡村兴则国家兴，乡村衰则国家衰。

乡村文化是乡村居民在农耕活动和日常生活中逐步形成、发展并代代传承的风俗习惯和情感认知，它直接影响乡村居民在待人接物上的原则和认识世界的方式，反映着乡村居民的生活状态和精神生活。它蕴含着中华民族独有的精神价值、思维方式和文化意识，在推动社会文化繁荣发展的过程中发挥着至关重要的作用。

相较于工业文明，乡村文化给人一种安静祥和、清闲静谧之感。它是饱含温情的诗歌，是乡音、乡土、乡情合奏的牧歌，是质朴简单的田园生活的缩影。无奈的是，在波涛汹涌的城市化浪潮中，大量的农村在消失，大量的农村人口在转移，大量的乡村文化无可依托……因此，乡村文化更显得弥足珍贵。

振兴乡村文化是乡村振兴的重要途径。乡村经济的繁荣需要依靠乡村文化支撑，乡村文化提供的不仅仅是物质上的富足，更是精神上的发展，重视乡村文化建设才能更好更快地促进乡村经济发展和政治建设。

我国地大物博，文化博大精深，造就了中国乡村文化多样性的特点。乡村文化是中华民族传统文化的源流，它传承至今，虽磨难重重却从未断绝，展现着无与伦比的强大生命力。因此，我们应该有足够的自信，相信乡村文化的深度和广度，相信它能为我们在文化发展的道路上指明方向。极大的可塑性和再创造性是乡村文化的重要特征，两三千年前的农耕生活创造了灿烂辉煌的农耕文明，如农耕技术、耕作工具、天象、节气等。自然环境与乡土文化息息相关，我国古代的神话传说皆出自先民对于变幻莫测的大自然的想象。原始社会的生产力低下，生产工具简陋，农民受制于大自然，因为无法预测大自然的变化，使得原始社会的农民对大自然无比崇拜和敬畏。随着农耕文明不断发展，农耕文化系统中逐渐衍生出"天人合一""道法自然"的哲思，加上土地不易迁移的特点，形成了中国人追求安稳平和的人生态度。

乡村文化的范围极广，多姿多彩的民族文化也丰富了乡村文化的内容和形式，我国目前尚未发掘和濒临灭绝的乡村文化不在少数，因此，在我国，乡村文化的振兴仍有广阔的探索空间和发展空间。

改革开放以来，中国经济迅速腾飞，城市化取得了巨大成就，可弊端也在日益显现。因此，如何创新性解决城市化带来的弊病、振兴乡村文化成为当前社会发展的重大课题。根据发达国家的经验来看，城市化的目的并非用城市取代乡村，或者完全掌控大自然，而是一边发展经济一边繁荣文化。在 2012 年 11 月 20 日的中国共产党第十八次全国代表大会上提出建设生态文明和美丽中国的思路，强调在乡村建设中应该将生态文明建设摆在重要位置，使经济建设、政治建设、社会建设同步进行，建设社会主义新农村。

我国目前仍处于乡村文化振兴的初级阶段，在发展乡村文化的过程中有些顾此失彼。我们应该明确，发展乡村文化不仅要考虑经济效益，更要重视社会效益。国家为保护和发展乡村文化，出台了一系列政策法规，让更多个人和团体积极参与乡村文化振兴，在乡村文化振兴中寻找正确的方向和发展道路，实现双赢。在参考了多个成功案例后，得出最为合理的乡村文化振兴思路应当是根据各地的乡村文化特色，有针对性地开发，妥善地保护，才能让乡村文化振兴的列车步入正轨。

## 第一节　乡村文化保护的建议

### 一、乡村文化保护的原则

1. 坚持乡村文化保护整体与部分的有机统一

乡村文化保护是整体与部分的有机统一，简而言之，就是乡村文化保护应该着眼于整个乡村文化生态，但同时不可忽视乡村文化中的各个有机部分。例如,部分乡村在发展旅游时,常常只考虑到经济效益,破坏了大量乡村特有的古建筑、民居等独一无二的景致,让原本独具特色的乡村文化变成了千篇一律的商业街,导致乡村文化失去了物质依托,乡村文化的可持续性发展道路戛然而止。回望这类案例,在改造传统村落、民居时,应秉持保护和发展相结合的理念,既保留传统建筑的特色,又能将传统与现代结合,让传统民居、古村落与新建的建筑完美融合。

在改造古村落或传统民居前,设计师头脑中应该有一个大致的风格和整体的规模意识。在开发的过程中注意与当地民俗风情相协调,确保整体和部分风格统一。如何科学有效地筛选出值得保留的建筑物也是当前面临的难题之一,建设者应该在综合考察当地情况后,从乡村的整体布局出发,既要将乡村中独具特色的建筑因素妥善保护,又要开发出承接游客的商业街、展览区、体验区等游客活动区域,还要保证当地居民的正常生活,这是十分困难的。建设者不仅需要具有统筹安排的能力,还要有一定的审美能力和人文关怀情怀。如果能将以上三者合理统筹,其结果必然圆满。就拿"观众印象体验地"袁家村来说。袁家村位于八百里秦川腹地,却打造出了关中旅游体验的第一品牌。村子中既保存了20世纪农村的建筑风貌,又创造性地开发了许多民俗客栈。个别农家乐和家庭旅馆甚至延续了西北民居的黄泥抹墙工艺;还有从山西异地迁建的古建筑改造民居更是让人眼前一亮。袁家村还不止于此,除了整体建筑风格上的统一,在细枝末节处,开发者也尽可能保持风格上的一致,如美食上的开发——袁家村的特色美食有洋芋糍粑、酸辣粉、箸头面、粉蒸肉、锅盔、腊汁肉夹馍等西北美食,还有皮影、剪纸、脸谱等传统技艺的展示。袁家村的成功,是重视整体又不忽略部分的结果,做到了这一点,袁家村乡村文化的独特魅力就自然而然地焕发出来了。

2. 推动乡村文化创新性发展

闭关锁国的惨痛教训已经让我们看到故步自封、墨守成规就只能落得被淘汰的结局,对于乡村文化也是如此。如果一味强调乡村文化的继承而不寻求与时俱进,那它被时代的浪潮淹没也不过是时间问题。要想振兴乡村文化,坚持乡村文化的创新性发展是切实保护乡村文化的重要举措。只有不断推动乡村文化创新发展,才能保证乡村文化的勃勃生机和与时俱进的内涵。创新乡村文化不是简单利用新技术核心手段发展乡村文化，而是在乡村文化的保护过程中不断增添新的时代内涵，摒弃不合时宜的部分，比如强调移风易俗，淘汰乡村文化中封建迷信的部分；创新乡村文化不是简单地全盘否定传承千年的乡村文化，而是借助现代技术记录难以通过文字描述的乡村文化，比如借助声像技术保存昆曲、民歌等非物质文化遗产，使其更易于传播和保存。创新乡村文化不是生硬地套用其他地区或国家的成功案例，而是把具有地方人文内涵的乡村文化与自然环境完美融合，创造出具有地方特色的乡村文化。

### 3. 坚持因地制宜制定发展战略

从当前乡村文化振兴的失败案例中，我们不难发现各地的乡村发展规划千篇一律。生搬硬套其他地区的发展模式让原本个性十足的乡村文化日益消失，也让原本就陷入困境的乡村文化停滞不前。部分开发者只追求眼前的短期利益，也就是经济利益，强行将他人的乡村文化保护模式安装到自己的乡村上，这种一刀切的保护方式不仅没有使文化得到应有的保护，还加速了乡村文化的消退。如果说袁家村是乡村文化振兴的标杆，那么白鹿原民俗文化村的保护策略就是典型的"东施效颦"。过度复制导致乡村文化被过度消耗，白鹿原民俗文化村在试营业一年半后，商铺纷纷倒闭，游客零星。景区内没有看到白鹿原特色的建筑、文化表演，也没有当地特色美食，更多的是来自全国各地甚至世界各地的小吃，既有煎饼又有比萨，既有汉堡包又有肉夹馍，饮食风格混乱，没有明显的地域特色；商业街的格局几乎完全复制袁家村，并且只复制了商业街，景区内业态单一，导致游客容易审美疲劳，缺乏参与性和互动性，自然就难以发展。

要想因地制宜就不能纸上谈兵，需要开发者、建设者深入实地考察，了解该地乡村文化的不足和长处，结合类似地区的成功案例提出切实可行的发展和保护战略，才能真正地保护乡村文化。我们批判的是全盘照抄的行为，并非拒绝所有的参考和借鉴，适当地参考和借鉴成功经验可以让开发者在开发过程中少走弯路。同时，在充分了解当地乡村文化后，应当抓住一个重点，有针对性地开发，而不是将所有的成功经验都堆叠在一起，变得不伦不类。比如新疆以少数民族风情著称，那么在开发时应当重点强调少数民族特色；比如贵州的遵义市是红色革命圣地，那么应当深入挖掘它的红色文化并加以发扬光大，而不是像上述白鹿原民俗文化村一般，将袁家村的商业街格局全盘照搬却没有掌握袁家村在美食行业开发上主攻关中美食的思路，最终陷入招商难以为继、旅游缺乏持续吸引力的窘境。

4. 坚持保护与开发利用的平衡

保护乡村文化并不意味着乡村文化没有开发利用的空间。相反，乡村文化的开发利用是乡村文化保护的重要途径，乡村文化的保护是乡村文化开发利用的重要前提，二者是相辅相成的。如果只是强调乡村文化的开发利用，那么乡村文化很快就会面目全非，造成难以弥补的创伤；但如果只追求全面地保护乡村文化，禁止开发和利用，那乡村文化失去了经济效益，自然也难以保护，没有社会力量的参与，仅仅依靠政府，乡村文化的保护之路更加艰难。要想既不破坏现有的乡村文化，保有其个性，又能运用恰当的方式开发和利用，使之创造出经济效益，吸引更多的人参与到乡村文化的保护中来，需要在保护和开发利用之间取得一个微妙的平衡，使乡村文化永葆生机与活力。

乡村文化要想取得长远发展，就不能独立于经济之外。乡村文化的保护需要大量的人力物力，这便意味着保护乡村文化需要经济的支持。因此，如何能够在经济发展的基础上推动乡村文化保护，以及通过对乡村文化合理的开发和利用反哺乡村的经济发展，是平稳推进乡村良性发展的关键。乡村文化保护应当与当地居民的生产生活相联系，以适应乡村经济、文化的发展。从大的方面来看，乡村文化的保护应该最大限度地减少保护与开发利用的矛盾。如何把握这个平衡点，对于设计者而言十分重要。不能过度保护，也不能过度开发，需要充分了解当地居民需求，采取能够长久保护当地文化的方式。如果强迫当地村民牺牲自己的利益去保护乡村文化，短时间可能还没有人反对，但长此以往，村民就会怨声载道，毕竟要是影响了村民们的基本生活，那么又有谁愿意去保护乡村文化呢？我们需要为村民提供保护乡村文化景观的经济动力，而这一点，只有对乡村文化景观的合理开发利用才能做到。

5. 发挥文化与产业的协同性

乡村文化保护是一个长期的、持续性的过程，而不是能够短暂地、一蹴而就即可完成的小目标。如何为乡村文化保护提供源泉和动力，就要从乡村文化植根的土壤——文化产业谈起了。在这里先明确一下文化产业的定义，文化产业是以生存和提供精神产品为主要活动，以满足人们的文化需要作为目标，是指文化意义本身的创作与销售，而乡村文化产业技术将这个概念缩小到乡村范围。对于乡村文化产业而言，并不是说加上"产业"二字就是全盘商业化、资本化了，我们所要追求的是要达成文化和产业发展的协同性。

乡村文化的产业化就是由文化与产业组成的整体系统，两者具有互动和同构关系，发挥协同性是各个元素功能及整个系统功能能够实现的关键，也是保证其稳定性和长效性的关键。发挥文化与产业的协同性，就需要在文化与产业双重约束条件下生产文化价值，需要文化意识与产业意识兼收并蓄。乡村居民面对现代生活方式，难以对自身的文化主体地位进行确认，对于文化价值与现代产业方式都缺乏足够的了解。因此产业行为必须由相应的制度安排来做出规范。政府是规则的制定者和守护者，是争议的仲裁者和发展动力的激励者，因而必须积极行动起来，制定切实有效的政策措施，发挥文化与产业协同效应。人是文化的主体，也是文化的体现物，因此乡村居民的积极性和创造性的发挥是文化获得自我突破、自我完善的前提。对于产业实践领域的从业者，公平有序的市场环境和恰当合理的政策支持是其利益来源的重要保障。乡村文化产业发展的制度安排应该以发挥文化与产业的协同性为基点，使人、自然、文化、经济、政治的多元关系更加和谐，使发展融入一个良性循环的生态系统，并成为自下而上的民愿和自上而下的政府意志的完美结合。只有做到以上几点，乡村文化产业才能作为乡村文化保护的不竭源泉，不断为其提供动力和养料。

6. 坚持乡村精神文化发展的正确方向

乡村文化保护，说到底要依靠的主体还是各个乡村的村民。要让村民们做好保护乡村文化的工作，就要从精神上引导他们树立正确的乡村精神和文化意识。精神文化发展对一个乡村而言无疑是十分重要的，它不仅是乡村文化的精神延续，同时也是确保乡村文化不断发展的精神动力。漠视精神文化发展，对于文化的传承和保护，甚至经济的发展而言都不是长久之计。当然，如果只注重精神文化发展，同样也是不可取的极端行为，须知只有当人们填饱肚子，才能有多余的时间和精力去提升自身的精神境界。

其实，对于每个乡村而言，文化的保护都不能只浮于表面，要深入每个村民的精神文化发展当中。当地政府应把握乡村文化发展的正确方向，深入挖掘、传承、创新优秀的乡土文化，如民间艺术、戏曲曲艺、手工技艺、民俗活动等非物质文化遗产；同时还应借助各种形式的民俗文化活动，切实做好村民的思想政治工作，重视对村民的精神文明建设，对村民进行爱国主义、纪律的教育，加强社会主义、集体主义思想工作的教育，培养出有理想、有道德、有文化、有纪律的新型村民。

## 二、乡村文化保护的具体措施

乡村文化不仅仅是乡村发展的重要因素，同时也是乡村发展内在实力的体现。综合分析前文所提出的角度及案例，我们不难看出，在当前的城市化浪潮下，中国的乡村文化保护普遍面临着基层政府宏观把握不到位，文化发展趋同，缺乏创新性和创造性，乡村文化主题缺失等困境。针对以上几个问题，我们已经列举出了几个有关乡村文化保护的原则，但在以上几个原则的指引下，还缺少具体的建议和措施。那么，我们具体应该如何做到在城市化的浪潮下对乡村文化进行保护呢？其实也很简单，重要的是我们应结合当前的困境积极寻找出路，完善乡村文化保护与传承的长效机制建设，利用政府、市场和村民主体来促进乡村文化保护向现代化转型，充分挖掘乡村文化的资源潜力。具体来说，可分为以下几点。

### 1. 明确基层政府职责，完善顶层设计

在我国乡村文化发展过程中，当地的基层政府是最直接面向乡村、熟悉乡村相关事务的乡村文化保护建设的决策者，在进行有关乡村文化保护建设工作之前，基层政府应当强化自身引导职能，做好充分的准备。第一，在文化管理方面应该对乡村的文化资源和历史资料进行全面的调查和整理，建立乡村文化信息库，在最大限度维持古村落原貌的基础上，增强村落规划的科学性；第二，在经济发展方面应积极引导当地群众树立发展文化产业的意识，以龙头产业带动相关产业的发展，打造特色的区域品牌，加快对乡村文化产业人才的素质培养；第三，在相关法律法规的完善方面应建立对乡村文化保护与传承的长效机制，进一步细化为具体的措施办法，强化政府对文化工作的监督，加大法制保障的力度；第四，应加强政策的公

平公开制度，保护村民的知情权、参与权、表达权等权利，提高村民利益表达的组织化程度，拓展基层民主参与和民主监督的空间，通过村民委员会实现村务公开，全面、及时地输出相关信息，推动信息公开化；第五，做有关村民相关利益决策时，应充分听取村民的意见，做到取信于民、执政为民，增强决策的广泛性和科学化。

### 2. 促进乡村文化的现代化转型

其实，在很多地区的乡村文化中，不一定全部都是适应现代社会发展需要的。有一些封建落后的传统乡村文化其所蕴含的内涵已不适用于现代社会，带有一定的落后性和愚昧性。所以，对于乡村文化的保护不应只采用传统而单一的全盘接受的态度，而应当结合现代社会实际，经过充分的考量后进行取舍，对不利于乡村文化发展的部分予以剔除，使乡村文化更能适应现代社会的价值观和文明观，完成一次符合社会主义核心价值观的华丽转变。同时，也意味着在新时代的背景下，文化保护具备了更丰富的形式，如为了推动乡村新业态的发展，可以利用民俗文化等品牌资源，发展传统表演艺术、饮食文化节、节日风俗等独具特色的乡村文化元素。乡村文化的现代化转型不但能够让文化事业和文化产业齐头并进，实现乡村文化的活化，还可以促进文化与经济的有机结合，将乡村文化软实力转化为可持续发展的长久动力，在文化保护的同时实现文化富民，是可以供许多乡村参考的好方法。

### 3. 促进村民文化自觉和文化自信精神的形成和培养

文化自觉是指人们在文化上的觉悟和觉醒以及对文化的地位、作用、发展规律和建设使命的深刻认识和准确把握；文化自信则是人们对自身文化价值的充分肯定以及在此基础上建立起来的对自身文化发展的坚定信心。对于乡村文化保护而言，促进村民树立文化自觉和文化自信显得尤为重要。传统的乡村文化在中国传统文化中占有特殊地位，它反映着劳动人民独特的生活情趣，包含着丰富深刻的社会历史信息，代表着民众的审美理想，是中国人智慧的结晶。要促进村民形成和培养文化自觉和文化自信，就需要让那些生活在乡村的个体置身于乡村社会时对自己的基本存在表现出自信，坚定建设乡村新文化的信念和追求，让村民发出属于乡村本土的"自己的声音"。在此基础上，重新培育乡村文化自身的增值意识与能力，扩大乡村文化的影响力，凸显文化个性与文化魅力。可以说，对传统文化精华的再认同是树立乡村文化自信的内在力量。只有村民从心里认同自己的乡村文化，自觉自发地保护和传承乡村文化，才能让乡村文化焕发出长久的生命力。

4. 提高乡村文化主体的综合素质

乡村居民是乡村文化建设与保护的主体，乡村居民的科学文化素质的高低与乡村文化的发展水平有着直接关系，同时也关系着乡村经济发展水平。乡村居民的科学文化素质的提高是决定农业和农村经济顺利发展的重要因素，而经济的发展也与文化有着密不可分的关系，因此提高乡村居民的整体素质，培养有文化的新型乡村居民，是我们推动乡村文化建设与保护的重要动力。我们可以采取的措施：第一，乡村文化建设者应该加强乡村居民的思想道德教育，推动乡村居民的社会主义思想道德建设，促进乡村居民的全面发展。第二，相应的教育事业也应同时推动，应加强乡村社会的九年义务教育，保证乡村社会适龄儿童的入学率，保证乡村社会的孩子都有接受教育的机会，确保乡村文化建设的下一代具备建设和保护乡村文化的能力。第三，要加大乡村教师队伍的建设力度，通过建立城乡学习对口支援等措施，促使更多优质的教育资源流向农村，保证农村中小学教师能够及时了解外来信息，还应积极组织好乡村教师的培训工作，通过多种途径提高乡村教师的整体素质。国家也应鼓励更多优秀的师范毕业生到乡村任教，提高乡村教师的整体水平，确保文化的主要传播者——教师的文化传播工作顺利开展。第四，要加强乡村社会的职业技术教育，开发乡村的人力资源，增强乡村居民适应工业化、城镇化和农业现代化的能力，以使乡村居民能够掌握在城镇化背景下的生存技能，不用再依靠低收入的传统农业，可以向机械化产业发展。可以有学习掌握先进技术的机会，乡村居民也能加深为乡村文化建设留下来的决心与动力。只有乡村居民自身的能力得到提高，才能有更强的主观能动性去创造美好生活。因此，乡村建设者也应构建符合乡村实际的职业教育体系，将学历教育和职业培训相结合，多方面保证乡村居民多渠道接受职业技术教育的机会，提高教育教学质量，突出职业教育的办学特色，增强自身的吸引力，留住人才，以确保乡村文化的可持续发展。

### 5. 营造乡村公共空间，修复社会凝聚力

乡村文化不仅停留在乡村居民的精神世界中，它更需要通过真实可感的形式呈现出来。近几年兴建的乡村文化社区等类似的乡村社会的公共空间就是这样一种形式。乡村社会的公共空间既不同于私人领域的家庭生活，也不同于行政领域的政治生活，是乡村社会人们的主要公共生活领域和相互交流的场所，是乡村社会的政治民主基础。乡村居民不仅能在公共空间分享和传播乡村文化，而且能够借此拉近乡邻间的距离，促进乡风民风的建设，也促进乡村的经济与文化发展，是修复社会凝聚力的绝佳场所。因此，政府应该加强乡村公共空间建设，如乡村图书馆、活动中心、寺庙、戏台、祠堂、集市等地，给村民们提供自由聚集、交流想法、传播信息、讨论村庄新鲜事的场所；还可以增加当地一些制度化组织和制度化的活动形式，例如村落内的企业组织、集体打场、集体植树造林等，使人们能够自由地在这些活动中交流、互动，在不知不觉中就能拉近乡村居民之间的距离，使得文化的传播能够自然而然地发生，不用通过强行灌输而能被多数人所自觉认同和接受。这种被多数人认同或接受的思想、观念以及习俗，则会逐渐成为当地乡村文化的一部分。可以说，乡村公共空间是乡村村民共同的文化生活空间，体现了当地的乡村文化状态，也是对乡村文化的一种传承和保护。

### 6. 举办多种形式的乡村文化展示活动

要推动对乡村文化的保护，让更多人去深入了解它、走进它显然是一种极为有效的方法。对于当地政府来说，可以开展多种形式的乡村文化展示活动，如广泛开展农民自主性文体活动和文艺演出就不失为一个好方法。这样不仅能让广大村民积极参与各类活动，接受先进文化的熏陶，还可以提高舆论宣传阵地的文化层次和品位，增强农村公共文化服务力，净化农村公共文化环境，提高农村文化的服务力。另外，当地政府还应该积极探索乡村文化机构和文化设施的运行管理机制，重视文化骨干队伍培养，提高农村文化设施的使用服务率，提高农村文化骨干的带头示范和文化传播作用，还可结合新媒体技术，如微信公众号、新浪微博等平台对乡村文化进行宣传和推广，丰富乡村文化的宣传方式，进一步扩大乡村文化的影响

力和传播力度。

### 7. 加强乡村文化的推广宣传

乡村文化保护对于现今的大部分村民而言还是较为陌生的，因此必要的乡村文化宣传活动就必不可少。事实上，村民缺乏乡村文化保护意识以及社会上缺乏乡村保护和传承优秀乡村文化的良好氛围，在很大程度上是由于宣传力度不够或缺乏传播手段。而在当今社会，想要加强乡村文化的推广宣传，可以通过许多方便快捷且影响范围较广的手段，诸如网络、电视、广播、报纸、书籍等现代化传播手段，增强村民学习和了解乡村文化的热情，提高村民对乡村文化的重视度。另外，还可以通过举办丰富多彩的文化活动，诸如民俗表演、节日庆典、歌舞演出等来宣传乡村文化，村民可以借助参与文化活动实践增加对乡村文化的认同感。需要注意的一点是，对于乡村文化的推广宣传不能只停留在表面，要注重宣传的持久性，因为文化的影响是潜移默化的，任何宣传文化的实践都不可能一劳永逸，需要开展长期且切实有效的宣传活动方可达到乡村文化推广宣传的目的。只有当优秀的乡村传统文化在日积月累中在每一个村民的心中根深蒂固了，村民才会由内而外地热爱乡村传统文化，保护乡村传统文化。

# 第二节　乡村文化传承的建议

乡村文化，既要塑形，也要铸魂。推动乡村文化发展，尤其是深入挖掘中华优秀传统文化蕴含的哲学思想、人文精神、教化思想、道德理念，对于维护乡村社会稳定、增强村民价值认同、提升村民精神追求、挖掘乡村核心特色具有重要意义。

## 一、全面了解乡村文化

乡村文化要想得到好的传承，首先必须要全面了解乡村文化的特点、历史及发展现状，将乡村文化与城市特色相结合，融入特色城市建设中。

乡村文化有其局限性，这就决定了乡村文化在面对城镇化的冲击下，在传承和发展的过程中要不断"去其糟粕，取其精华"，才能让乡村文化在历史的长河中延续下去。

1. 加大文化宣传教育，增强村民对乡村文化资源的认可度

由于乡村传统文化的断裂和对物质经济生活的单向追求，大多数村民缺乏正确的价值观念和审美素质。在乡村城镇化的关键时期，政府应有意识从多角度向村民宣传乡村文化传承的意义，例如在乡村景观的传承中，可大力宣传乡村景观价值及乡村景观传承保护的重大意义，鼓励村民参与其中，使他们认识到乡村景观建设不仅能改善生活环境、保护生态环境，也与他们自身的经济利益息息相关。农民是乡村景观的创造者、保护者和传承者，乡村景观的发展建设必须得到村民的支持，尊重村民意愿和合理诉求。只有增强村民对景观的认可度，充分调动村民对景观保护的积极性，才能使乡村景观得到良好的传承。

2. 发掘乡村文化的传承价值，从而促进乡村文化的传承

乡村文化在传承中，应注重发掘自身优点，从而促进乡村文化的传承。例如闽南建筑在建筑学方面的可靠价值，"宫殿式"建筑的燕尾形屋脊、

卷棚屋顶穿斗式的木构架、屋顶的瓦片铺设等，都能够适应当地的气候特点，让房屋有效抵挡夏季暖流带来的雨，不会在雨季的时候漏雨。在城市化进程中，闽南地区完全可以借助闽南建筑的美学与实用性，建设特色城市。闽南文化的起源地泉州，在城市建设的过程中，城市特色就比较突出，除了少数地区高楼林立以外，绝大部分建筑都带有闽南文化气息。比如西街的建筑，从整体来看富含闽南建筑风格，红砖瓦顶，燕尾形屋脊。城市最基本的功能就是文化的聚集与分散。闽南文化是一种发展比较久远的文化，具有很强的生命力，泉州的闽南文化历史更悠久。城市的发展史从某一方面来讲是代表一个城市的文化底蕴的，没有特色的城市难以发展，而要让特色城市发展，首先要挖掘优秀的乡村文化，然后进行传承和发展，将乡村的优秀文化融入城市建设中，这样城市在发展的过程中才能呈现自己独特的一面，才能称之为特色城市。

## 二、乡村文化在传承中应注重创新

### 1. 多元融通，响应乡村优秀文化的时代诉求

城镇化必然带来农民生产生活方式的变革。农民的生产从过去的农耕生活转变为现在的规模经营，农民的生活从原来的封闭发展到现在的全面与社会、与城市接轨，农民的思想在城镇化过程中得到了解放，很多观念随之发生改变。城镇化把农民逐渐转变为城镇居民，原有的乡村文化就会受到冲击和影响，所以我们要正确认识城镇化对乡村文化的影响及作用，扬长避短。乡村优秀文化要想得到发展，就不能丢掉传统的和现有的优秀文化，既包括物质的，也包括精神的。在此基础上，有意识地引导逐渐转变为城镇居民的农民去传承优秀文化精髓，把这些优秀的民俗文化发扬光大。一是顺应时代文化需求，把传统文化和现代文化融合，选择大众喜闻乐见的文化形式包装优秀乡村文化；二是扶持和培养农村文化接班人，给他们条件和平台去传承和发展优秀乡村文化。

### 2. 民本自觉，延续乡村优秀文化的内生力

乡村文化是农民在长期的经济政治文化生活中形成的，在一定程度上已经渗透到农民的日常生活中，融入了农民的生活习惯。时至今日，很多农村的优秀文化随着社会的发展渐趋式微，因此，我们要有紧迫感，加快

速度传承优秀文化。在乡村文化传承中，农民具有天然的角色优势。在具体的操作中，首先要确认农民文化传承和发展的主体地位，然后引导其自觉传播优秀农村文化，举办各种文化活动，让他们积极参与到优秀文化活动中去。当文化传承成为一种习惯的时候，相信更多的群众会自觉去发展它。同时，我们要在农民中找出优秀文化的继承者，把他们打造成过硬的乡村文化人才，让他们带领群众开展文化活动，无论农民住在农家小院还是新型农村社区，无论他们的身份有没有转变，都不影响他们对乡村文化的传承热情。只有让农民自觉地参与、传承、创新农村的优秀文化，才能延续乡村文化的内生力。

## 三、课堂教育营造乡村优秀文化的教育氛围，实现文化传承

校园环境是一本立体的、多彩的、富有吸引力的无声的教科书，它作为一种"隐形课程"，在文化传承的过程中具有独特的美育功能和作用。学校教育有利于营造浓厚的文化氛围，学校可设置相关课程，让优秀文化进入课堂，使更多的学生甚至每一位学生都受到文化的熏陶。学校可采取"兴趣＋特长"的方式进一步推进文化项目的全面开展，以学生发展为中心，结合学生年龄特点和生活经验，依据教育目标、内容，精心创设能促进学生全面发展的特色活动。

1. 开展社团活动

学校可以成立相关文化艺术团，活跃学校的文化学习氛围，让师生在学习优秀文化的同时，交流思想，互相启迪，增进友谊。社团是我国校园文化建设的重要载体，也是我国高校第二课堂的引领者，因此学校应鼓励师生踊跃参与。

2. 融入常规教学

学校可以通过音乐课、美术课让优秀传统文化走进课堂，例如剪纸、戏曲艺术等，让学生学习优秀文化的同时，体会优秀文化的魅力，让优秀传统文化与学科教学相互呼应，从而陶冶师生的情操。

3. 融入主题活动

与传统节日相结合，如元宵节、中秋节、国庆节、重阳节等节日，开展形式多样的"特色文化"教育活动。

与交流活动相结合。学校可与县市青少年校外活动中心联合举办当地乡村特色文化作品展，与其他县市积极进行文化交流等，让学生真正走进当地特色优秀文化。

与校园文化艺术节相结合。学校可每年开展"校园文化艺术节"活动，通过举行文化学习活动，让学生对当地特色优秀文化有更深的了解，从而传承、弘扬、创新、发展家乡优秀传统文化。

## 第三节 乡村文化活化的建议

早在20世纪90年代，我国台湾地区先行将"活化"概念引入遗产研究领域。后来"活化"被逐渐泛化到建筑学界、城建领域当中，再后来，"活化"被认为是非物质文化遗产保护与利用的手段，有复兴、复活文化之意[①]。活化一次，在物理学范畴内指的是离子在获得外部能量之后变得更加活跃。在乡村文化振兴当中，活化则指让乡村文化从濒临僵化的状态逐渐得到复苏的过程。

当前社会生活节奏快，物质充盈，科技日新月异，相较之下，在农耕背景中诞生的传统村落显得格格不入，既不能满足当前农村生活、生产的日常需要，其传统价值也没有得到足够的重视，导致大量乡村文化尤其是传统村落在城市化进程中被新农村所取代。但是乡村文化是中国人的根，是中华儿女无法割舍的情怀，是中国人民宝贵的精神财富。活化乡村文化在这样的情势下显得尤为迫切。乡村文化可以是物质文化，如传统建筑、传统民居，还可以是非物质文化，如民俗、饮食、节庆、表演等。

"乡村文化的最好保护方式是把它'活化'，使之扎根于当地民众生活中，一代一代地传承下去，与经济社会一起不断向前发展。"[②] 乡村旅游是

① 吴必虎，徐小波.传统村落与旅游活化：学理与法理分析 [J].扬州大学学报（人文社会科学版），2017(1):2-7.
② 宝贵贞.回顾与创新——多元文化视野下的中国少数民族哲学 [M].北京：中央民族大学出版社，2013：404.

乡村文化活化最常见的方式，它不仅能平衡乡村文化的保护、开发和利用，还是一种收益可观的可持续发展的乡村文化振兴模式。

## 一、乡村旅游的产业化

人类社会的发展必定面临文化的更迭，新的文化形态总是以各种各样的形式取代旧的文化形态。乡村文化亦是如此，都会随着历史的演进而发生变迁。我国经历了一段漫长的农耕时代，我国文化具有典型的农耕文明特点，不论在内容上还是在形式上都与农业联系紧密。可当社会不断进步，现代化农业逐步取代传统农耕，人们更趋向于生活在城市，传统的村落和乡村文化似乎走入了进退两难的绝境。但是不论生产方式如何变化，经济如何发展，都改变不了乡村文化本身的重要价值。在这样的背景下，乡村文化必须另辟蹊径，积极寻求发展，才能摆脱城市化阴影。乡村文化特有的乡村区位优势是它最显著的特点，也是乡村文化振兴的突破口，发展好、利用好"田园"这个天然优势，十分关键。来自北京大学的吴必虎教授曾指出传统村落要活化，就要将传统要素和现代功能有机结合，切忌原封不动地保存。但现实情况是，我国绝大多数农村在发展中不断丧失其独特的魅力，相较于便捷多功能的城市社区，乡村缺乏吸引力，因此越来越多的人更愿意离开乡村到城市生活。乡村里仅剩乡愁，再无其他。随着人们在城市生活时间越长，乡愁也所剩无几。因此，当前迫切需要提高乡村的现代化功能，加强基础设施建设和相关配套服务建设，缩小城乡之间的差距，同时重视乡村原有的优秀文化的传承，让人们在乡村生活中既能享受便利的现代生活，又能体会乡村的惬意舒适。

发展旅游业是实现乡村现代化功能的重要手段，毕竟在设施完善的城市中生活的人们在旅游时不可能完全脱离原本的生活习惯，就好比一个习惯使用抽水马桶的城市游客，即便到乡村旅游也不愿意蹲旱厕。因此，具备现代化功能的乡村是发展旅游产业的重要前提。同时，现代化的设施也能提高本地村民的生活质量，在一定程度上减少人员外流，毕竟乡村文化的发展需要足够的人力才能实现。旅游业的驱动力不可小觑。

## 二、乡村文化与旅游产业的结合

当下，城市化大行其道，而乡村文化日渐消弭。我国的新农村建设在艰难的探索中也曾经历过照抄照搬他人经验的时期，在没有具体规划的情况下盲目改造，导致乡村文化遭受严重破坏。这种脱离实际的发展方式很难让本来就困难重重的乡村文化看到希望。但是基于我国是个农业大国，乡村文化流淌在每一个中国人血液中，即便时光流转，岁月更迭，也难以抹去乡村文化对我国文化体系的重要影响，乡村文化依然具有强大的生命力和发展空间。建设与旅游产业相融合的乡村文化，要从实现农业现代化、提高乡村生活质量、完善乡村基础设施建设等几个方面入手，把乡村建设成为具有中国特色的美丽乡村，才能使乡村文化摆脱困境，焕发生机。

乡村文化蕴含着极其丰富的旅游资源，它不同于城市快节奏的生活方式，因此它吸引了大量的城市游客来到乡村，体验纯朴、闲适的乡村生活。同时，城市游客原本就来自乡村，到乡村旅游可以唤起他们内心对乡村的依恋和向往。除此以外，乡村居民也能在乡村旅游中提高他们对乡村文化的保护意识和宣传意识，发现乡村老宅、老物件的价值，从中获得经济效益，有利于在乡村居民中形成一种内在的向心力，引导乡村居民主动宣传和保护乡村文化。

## 三、乡村文化的认同与旅游产业

乡村旅游的兴起为我国乡村文化振兴提供了一个新路径。来自城市的游客对乡村的生活方式和工作方式有浓厚兴趣，这就让乡村居民必须努力保持具有乡土特色的文化活动。乡村居民对乡村文化的强烈认同是乡村文化经久不衰的内在因素。乡村居民通过展示乡村文化、乡土物件、乡村节庆活动等多种方式招揽游客，在此过程中，乡村居民逐步建立起乡村文化的认同感，收获乡村文化的自豪感。这也在无形之中保护了乡村文化，为我国乡村文化振兴提供源源不断的内在动力。合理开发旅游产业，不仅可以使乡村文化免遭破坏，还能增强乡村居民对乡村文化振兴的热情，改善乡村居民的生活环境，为当地保护乡村文化提供经济支持。

从旅游业本身来讲，旅游业是人们在物质生活富足后转而追求精神生活的产物，是物质生活消费和文化生活消费的有机结合体，旅游业又称"无烟工业"。旅游业本身不会对乡村文化的发展造成威胁，反过来，旅游业的发展会带动乡村文化的发展。它帮助人们恢复乡村文化记忆，为乡村文化保护、传承、传播工作提供动力。只是某些人在发展旅游业的过程中，受功利驱使破坏了乡村文化，这点值得人们警惕。

乡村文化的振兴，既讲求保护又要寻求发展。文化的持续传承，极力呼唤生命力和时代感，乡村文化的振兴一定要紧跟时代潮流，在创新中开辟崭新的路途。

## 第四节　打造乡村文化IP

"文化是一种历史现象，它随物质生产的发展而发展，但又具有历史的连续性。文化是个发展的概念，它既具有相对的稳定性，又会随着内部环境的变化和外部的影响而发生变迁。"[1] 有学者以广州市境内的乡村文化为例，以展现我国部分地区在乡村文化发展上明显缺乏创新性，"广州市区域内最具非物质文化遗产特色的沙湾飘色、广东音乐传统艺术后继无人，现在只靠老一辈在经营，民间艺术靠艺人自发表演，缺少积极的探索和创新"[2]。采用现有的高科技手段对乡村文化建立相应的保护制度，顺应了当前丰富乡村文化内涵的潮流，从技术手段上提升乡村文化产品的多样性，在另一个程度上也表明了乡村文化的发展离不开科技手段的支持。

2016年4月，国务院常务会议强调文化创意产品开发的重要性。现在，文化创意产品的热潮奔涌而来，乡村文化是否可以借助这股文化IP的浪潮斩获一番新天地呢？下面借助"故宫IP"分析打造乡村文化IP的可行性。

---

[1] 张振鹏. 新型城镇化中乡村文化的保护与传承之道 [J]. 福建师范大学学报（社会科学版），2013(6).
[2] 成晓军. 浅论城镇化与历史文化资源保护开发之间的关系问题——以珠江三角洲地区为例 [J]. 惠州学院学报，2013(4).

## 一、青年人才就是创新力量

文化创意产品不是无中生有，而是在传统的文化符号中衍生出来的，既包含对文化的创新，又离不开文化的创新。通过设计师的奇思妙想，原本固化的传统文化焕发生机，使原来单一陈旧的文化符号变得更加大众化，更加有趣味。故宫是一个拥有近六百年历史的文化符号，它是一个巨大的文化IP宝藏，更是不可多得的IP综合体，其中蕴含的每一个子IP都暗含着巨大的商业价值。为深入挖掘故宫这座宝藏，故宫与腾讯公司建立了合作伙伴关系，由故宫提供一系列经典IP，通过"表情设计"和"游戏创意"两场创意项目赛事，遴选极具创意的青年人才。这场名为"腾讯NEXT IDEA X故宫"的合作，不仅是传统文化产业与新兴科技产业的跨界合作，还能在选拔优秀青年人才的同时宣传故宫蕴含的中国传统文化，可谓一举两得。

乡村文化的发展可以借鉴故宫与腾讯的合作方式，通过举行赛事选拔极具创意的优秀青年，为创新乡村文化做足准备，也为乡村文化与年轻人接轨铺设道路。

## 二、创新手段丰富文化呈现方式

故宫博物院为改变传统枯燥的宣传方式，借助数字化信息平台把故宫古老的传统文化通过现代、活泼的方式呈现。2019年12月，六百岁的故宫和四百岁的上海豫园联手，运用多媒体和数字科技，将《海错图》这部故宫馆藏的古代海洋百科全书以最直观的方式呈现出来。此外，展览现场还设置了"海鲜小当家""海怪生成器"等互动游戏，将这部颇具现代博物学风格的奇书以青少年和年轻人喜爱的形式翻译和呈现出来，成为故宫博物院在传统文化创造性继承和创新性发展上的一个突出案例。这种寓教于乐的方式比传统说教式的讲解更吸引人，观众有很强的参与感和互动感，同时还能真正学到知识。会动的《清明上河图》也是传统文化与现代高科技结合的成果，图画中的人和马车都在行走，小贩叫卖和桥下哗哗的水声清晰地在耳边回荡，这样的赏画活动无疑是一场视听的双重享受。

乡村文化也可以借助高科技形式，将古时纺织、农作、节庆等生活场景一一呈现。比如上海的历史博物馆就借助高科技手段呈现20世纪上海人民过年过节时燃放烟花的场景，生动有趣，可看性十足。也可以借助 VR 手段重现乡村旧景，让游客亲身体验在古时候的街区上行走。这样的乡村文化创新既充满趣味性，又蕴含丰富的文史知识。

### 三、加强文化普及

乡村文化没有得到发展的一个重要原因便是乡村文化的普及不足。而故宫懂得深入当代社会生活，将传统文化与时尚潮流结合起来，让人眼前一亮。2019 年年初，故宫与润百颜首度合作，推出了六款口红，深受女性群体喜爱。故宫在产品的包装和命名上煞费苦心，口红的膏体颜色均取自故宫馆藏的红色国宝器物，色号名称古色古香，如"郎窑红""碧玺色"。就连口红的外包装都源自清宫后妃服饰纹样，有品月色缎平金银绣水仙团寿字纹单氅衣花纹，也有浅绿色缎绣博古花卉纹裌袍图样，独具一格。让口红购买者在使用口红的同时也接受了传统文化知识的熏陶，即便没有购买口红，这次跨界合作也实在别出心裁，口红尚未面世之前就已经将故宫的传统文化好好普及了一番，实在是妙不可言。

乡村文化在普及时也不仅限于传统方式，可以通过手机 APP 结合当地历史、馆藏器物和手机定位，让游人身临其境体味乡村。走在乡村的小巷中，手机可能会突然提示"1802 年，这里曾经是一片汪洋，生活着一群自由自在的鸟儿……"旋一转身，便可在手机屏幕上看到一座书院，孩子们在私塾先生的带领下读书习字。通过多种形式的互动，拉近普通人与乡村文化之间的距离，通过创意方式使人与文化、与历史碰撞出火花。

## 第五节 乡村文化生态保护区建设的建议

文化生态是借用生态学的方法研究文化的一个概念，是关于文化性质、存在状态的一个概念，表征的是文化如同其他生命体一样也具有生态特征，文化体系作为类似于生态系统中的一个体系而存在。① 文化生态保护区是指在一个特定的区域中，通过采取有效的保护措施，修复一个非物质文化遗产（口头传统和表述，包括作为非物质文化遗产媒介的语言；表演艺术；社会风俗、礼仪、节庆；有关自然界和宇宙的知识和实践；传统的手工艺技能等以及与上述传统文化表现形式相关的文化空间）和与之相关的物质文化遗产互相依存，与人们的生活生产紧密相关，并与自然环境、经济环境、社会环境和谐共处的生态环境。划定文化生态保护区，将民族民间文化遗产原状地保存在其所属的区域及环境中，使之成为"活文化"，是保护文化生态的一种有效方式。

物质文化遗产主要是人类群体或者个体创造并且被后人传承的物质财富，其中包括历史建筑、文化遗址、历史文物等。世界各国对物质文化遗产保护的历史已经十分悠久，但国际层面的物质文化遗产保护则较晚一步，联合国教科文组织于 1972 年颁布了《保护世界自然与文化遗产公约》（简称《世界遗产公约》），开始在世界范围内开展物质文化遗产的保护工作。其中最重要的一项举措就是"世界遗产名录"申报与评审。截至 2010 年 8 月，联合国教科文组织公布的"世界遗产名录"共有 859 项，其中中国已有 45 项。

在工业革命来临之前，欧洲就已经有文化遗产的保护意识，但多数集中保护有形的和单独的文化古迹；后来逐步扩大到保护文化古迹的周边环境；再往后则扩大到某类建筑群甚至某座古城的保护上。文化遗产的整体性和生态性是联合国教科文组织在进行"世界遗产名录"评审与检查中尤为重视的原则。

法国博物馆学家乔治·亨利·里维埃（Geroges Henri Rivière）和雨果·戴瓦兰（Hugues de Varine）曾在 1971 年提出"生态博物馆"概念。生态博物馆是由公共权力机构和当地居民共同设想、共同修建、共同经营和管理的工具。公共机构的参与是通过有关专家、设施及设施机构所提供资源来实现的；当地人民的参与靠的是他们的志向、知识和个人途径。法国政府在 1981 年对"生态博物馆"做了官方界定："生态博物馆是一个文化机构，

---

① 高建明.论生态文化与文化生态 [J].系统辩证学学报，2005（3）.

这个机构以一种永久的方式，在一块特定的土地上，伴随着人们的参与，保证研究、保护和陈列的功能，强调自然和文化的整体，以展现其代表性的某个领域及继承下来的生活方式。"[1] 贵州梭嘎生态博物馆位于贵州省六盘水市六枝特区与织金县交界处的梭嘎乡。1997 年 6 月 10 日，贵州梭嘎生态博物馆资料中心正式开工。同年 10 月，中国政府与挪威政府正式签订《挪威开发合作署与中国博物馆学会关于中国贵州梭嘎生态博物馆的协议》。1998 年，六枝梭嘎生态博物馆正式落成，成为中国第一座生态博物馆。此后，贵州的阳花溪镇山布依族生态博物馆、锦屏县隆里古城生态博物馆、黎平县堂安侗族生态博物馆等相继建立，生态博物馆群初具形态。2011 年，广西建成了"1 + 10"民族生态博物馆群，包括南丹里湖白裤瑶、三江侗族、靖西旧州壮族、贺州客家、那坡黑衣壮、灵川长岗岭商道古村、东兴京族、融水安太苗族、龙胜龙脊壮族、金秀坳瑶的 10 个民族生态博物馆群相继开馆。内蒙古有达茂旗敖伦苏木蒙古族生态博物馆，云南除了有西双版纳布朗族生态博物馆外，还从 2006 至 2009 年公布了两批 56 个省级民族传统文化保护区。[2]

　　国家从物质文化保护工作当中吸取了宝贵的经验，对建设国家文化生态保护区起到了极其重要的指导作用。首先，保护生态环境才能有效保护非物质文化遗产。保护物质文化遗产不再是对单个物品的保护，而是将与该非物质文化遗产相关的周边环境都划入保护范围。其次，传统博物馆内静态的、在人为设置的环境中展示文物的趋势已经逐渐被生态博物馆所取代，生态博物馆既展现动态也不忽视静态，物质与非物质并存，将非物质文化遗产所处的自然环境也看作非物质文化遗产的一部分。最后，在生态博物馆的建设中，依据民族划分生态保护区的办法对国家进行生态保护区的划分提供了借鉴。通过这些年的实践，国家在文化生态保护区的建设上积累了一定的经验。

　　国家文化生态保护区的实践告诉我们：建成国家文化生态保护区保护中华民族优秀文化遗产的重要举措，我们应当意识到文化的生态性、整体

---

① 周真刚．试论生态博物馆的社会功能及其在中国梭嘎的实践 [J].贵州民族研究，2002(4):43.
② 杨金杰．云南文化生态实验区建设启示 [J].民族艺术研究，2010 (2):5.

性、动态性、多样性等特点，充分重视建设国家文化生态保护区的必要性，在实践中不断积累和总结经验，增强建设国家文化生态保护区的能力，让国家文化生态保护区真正担当起保护、传承、振兴文化的历史重任。

2007—2017年十年间，我国陆续建立了17个国家文化生态保护实验区，包括闽南文化生态保护实验区（福建省，2007年6月）、徽州文化生态保护实验区（安徽省、江西省，2008年1月）、热贡文化生态保护实验区（青海省，2008年8月）、羌族文化生态保护实验区（四川省、陕西省，2008年11月）、客家文化（梅州）生态保护实验区（广东省，2010年5月）、武陵山区（湘西）土家族苗族文化生态保护实验区（湖南省，2010年5月）、海洋渔文化（象山）生态保护实验区（浙江省，2010年6月）、晋中文化生态保护实验区（山西省，2010年6月）、潍坊文化生态保护实验区（山东省，2010年11月）、迪庆文化生态保护实验区（云南省，2010年）、大理文化生态实验保护区（云南省，2011年1月17日）、陕北文化生态实验保护区（陕西省，2012年5月25日）、铜鼓文化（河池）生态保护实验区（广西，2012年11月）、黔东南民族文化生态保护实验区（贵州省，2012年12月）、客家文化（赣南）生态保护实验区（江西省，2013年1月）、格萨尔文化（果洛）生态保护实验区（青海省，2014年8月）、客家文化（闽西）生态保护实验区（福建省，2017年1月）。这十年间，国家文化生态保护区虽然具备了一定的理论和实践基础，但尚在实验之中，仍有一些问题有待解决。例如，国家文化生态保护区申报与保护主体问题。《文化部关于加强国家级文化生态保护区建设的指导意见》在国家级文化生态保护区建设的方针和原则中指出，"在文化生态保护区的建设工作中，应坚持以保护非物质文化遗产为核心原则，坚持人文环境与自然环境协调、维护文化生态平衡的整体性原则，坚持尊重人民群众的文化主体地位的原则，坚持以人为本、活态传承的原则，坚持文化与经济社会协调发展的原则，坚持保护优先、开发服从保护的原则，坚持政府主导、社会参与的原则"，其中明确指出要"坚持尊重人民群众的文化主体地位的原则"。但在"国家级文化生态保护区设立的程序"规定，各申请地区政府及其所在省、自治区、直辖市文化厅（局）是申请和制定《文化生态保护区规划纲要》的主体，在此基础上吸收相关专家参与，没有设立保护区人民群众参与申请、规划的程序，自然也就没有对保护区人民群众参与保护规定。这样，"坚持尊重人民群众的文化主体地位的原则，坚持以人为本、活态传承的原则"就很难在文化生态保护区建设得到具体落实。与自然生态保护区主要以"物"为保护对象不同，文化生态保护区除了"物"外，还把"人"作为保护对象，因此征得被保护人同意，让其作为主体自愿、自觉地参与文化生态保护区建设，是文化生态保护区建设的首要原则。我们必须在保护区申报、规划制订、规划执行各环节中，保障保护区人民群众的知情权、参与权、决策权等权利。<sup>①</sup>

针对国家开展的文化生态保护区已经进行的实践探索工作，就文化生态保护区建设提出以下三条建议。

## 一、建设文化生态保护区的管理机构

虽然我国已经陆续建设了 17 个文化生态保护区，但管理机构缺失则不利于后续国家文化生态保护区的长远发展。

建立生态区建设领导小组应当摆在首位。据有关数据显示，17 个文化生态保护实验区中有 11 个已经建立了领导小组，有的在生态区批复之前就已经建立。但领导小组形同虚设，在政策制定、工作实施、保护力度上存在明显差距。有的文化生态保护区地跨两省，但文化生态保护实验区的领导小组没有协调的组织机构。地跨两个地级市的文化生态保护实验区也是如此，导致遇上问题时处理有别，不能合理进行，效率较低。在个别偏远的文化生态保护实验区甚至没有设置专门的领导小组，而是由县级单位负责文化生态保护实验区的管理工作，造成文化生态保护实验区的管理、机构、实施等方面毫无保障。

缺乏强有力的执行机构。文化生态保护区跨越了两个省份，在政策执行上节奏不一，效果不同，如徽州文化生态保护实验区地跨安徽、江西两个省份，羌族文化生态保护实验区跨四川、陕西两个省份，跨地级市的文化生态保护区有晋中文化生态保护区、陕北文化生态保护区等都是按照各省自己的保护政策在管理，没有形成集中统一的领导小组，导致国家政策在

① 刘魁立 . 文化生态保护区问题刍议 [J]. 浙江师范大学学报，2007(3):11.

执行中难以掌控节奏，各省也各自为战，连同一个文化生态自然保护区的工作人员薪资待遇都存在明显差距。就拿同一个生态区内的非物质文化遗产代表性传承人的补贴来说，有的传承人每月补贴五千，有的每月补贴仅两千。诸如此类的问题不在少数，缺乏强有力的执行团队和统一标准，人员管理和具体工作的落实难度也随之加大，最终影响保护工作开展的进度。

建立一个由政府主导的强力协调机构，符合当前文化生态保护区的实际需要。文化生态保护区的工作是一个庞大的、系统性的工作，涉及文化、自然、经济等多个领域，需要各方合力才能较好地完成工作。可现实状况是缺乏一个由政府主导的强有力的协调机构，导致各个参与保护的工作部门各执一标尺，各自按照标准做事，不利于文化生态保护区的统筹兼顾和可持续的整体性的管理。国家出台的政策在具体落实中大打折扣。

领导小组的机构设置不完善，在一定程度上影响了文化生态保护区的推进工作。据了解，当前只有黄南州的热贡文化在领导小组下建立了生态区管理委员会，副州级机构；海洋渔文化（象山）建立了管理局，但只有科级，且因为与文化局合署，管理与执行能力也同样非常有限。

## 二、文化生态保护区对传承人的保护

我国从 2006 年开始实施非遗代表性项目和代表性传承人保护制度，截至目前，已进行五批国家级非物质文化遗产项目代表性传承人的评审和认定，共计 3068 名。非物质文化遗产属于"动态"文化，它依附于人或群体的意识和实践。传承人是非物质文化遗产最重要的活态载体，保护传承人就是切实保护非物质文化遗产。只有保护好非遗传承人，才能实现文化传承、技艺传承、精神传承和知识传承。2016 年开始，中央财政为国家级项目代表性传承人的传承实践活动，每年提供两万元的经费补助，为相关非遗项目提供保护经费，各级政府在传承场所、传承技能培训等方面也都持续为传承人提供支持。而文化生态保护区主要采取三种基本方式对非遗代表性传承人展开保护。

第一种，不同级别的传承人给予不同的经费补助。国家目前可提供每年两万元的补助，而各省市内则各有不同。如闽南文化生态保护区的厦门市，国家级传承人由国家财政直接支付外，60 岁以上省级传承人每人每年 3 000

元由省财政支付，其他省、市级传承人 111 人每人每年也是 3 000 元补助，由市财政支付。泉州市从 2014 年开始，市财政对 60 岁以上的市级传承人予以每年 2 000 元津贴，并考虑逐年扩大津贴范围及提高津贴标准。徽州文化生态保护区的安徽部分，国家级是固定的，省级传承人则由省财政每年补助 3 000 元。羌族文化生态保护区的绵阳市的情况是国家级 10 000 元，省级每人每年 5 000 元，市级 2 000 元；阿坝州各县有所不同，茂县对州级传承人给予每人每年 3 000 元的补贴，县级传承人每人每年 2 000 元的补贴；黑水县州级传承人给予每人每年 1 000 元的补贴。客家文化（梅州）生态保护区的补助力度比较大，国家级是 10 000 元，省级传承人也是 10 000 元，由省财政出资。其中，大埔核心区对传承人又增发了补贴：其中国家级每人 5 000 元，省级 3 000 元，市级 2 000 元，县级 1 000 元。晋中文化生态保护区是国家级 10 000 元，省级 3 000 元。潍水文化生态保护区是国家级 10 000 元，省级 6 000 元。迪庆文化生态保护区国家级是 10 000 元，省级传承人由省里补助 5 000 元，州级传承人由州级财政补助 3 000 元，县级传承人由县级财政补助 1 000 ～ 1 200 元。大理文化生态保护区除国家和省级传承人由国家、省固定的补助外，州级传承人补助 2 000 元，县级传承人由各县确定补助。陕北文化生态保护区的延安市，国家级、省级传承人之外，市级每人每年 2 000 元，但榆林市尚未落实。黔东南民族文化生态保护区的传承人，对应国家级、省级、州级是 10 000 元、5 000 元、3 000 元的补助，文化生态保护区建立后，黔东南州部分县市级传承人也分别给予了 800 元至 1 000 元的补助。武陵山区（鄂西南）土家族苗族文化生态保护区，恩施州除省级以上的固定补助外，州级是以命名的民间艺术大师形式，给予每人每年 1 200 元的补助，五峰县是市级传承人每人每年 400 元，长阳县是根据年龄不同确定补助的。2009 年开始，县财政对男性年满 65 周岁、女性年满 60 周岁的高龄优秀传承人每人每年发放生活补贴 1 000 元。非常明显，上述对于传承人的补助或补贴是基于传承人认定基础上的一种根据传承人不同级别的差异化补助，采取的是每年固定补助方式。除个别文化生态保护区外，一般是就高，不兼取；有时则有年龄限制或同时兼有性别方面的差异化对待。

第二种，采取奖励的方式，对于优秀的传承人进行传承补助。如羌族文化生态保护区绵阳市区域，对优秀传承人在各种固定的补助之外，视实际传承情况再进行适当补贴。海洋渔文化（象山）生态保护区设有非遗保护专项资金，每年年底对优秀传承人发放 3 000 ~ 4 000 元的传承补助和奖励，以激励传承人进行活态的传承。潍水文化生态保护区，除国家级、省级的固定补贴外，对市级代表性传承人主要采取"以奖代补"的方式进行补贴，开展潍坊市民间艺术大师评选活动，对评出的民间艺术大师实行每年奖励 3 000 元，分批次每人连续 4 年补助奖励。同时，开展保护区非遗模范传承人评选活动，对评出的模范传承人奖励 3 000 元。武陵山区（鄂西南）土家族苗族文化生态保护区的五峰县，每两年表彰一次优秀民间传承人，表彰金额从数百元到 1 000 元不等；长阳县对县级优秀传承人一次性发放 1 000 元奖励等。奖励的方式是一种差异化的激励机制，它产生的示范作用主要在于鼓励优秀的传承人进行传承活动，并带动更多的传承人参与到传承活动中。

第三种，采取慰问的方式，一次性地对传承人进行补助。这种方式比较灵活，如在节日或特殊的时间对传承人进行慰问，既可以是实物的形式，也可以是现金的方式。如闽南文化生态保护区的泉州地区，2009 年春节前夕，文化主管部门召开市级非物质文化遗产项目代表性传承人迎春座谈会，给市级传承人发放慰问品。武陵山区（鄂西南）土家族苗族文化生态保护区的五峰县人民政府每年都对高龄、骨干、灾病传承人进行慰问，慰问金从 200 元到 500 元不等，这种慰问的方式，虽然花费不多，但由于在特殊的时间点上进行，所起到的作用是及时和巨大的。

另外，一些保护区还对传承人外出展示或传承活动实行专项补助。如武陵山区（鄂西南）土家族苗族文化生态保护区的五峰县，在 2010 年南曲传承人陆先模赴河南淮阳参加中原八省非物质文化遗产展演交流时，县保护中心一次性为其提供支撑性经费 7 000 元。后来，每年文化遗产日和组织参加各类非遗项目展演展示活动，县里都对参与展示或传承活动的传承人给予一定的专项经费资助。

应该说这些补助和奖励对于传承人的传承活动起到了激励作用，并带动了更多的传承人参与到传承活动中来。

### 三、文化生态保护区的数字化保护

文化生态保护区的数字化保护是运用数字科技对文化生态进行的一种特殊保护，在维护文化遗产的原真性、活态性，保护以非实物、非物质形式出现的文化形态方面有明显的优势，是传统文化生态保护方式的重要辅助。数字化保护采用数字采集、数字存储、数字检索、数字虚拟、数字出版等方式对文化遗产、文化事项加以记录和整理，这既有利于建设文化遗产资源数据库，方便文化遗产的检索和管理，也有利于建立数字综合展示馆和网站，促进文化遗产的传播与展示。目前这方面的工作大多还处于起步的探索阶段，保护的方式方法主要集中在下述四个方面。

第一，购置各种数字化保护的工具。应该说这是最基本的，诸如摄影器材、照相器材、录音器材、电脑、存储设备等。从对 17 个文化生态保护区的调查情况来看，有 16 个或明确或可以从工作中感受到拥有上述各类硬件设备。一般情况是县市级以上的非遗保护单位都由地方财政进行配置，有的由省级财政来支付。如徽州文化生态保护区的黄山等区域，就利用中央、省级财政扶持，投入 200 余万元给各市非遗保护中心配置专业摄像机、照相机、电脑、打印机等电子设备。武陵山区（湘西）土家族苗族文化生态保护区还在原有基础上投入 100 多万元对数字化保护中心进行硬件设施的改造。除铜鼓文化（河池）生态保护区还没有这方面的设备购置外，其他文化生态保护区多少不等地都完成了基础数字化设备的添置。这些设备的添置为数字化保护打下了良好的基础。

第二，进行数字采集、记录与存储。从非遗保护一开始，记录与存档就是一项非常重要的工作。早期更多的是采用纸质记录方式，部分用照片等，当下更多的是采取数字采集、记录和存储。如闽南文化生态保护区的漳州就对全市 95 个项目和 138 位代表性传承人的资料进行搜集整理，并建立数字化档案。目前正在进行漳州市传统老剧本的记录和保存工作。徽州文化生态保护区安徽区域已经完成全部国家级项目的采录，省级濒危项目采录工作正在进行。羌族文化生态保护区在北川地区完成了大约 20 个非遗专题片拍摄；而热贡文化生态保护区则对非遗四级名录项目进行数字化记录；武陵山区（湘西）土家族苗族文化生态保护区已经完成湘西苗族鼓舞和湘西土家族织锦技艺两个国家级项目数字化保护工作试点项目的信息采集工作；迪庆文化生态保护区已完成四级名录的数字录入；陕北文化生态保护区的延安地区出版了《陕北民歌集萃》《陕北说书音乐》等音像碟片；黔东南民族文化生态保护区已完成国家级、省级11个项目的数字化采集工作；武陵山区（鄂西南）土家族苗族文化生态保护区的长阳县目前已录制完成了《土家族女民间故事家孙家香》及《长阳山歌》《长阳南曲》《土家吹打乐》《都镇湾故事》《土家族撒叶儿嗬》《廪君传说》《长阳竹枝词》《长阳情歌》《土家风情》《土家打喜》《长阳道教科仪音乐》等民间艺术的电视专题片等。这些工作对于后续的综合网站建设，尤其是综合数据库和专业数据库的建设提供了第一手材料，打下了良好的基础。

第三，建立综合性或专业性的网站。从调查的材料看，目前有8个文化生态保护区建立了或综合性或专门性的网站。如闽南文化生态保护区的厦门、泉州就建立了非遗中心网站；羌族文化生态保护区的绵阳市建立了综合性非物质文化遗产资料网站；潍水文化生态保护区建立了非物质文化遗产保护网站；格萨尔文化（果洛）生态保护区建立了果洛格萨尔文化网站；客家文化（赣南）生态保护区则在建立赣州市"非遗"网站的同时，下属12个县级单位也建起了"非遗"网站，初步形成了赣州市非物质文化遗产网站群。另外，有一些文化生态保护区则建设专题性或专业性的网站，如热贡文化生态保护区投入上百万元建立了州政府热贡文化网、热贡唐卡网站、热贡艺术网、热贡旅游网等相关网站；大理文化生态保护区已经建成下关沱茶制作技艺数字化博物馆网站；黔东南民族文化生态保护区在黔东南州文体广电局政务网中建立了专门的非物质文化遗产展示专栏等。这些网站或专栏的建立，在保护、保存、传播、宣传生态区的具体非遗项目、传承人和宣传展示非遗保护工作等方面起到了巨大的作用，产生了积极的影响。

第四，建设综合性或专业性的数据库。数据库的工作对于数字化保护来说是非常重要的，它在保存、记录、存储、研究等方面是一种具有综合意义的指标性工作。目前，大部分生态区还处于探索和起步阶段，一些文化生态保护区开始了综合性或专业性数据库的建设，一些则是融入更大数据库或建立子数据库等。闽南文化生态保护区这方面的工作起步较早，目前在厦门地区已经建立了厦门市非物质文化遗产数据库，在漳州对全市95

个项目和 138 位代表性传承人的资料进行搜集整理，并建立数字化档案，目前正在进行漳州市传统老剧本的记录和保存工作。徽州文化生态保护区的黄山地区各县区已经建立本区的非遗数据库；热贡文化生态保护区由管委会建立了生态区非遗数据库；羌族文化生态保护实验区的茂县在 2013 年 7 月完成非遗数据库的建设；客家文化（梅州）生态保护区的大埔核心区初步建立了大埔县非遗数据库；海洋渔文化（象山）生态保护区则完成数据转换并录入浙江省统一的非遗数据库中等。但另外一些文化生态保护区则没有开始这方面的工作，或仅仅处于创设和起步阶段。有些文化生态保护区虽然在规划中已经纳入，但由于经费紧张和技术性比较强，缺乏相关的专业人员，工作进展并不令人满意。

非遗数字化保护是一项特殊的，也是长期的工作，文化生态保护区作为中国非遗保护的一种探索和独创，需要我们建立具有中国特色的数字化保护方式或模式，不仅要有人才，也要有经费等保障和实践的时间保证。

## 四、文化生态保护区对于非遗宣传、普及和研究工作

建立非遗，尤其是文化生态保护区的文化认知、认同，让更多的人参与到文化生态保护区的建设中来，从而更好地保护与传承非遗。教育是重要的手段之一，而非遗的宣传、普及和研究工作，同样非常重要。从我们的调查来看，除了两个文化生态保护区明确表示没有这方面的工作之外，其余都对非遗的宣传普及与研究工作相当重视，有的还做得非常出色，主要集中在下述三个方面。

第一，召开各种研讨会和座谈会，扩大影响。大部分这类会议或者由生态区，或者由地方政府，或者与高校和研究机构共同举办，有的地方还多次举办各种不同内容和类型的研讨会和座谈会。像闽南文化生态保护区所在地厦门市，举办了"闽南文化论坛""海峡两岸闽南文化生态保护论坛""闽西南五市非物质文化遗产保护论坛""闽台送王船文化论坛"等多场学术交流活动；泉州举办"闽南文化的传承""中国非物质文化遗产传统戏剧表演艺术传承人暨高甲戏柯派丑行表演艺术研讨会""海上丝绸之路与蟳埔民俗文化""泉州打城戏抢救保护专家研讨会"等。漳州则在 2012 年 6 月由闽南师范大学承办了全国台联"闽南非物质文化遗产学术讨论会"。

2014 年 4 月由漳州市委党校与闽南文化研究院举办"漳台关系与闽南古文化学术研讨会"等，这些学术研究和讨论，提升了文化生态保护区的知名度和影响力，提高了地方和民众保护非遗的积极性。徽州文化生态保护区则采取与国内外联合的方式进行研究，开展学术研讨。安徽与韩国安东市开展了"徽学与安东学比较"合作课题研究，并多次举办文化生态区保护论坛；江西则与香港中文大学、复旦大学等著名高校合作，开展了多项课题研究。羌族文化生态保护区的绵阳地区举办系列论坛，如"羌文化与旅游融合交流论坛" 3 场，"羌文化民俗传承与发展"系列研讨 5 场；阿坝州的理县举办了两届藏羌文化研讨会，茂县羌城召开了"中国首届羌族释比文化研讨会""羌文化传承创新与区域经济发展研讨会"等，极大地推动了羌族文化的研究与保护工作。海洋渔文化（象山）生态保护区于 2013 年 9 月 16 日至 17 日，由浙江省文化厅和象山县人民政府共同主办的浙江省海洋渔文化生态保护与发展座谈会，把脉文化生态保护区建设，为它出谋划策。晋中文化生态保护区召开复排传统晋剧研讨会、广誉远召集老药工召开非遗传承座谈会；潍水文化生态保护区设立了全国文化艺术重点课题"潍坊民间艺术的文化生态研究"，2013 年还作为分会场承办了山东省文化生态保护区现场会等。另外，大理、陕北、黔东南、客家文化（赣南）、格萨尔文化（果洛）、武陵山区（鄂西南）等文化生态保护也都有举办相关学术研讨会的工作。热贡文化生态保护区则采用走出去的方式，2014 年 3 月在天津图书馆举办热贡艺术研讨会，6 月在上海复旦大学、8 月在北京大学举办热贡艺术论坛等，效果和影响都相当不错。

第二，编辑出版各种研究成果，宣传文化生态保护区和各种非遗项目。以著作等形式出版的成果，对于宣传和提升文化生态保护区的知名度，扩大非遗的认知度和影响力，是一种非常行之有效的方法。这方面的工作，在一些文化生态保护区做得非常出色。如闽南文化生态保护区的泉州市就编辑出版了《泉州地方戏曲丛书》《弦管指谱大全》《明刊戏曲弦管选集》《清刻本文焕堂指谱》《袖珍写本道光指谱》《泉州非物质文化遗产图典》《泉州非物质文化遗产保护 60 年》《泉州非物质文化遗产大观》《泉州花灯研究》《闽南文化生态保护区知识读本》《泉州漆线雕》《泉州刣狮》《泉州口传养生文化》等 50 本资料性或学术性著作，既有研究，也有资料性的著作，可以为今后的研究服务，还可以为资料存档等提供方便。漳州市则通过自身组织或借助社会各界研究力量编写出版《漳州文化丛书》《漳州与台湾关系丛书》《文化漳州丛书》《闽南记忆丛书》《漳州民间故事丛书》《漳州锦歌丛书》等闽南文化系列丛书；编辑出版《漳州非物质文化遗产名录》《龙海市非物质文化遗产图典》《东山县非物质文化遗产保护名录》等项目名录；编写出版《闽南话漳腔词典》《漳州木版年画》《根在海这边》《吾乡吾土》《守望故园》《关注传统美术——木版年画集》《漳州姓氏》《漳州与台湾族谱对接指南》《邵江海口述歌仔戏历史》《林桃剪纸作品集》《黄素暨漳浦剪纸世家精品集》《土楼旧事》等数百种优秀非遗读物。不仅丰富了非遗研究的资料，提高了地方文化的知名度，还推动了非遗保护向纵深发展。这类工作，在徽州文化生态保护区也同样得到开展，在江西的婺源，就完成出版了《活着的记忆——婺源非物质文化遗产录》丛书、《婺源的宗族、经济与民俗》丛书等研究成果，另外，还由婺源文化研究所和婺源文化研究会等参与组织和研究，出版了《龙尾砚赏析》《婺源民俗通观》《婺源三雕赏析》等专著十余部，丰富和充实了非遗保护的资料。武陵山区（湘西）土家族苗族文化生态保护区则通过组织专家学者对国家级的代表性项目进行梳理，已经形成四部专门性的书稿。上述研究或资料的编辑整理并出版，对于非遗保护与非遗知识的宣传都具有正面意义和价值，对于强化人们对生态区保护和非遗传承的意识，价值不可估量。

第三，成立各种研究机构，鼓励专题研究。在生态区的保护中，利用本土专家资源建立研究机构，是实现文化生态保护区相关项目及保护研究最直接和有效的途径。目前，大部分文化生态保护区都已经建立相关的研究机构，有的是老牌的，如闽南文化研究院，级别也高，力量很强，对于闽南文化生态保护区的项目和保护研究都是非常好的智力支持。而一些文化生态保护区则通过各种方式建立研究机构，支持非遗保护工作。如徽州文化生态保护区的江西婺源地区就建立了婺源文化研究所和婺源文化研究会，参与徽州文化的研究和保护工作；大理文化生态保护区则先后成立大理州白族文化研究所、大理学院民族文化研究所、大理州文化艺术研究所、南诏史研究会、白族学学会、彝族学学会等民族文化研究机构和社团，直接或间接参与文化生态保护区的非遗研究和保护工作。

从本质上来看，上述三种方式各有自身特点和作用，学术研讨让非遗研究和保护向纵深发展；学术著作和资料的出版，使非遗知识和保护工作得到更全面的普及和展示；而研究机构的建立，则可以使非遗研究与保护更加持久并获得智力支持。

文化环境并非一个稳定的主体，而是一个不断变化的所在。特别是在社会经济建设、城市化建设、政治施政理念变迁和消费文化盛行的语境中，民族文化的生态失衡已是客观事实。在此文化生态动态变化的前提下，文化传承该如何实现"文化生态保护区"的目的，不仅仅是为了维持文化生态的相对稳定，传承非物质文化遗产更需要通过实验区的探索，找到在生态变迁中如何传承文化遗产并使文化遗产的持有者受益于文化遗产的互惠模式，让文化遗产成为文化所有者的荣耀，而非文化持有者合理利益诉求的负担。要完成这样的探索，需要按照文化传承的规律一步步推进，亦非某一单一力量即可完成的，需要理论智慧、施政理念、经济物资和文化持有者合力完成。

城镇化进程破坏了农村固有的生产、生活方式，使乡村文化丧失了生存根基与土壤，传统村落萧条败落，乡村文化传承无以为继，导致乡村记忆危机。习近平总书记在 2013 年底召开的中央城镇化工作会议上特别指出："城镇建设，要体现尊重自然、顺应自然、天人合一的理念，依托现有山水脉络等独特风光，让城市融入大自然，让居民望得见山、看得见水、记得住乡愁。"[①] 城镇化是农村现代化发展的必然趋势，也是现代文明向农村地区的延伸，但是我们不能以牺牲传统乡土文化为代价。由于城市化进程的不可逆转性，农村城镇化过程中必须重视乡土文化生态系统的建构，弘扬优秀的传统乡村文化，延续乡村历史文脉，留住我们美好的乡村记忆。

---

① 王晔．习近平同志在中央城镇化工作会议上的讲话 [N]．人民日报，2013-12-15（1）．

# 参考文献

[1] 巴胜超.文化生态保护实验区建设的理论与建议 [J].民族艺术研究，2019，32（4）.

[2] 蔡烈伟，范春梅，陈开梅.闽南铁观音茶文化的形成与表现 [J].农业考古，2013（5）.

[3] 蔡秀清，刘秋芝.拉萨雪顿节的现代变迁研究 [J].西藏大学学报（社会科学版），2017，32（4）.

[4] 蔡云辉.城乡关系与近代中国的城市化问题 [J].西南大学学报（社会科学版），2003（5）.

[5] 查斌.从神圣走向世俗——雪顿节世俗化与藏戏研究 [D].武汉：华中师范大学，2011.

[6] 陈华文，陈淑君.中国文化生态保护区的实践探索研究 [J].浙江师范大学学报（社会科学版），2016，41（2）.

[7] 陈洁.天津妈祖文化研究 [D].天津：天津师范大学，2012.

[8] 陈美菊.美国乡村音乐文化探析 [J].文化学刊，2017（9）.

[9] 陈修岭.基于乡村旅游市场发展的传统村落文化保护研究 [J].昆明理工大学学报（社会科学版），2019，19（2）.

[10] 陈序经.中国文化的出路 [M].北京：商务印书馆，1934.

[11] 陈宣良.中国文明的本质·第四卷 [M].上海：上海人民出版社，2016.

［12］陈志国，谭砚文，龙文军．传承农耕文明　助推乡村振兴——首届"农耕文明与乡村文化振兴学术研讨会"综述 [J].农业经济问题，2019（4）.

［13］谌柯．打造乡村休闲文化旅游发展的几点看法 [J].黑河学院学报，2017（2）.

［14］成海钟，汪成忠，唐蓉，等．乡村文化在休闲农业中的营造 [C]//中国农学会.2011全国休闲农业创新发展会议论文集，2011.

［15］程丽．论乡村民俗文化在休闲农业发展中的作用、问题与对策——以河南省为例 [J].中国农业资源与区划，2016，37（9）.

［16］杜宝贵，李函珂．国外乡村文化建设文献综述与引申 [J].贵州省党校学报，2019（3）.

［17］杜晓星，苏峰，蒲利宏．牛家坊：民俗带热乡村旅游 [N/OL].宁夏新闻网·宁夏日报（2019-08-16）[2019-11-15].http://www.nxnews.net/nxrbzk/jsmlxnx/201908/t20190816_6384708.html.

［18］范周．言之有范——转型时期的文化思考 [M].北京：知识产权出版社，2017.

［19］费孝通．九访江村 [M].天津：天津人民出版社，1988.

［20］冯成龙，林文斌，周庆如，等．乡村振兴战略背景下休闲农业盈利模式的思考 [J].热带农业工程，2018，42（4）.

［21］傅彤．浅谈福州脱胎漆器的生存与发展 [J].艺术教育，2019（3）.

［22］郝晓虎．浅谈白马藏族艺术的保护与传承 [J].巢湖学院学报，2016，18（2）.

［23］何池．谈谈近年来闽南文化生态保护的成效和问题 [J].闽台文化研究，2016（1）.

［24］胡惠林，陈昕，李康化，等．中国文化产业评论（第20卷）[M].上海：上海人民出版社，2015.

［25］黄文格．综述妈祖文化的形成和发展趋势 [J].大众文艺，2008（10）.

［26］吉林省统计局，国家统计局吉林调查总队．吉林统计年鉴2014 [M].长春：吉林大学出版社，2015.

［27］江上韵．从脱胎漆器髹饰技艺谈传统手工艺的传承与创新 [J].中国艺术时空，2017（4）.

［28］金耀基．从传统到现代 [M].北京：中国人民大学出版社，1999.

［29］康保成．中国皮影戏的渊源与地域文化研究 [M].郑州：河南教育出版社，2011.

［30］雷军蓉．舞龙运动 [M].北京：北京体育大学出版社，2004.

［31］梁滨．论乡村休闲旅游的文化视野 [J].武汉科技学院学报，2006，19（8）.

［32］梁漱溟．梁漱溟全集：第二卷 [M].济南：山东人民出版社，1992.

［33］林继富．世俗化的动力机制 [J].节日研究，2011（2）.

［34］林青．乡村振兴视域下的非物质文化遗产传承和发展研究 [J].南京理工大学学报（社会科学版），2018（4）.

［35］凌耀伦，熊甫编．卢作孚集 [M].武汉：华中师范大学出版社，2011.

［36］刘吉双，陈殿美．江苏农民就地市民化论 [M].北京：中国经济出版社，2014.

［37］刘鹏飞．文化生态保护区建设相关问题研究 [J].戏剧之家，2019（30）.

［38］刘芹，余江．天津妈祖文化产业发展探析 [J].青年记者，2014（35）.

［39］刘银田，张定新，魏修军，等．山东乡村文化振兴调查 [J].山东经济战略研究，2019（3）.

［40］吕思勉．中国通史 [M].北京：中国画报出版社，2012.

［41］吕政轩．陕北民间艺术的一声叹息 [J].西部大开发，2007（9）.

［42］马倩倩．傈僳族刀杆节探析 [J].戏剧之家，2016（24）.

［43］马新媛，王鹤．文化继承的包容与协作——祁太秧歌的传承与发展 [J].音乐创作，2016（10）.

［44］彭卫国．河北文化市场观察 [M].石家庄：河北人民出版社，2008.

［45］尚竑，杨江涛．全球化语境下民间艺术的现代价值 [J].兰州大学学报，2013（6）.

［46］宋俊华．关于国家文化生态保护区建设的几点思考 [J].文化遗产，2011（3）.

［47］孙超．乡村儒学现象研究 [D].长春：东北师范大学，2016.

［48］孙颖．乡村休闲旅游：和合文化的视角 [J].内蒙古科技与经济，2008（14）.

[49] 唐珂 . 关于建设美丽乡村的理论与实践 [J]. 休闲农业与美丽乡村，2014（6）.

[50] 田毅鹏，韩丹 . 城市化与"村落终结" [J]. 吉林大学社会科学学报，2011，51（2）.

[51] 汪宗达，尹承国 . 现代景德镇陶瓷经济史 1949—1993[M]. 北京：中国书籍出版社，1994.

[52] 王思敏，张胜 . 马克思主义的理论主体和历史使命 [N]. 光明日报，2015-12-17（16）.

[53] 王先明 . 走近乡村——20 世纪以来中国乡村发展论争的历史追索 [M]. 太原：山西人民出版社，2012.

[54] 王新同 . 库姆堡：英国乡村小确幸 [J]. 检察风云，2018（6）.

[55] 王永明 . 乡村休闲文化产业可持续发展的逻辑思路 [J]. 贵阳市委党校学报， 2014（6）.

[56] 王雨 . 中华优秀传统文化的时代价值及其传承发展 [J]. 商丘师范学院学报，2019，35（1）.

[57] 王政玉 . 国家级非物质文化遗产——云梦皮影表演形式研究 [J]. 大众文艺，2015（8）.

[58] 魏力群 . 中国皮影艺术史 [M]. 北京：文物出版社，2007.

[59] 吴建华 . 乡村休闲产业的文化元素 [J]. 炎黄纵横，2011（2）.

[60] 吴建华 . 乡村休闲文化的内涵及价值取向 [C]// 中国科协 . 中国科协年会都市型现代农业学术研讨会论文专集 . 2009.

[61] 吴师彦 . 非遗传统手工艺文创产品开发路径——以福州脱胎漆器为例 [J]. 南京理工大学学报（社会科学版），2019，32（6）.

[62] 习近平 . 在文艺工作座谈会上的讲话 [N]. 人民日报，2015-10-15.

[63] 夏周青 . 中国农村建设：从乡村建设运动到农村社区创建的兴起 [J]. 云南行政学院学报，2010，12（2）.

[64] 肖宏宇 . 英国乡村文化的发展与保护 [N]. 学习时报，2013-04-22（9）.

[65] 萧功秦 . 危机中的变革：清末的现代化进程中的激进与保守 [M]. 上海：上海三联书店，1999.

[66] 谢家荣 . 景德镇手工制瓷技艺的当代传承问题研究 [D]. 景德镇：景德

艰难的历程
——城市化浪潮下的乡村文化振兴

镇陶瓷学院，2009.

[67] 谢耘耕，陈虹.新媒体与社会（第18辑）[M].北京：社会科学文献出版社，2017.

[68] 徐明飞.基于遗产活化利用视角下的传统村落保护和传承[J].文物鉴定与鉴赏，2019（16）.

[69] 徐晓琴.非物质文化遗产视角下湖南民间舞龙运动的流变及发展前景研究[D].长沙：湖南师范大学，2009.

[70] 徐迅雷.杭城群星闪耀时[M].桂林：广西师范大学出版社，2016.

[71] 薛暮桥，冯和法.《中国农村》论文选[M].北京：人民出版社，1983.

[72] 杨畅.乡村休闲文化旅游可持续发展的困境与破解——基于湖南实践的思考[J].农村经济，2016（4）.

[73] 杨果林.红色文化：新时代青年信仰、信念、信心的奠基石——以大别山红色文化为例[J].合肥学院学报（综合版），2019（4）.

[74] 杨立.关于文化生态保护区建设的几点思考[C]//广东省民俗文化研究会.2014年07月民俗非遗研讨会论文集.广东省民俗文化研究会，2014.

[75] 杨赵欣.乡村振兴背景下区域经济发展的路径探析——以延安市为例[J].漯河职业技术学院学报，2019（5）.

[76] 余成普.行政的边缘，文化的中心：湖南通道上岩坪寨田野调查报告[M].北京：民族出版社，2014.

[77] 余科杰.重评梁漱溟的乡村建设理论与实践[J].信阳师范学院学报，1994（2）.

[78] 詹丽琴.延安时期文化艺术的形成及其影响[J].文艺生活·下旬刊，2017（4）.

[79] 张瀚.中国民族民间艺术的传承与发展——以湖北云梦皮影为例[J].中国包装，2019，39（10）.

[80] 张军，康保成.中国皮影戏的历史与现状[M].郑州：大象出版社，2013.

[81] 张丽丽.浅谈山西民间舞的发展现状与传承——以凤秧歌为例[J].北方音乐，2019，39（17）.

[82] 张天慧.内蒙古地区非遗传承与活化路径探索[J].合作经济与科技，2019（22）.

[83] 张杨.历史透视的文学之眼——从《傲慢与偏见》看18世纪的英国乡村文化[J].边疆经济与文化，2019（7）.

[84] 郑国，叶裕民.中国城乡关系的阶段性与统筹发展模式研究[J].中国人民大学学报，2009，23（6）.

[85] 郑洪云.滇西边境县研究书系·陇川县[M].昆明：云南大学出版社，2015.

[86] 郑容，丁继军，童威.海岛历史文化村落活化路径探析——以嵊泗县花鸟社区为例[J].大众文艺，2019（16）.

[87] 中共中央国务院.乡村振兴战略规划（2018—2022年）[EB/OL].http://www.gov.cn/zhengce/201809/26/content_5325534.htm?trs=1，2018年9月26日.

[88] 周丽妃.论妈祖文化在现代乡村治理中的特殊功能——基于湄洲岛地区的调查分析[J].莆田学院学报，2018，25（1）.

[89] 周星.民俗学的历史、理论与方法[M].北京：商务印书馆，2005.

# 后 记

　　"乡村文化振兴"是近年来各不同地域不断在尝试进行的重要的中国当代文化工程，它不仅是对当代中国城市化进程的推进，同时也是一个从城乡结构层面重新审视中国文化形态的尝试。在中国城市化进程中，很长一段时间内都试图通过摆脱"农村""落后"的传统农业话语形态和文化形态，实现现代的转型，但这种城乡二元对立的逻辑结构也同样造成了城市化过程中的文化缺位。在全球化及现代性的语境中，"乡村的失落"是"城乡二元结构"形成后造成的最直接的社会后果，失落的不仅是对传统农业社会的文化认同，最直观的是乡村本身的聚落形态的消失，"乡土中国"作为城市的镜像，已经失去其文化根基。改革开放后，大量农村青壮年人口流入城市，"打工者"在每个地域乡村的出现以及"打工文化"作为一种现代城市文化的兴起，在某种程度上也映射了乡土社会自身的分裂。但在现代语境中，乡土中国的失落是一个无法避免的现代性问题，而今时提出的"振兴乡村文化"战略，实际上是一次对"失落乡土"的"营救行动"，也是一次打破城乡二元对立结构的重要尝试。

　　本书对近代以来的城乡关系进行了历史性梳理，以期对当代城市化语境中乡村文化的现状以及振兴乡村文化的案例及策略进行全面分析，并为"振兴乡村文化"提供历史纵深的视野——从近代到新中国成立之后的乡村建设的历史实践中总结乡村社会结构、乡村文化形态形成的历史化过程，并指出目前依然存在的问题和困境。"振兴乡村文化"也是一次筛选优秀传统文化的过程。从现实层面来说，这不仅有利于通过文化振兴来振兴乡村经济，同时也可以重建中国人对于农业文化传统的认知和身份认同，在中国城镇化关键阶段，应该做的不是抛弃"落后的乡村"，而是尝试弥合城乡对立的局面，让这个"城市镜像"能够进入现代话语的范畴。因此，在案例分析中选取了较具实践意义的文化资源开发实绩，包括对非遗文化、饮食文化、信仰文化以及乡村休闲文化的开发和利用。这是因为在传统社会架构中，传统文化某种意义上就是乡村文化，中国在改革开放后才真正开始全面的现代化和城镇化改造，现代城市文化的对立面始终是非现代时空内的传统文化。因此振兴传统文化的重要一环便是对乡村社会中的不同习俗、手工艺、文艺形态以及传统建筑进行整合及分类，这是一个重新发现乡土文化的过程，也是一个"再造传统"的过程。

　　"乡村文化振兴"对于当代中国来说是一个庞大的工程。首先是对"乡村文化传统"进行历史化梳理，对不同地域文化认同的建构，对于建立文化自信有着非常重要的意义。其次，本书的最后对有关乡村文化振兴的策略进行了一些设想和总结，希望能够通过对已有实践经验的总结和分析来探讨振兴"乡村传统文化"的多元可能。最后，便是需要明确提出"乡村文化振兴"背后的文化政治动因，文化作为人的精神生活及物质生活的总和，我们要明确什么需要重新被记忆、重新被改造，与此同时，对于"传统"的收编和改造依循的政策导向和经济层面的可操作性都是必须考虑的因素，希望本书的写作能够为这个当代中国社会的浩大工程贡献绵薄之力。

　　最后要感谢为本书的最终成型付出辛劳的王苇娟、李嘉欣、李湘怡、雷海霞、杨溢雯以及曾一晏同学，这是集美大学文学院乡村文化振兴中心的集体成果，同时也是团队中每个人忘我努力的结果。